谨以此书献给老娘
和头拱地出绝活的人们!

地头力

王育琨 著

地头力

中信出版集团·北京

图书在版编目（CIP）数据

地头力 / 王育琨著 . -- 北京：中信出版社，2017.7（2017.9 重印）

ISBN 978-7-5086-7381-3

I.①地… II.①王… III.①通信－邮电企业－企业管理－研究－深圳 IV.① F632.765.3

中国版本图书馆 CIP 数据核字（2017）第 059472 号

地头力

著　　者：王育琨
书名题词：曾来德
插　　画：罗　进
出版发行：中信出版集团股份有限公司
　　　　　（北京市朝阳区惠新东街甲 4 号富盛大厦 2 座　邮编　100029）
承 印 者：山东鸿君杰文化发展有限公司

开　　本：880mm×1230mm　1/32　　印　　张：13　　字　　数：297 千字
版　　次：2017 年 7 月第 1 版　　　　印　　次：2017 年 9 月第 2 次印刷
广告经营许可证：京朝工商广字第 8087 号
书　　号：ISBN 978-7-5086-7381-3
定　　价：56.00 元

版权所有·侵权必究
如有印刷、装订问题，本公司负责调换。
服务热线：400-600-8099
投稿邮箱：author@citicpub.com

目　录

推荐序一　自知者明，自胜者强 / 任志强 / V
推荐序二　人工智能时代更需要"制慧权" / 武建东 / IX
前　言　回到真源，拿出绝活 / XV

第一章　"头拱地没有过不去的火焰山！" / 1
"回到你的地头，头拱地拿出绝活！" / 3
"车到山前必有路，出水才看两腿泥！" / 11
"是人不要管，用管不是人" / 15
祥儿：第一个撞醒我原力的人生导师 / 19

第二章　地头力＝愿景（喜爱）× 专注（精诚）× 做好（绝活） / 27
地头力：回到真源，原力觉醒 / 30
地头力的动力源：无依则生，有一则活 / 35
母亲以生命撞醒了任正非的生命原力 / 42
人生三层楼的风景 / 49
地头力的整体观：言有宗，事有君 / 63
一个千年组织筛选接班人的法则 / 66
犹太人面向机会窗，原力觉醒的简单法门 / 79

地球母亲在召唤，未来的一切都由此而生发！/ 85

陈育新：土地上的生命每天都在拔节 / 87

治人事天莫若啬，一啬到底 / 90

第三章　喜爱的功课一：他心通的智慧 / 95

大人都自闭！/ 97

"要拿着人当人，拿着事当事" / 102

第四章　喜爱的功课二：受的四重智慧 / 107

受的四重智慧 / 109

母亲罗瑛的超凡定力 / 115

第五章　专注功课一：匠心匠魂的七种大道品质 / 119

庖丁解牛呈现了七种大道品质 / 121

第六章　专注功课二：地头力的两种基本能力 / 139

破惰通变的创生力 / 159

第七章　"做好"的功课一：三宝大道品质的修持 / 171

任正非：一棒敲醒梦中人 / 173

魅力无限的哀骀它 / 182

河田信：地头力是向当下的能量场要力量 / 189

一曰慈 / 195

二曰俭 / 201

三曰不敢为天下先 / 207

目 录　Ⅲ

第八章　"做好"的功课二：以场域观场域，以天下观天下 / 215

直面当下难题：人们心性乱了，原力被锁住了 / 217

场域改变基因：苍蝇变异成劳模 / 218

金字塔的建造者是一批欢快的自由人 / 222

乔布斯从个人扭曲力场到苹果的开放式造物场域 / 224

稻盛和夫拯救日航：建构活力场 / 227

企业经营致良知：以利他之心为本，一定实现高收益 / 229

稻盛和夫与我共振：场域的智慧，造物能量场 / 234

第九章　华为造物场域：生命价值链条的形成 / 239

华为之道皆可学，就怕你学不了！ / 242

华为：一个世界级造物场域的形成 / 250

华为：世界顶级造物场域的内在层次 / 254

华为造物场域的建设，如何成就世界级品牌 / 264

华为造物场域生命链条 / 271

地头力——造物场域的五种驱动力 / 291

新造物生态下的地头力 / 300

第十章　与任正非一起解读华为逻辑 / 303

在快变的时世中坚信常识 / 305

华为主旋律：抓住机会窗，厚积薄发、坚韧不拔去取得胜利 / 309

宏阔的历史逻辑与华为闭环的价值机制 / 314

聚集——华为保持正确方向的法宝 / 316

共建、共有、共享一棵全联接的大树 / 320

一件大事和一件小事 / 324

灰度哲学照亮了全联接世界 / 328

第十一章 结论：地头力场域理论基础 / 341

头拱地的真谛 / 344

地头力的超越自我之道 / 346

执两用中的中庸之道 / 352

地头力：醒觉生命，发现天赋，生成绝活，实现超越 / 358

地头力：能量场理论基本架构 / 364

万事万物灰度总体观：反者道动，执两用中 / 366

活泼泼大生命的生存之道：后其身而身先，外其身而身存 / 369

开放的造物场域：以天和天的宇宙和谐之道 / 375

后　记　不用自己的眼睛看世界 / 381

推荐序一

自知者明，自胜者强

我不喜欢读"励志"的书，也不推荐年轻人读"励志"的书，但"老娘教子"的体会，则是从"人"的成长中积累出的一种朴素的感觉。这种感觉会让人品尝到一种乡土的味道，而不仅仅是说教。

中国的传统文化正是靠父教子传的口述，从人生的体会与选择中保守了其特有的精华，一点一滴继承下来的。更多的人没有读书识字的机会，却用心将听到的、看到的、观察思考中的大自然生长过程中的秘密转换成了人成长中的必然规律，让这种经验的积累、传承，造就了一代超越一代的成长。

自有了活字印刷之后，文化才得以广泛地传播，改变了仅靠父教子传的获取知识的渠道，应该说这是第一次改变整个人类对世界认识的"革命"。今天的互联网则是用爆炸性的信息与知识再次改变世界的"革命"。但如何在知识的海洋中找到真正对自己有用的知识与经验，同时又不被波涛汹涌而来的海水淹没，则要靠集中与选择的能力，有时要借鉴他人的总结。

王育琨老师正是将传统文化与现代管理紧密且有机地结合，找到了两者之间相通融合的道理，用案例的方式阐述出这种转换中的继承，梳理出一条条做人做事的法则，让复杂的管理理论变得通俗易懂了。有些道理恰恰是被装饰得过于复杂和华丽，反而让人看不懂或难以接受，但如果将之简化成普通人最容易接受的语言文字来表达，则有一种来自身边的亲切感。

"地头力"是在山东农村很流行的口头禅，但在人们的生活中变成了一种精神。用自然界生物成长中的顽强，转换成了人面对生活困难的一种力量。

在缺少教育与文化的农村，没有太多的主义与思想，却有大自然的韵律与变化。人们恰恰是在对大自然的观察中，找到了与人类生存相关的规律，并将这些大自然中的生物、动物的特征，变成学习的榜样，并把它们的习惯中的优点，变成对抗大自然、改变大自然的过程中，自我成长的一种素质。如人们会用"雄鹰"比喻站得高则看得远；会用"狼性"比喻在恶劣环境下成长的个性、野性；会用大河、小河的相互关系，寻找人间社会交往的依赖；会从"地头力"中看到拱出一片天地的力量。

"物竞天择"也是从这种自然界的变化规律中，看到人类社会的优胜劣汰的问题，正在于大自然给人类的恩赐并非都能被充分认识和利用。

无论是创业者还是企业的管理者，无疑都同样面对着两种必须做出的选择，一是如何做人的选择，如何让自己成为一个能不断超越过去的人？如果一个人不能不断地学习、提高，并超越过去的自己，那么就会停留在原地，不管这个原地是多高、多么伟大，都会在停止不前中被别人超越。"停止就如同死亡"，因此不断地超越自己就成为每个人必须在成长中面对的问题。

二是如何在企业的管理中，让企业超越过去，用什么样的方式、方法通过有效的管理与提高，让企业、员工发挥出最大的效率，从而不断地超越历史。企业与做人同样，通常会在成绩最优秀时，出现成本的提高和效率的下降。像人会在高峰容易摔倒一样,企业管理者在成功时也往往会因失控而过度扩张、扩大队伍、提高员工工资,但不一定能同步提高效率,因此也会陷入一个如何超越的困境。管理者要解决自身的提高与超越问题,才有可能让自己管理的企业超越过去。

最难的是与自己的较量。决定成败也同样不仅仅是外部因素,而重在自己。人并非是在外部的管理与约束下才能进步的。内在的动力来自每个人自己设定的目标,自身原力觉醒才是原动力。

无论你从事什么样的工作,人总要有所追求。人生不仅是看沿途别人的风景,你也是别人眼中所看到的风景的一部分。

让你的人生更精彩的同时,也为社会的风景增添一份光彩。

任志强

华远集团原董事长

2017 年 3 月

推荐序二

人工智能时代更需要"制慧权"

工业体系里,世界以物理机制为基础运行;信息体系里,寰球以数据或者比特为基础操作;智能网络里,天下以生物连接为基础能动。虽然生物连接、数据连接、物理连接造就了不同的知识体系和能力结构,但是人类始终拥有不断生长的领导型知识和突破力量。

知识型经济具有高度思维通货膨胀性的扩张方式,智慧具有强大的杠杆作用,可以未来的技术架构组织今天的企业实践,而且当思维型通货膨胀大于金融型、产品型通货膨胀之际,世界才能更美好。智慧是艺术,也是科学,更是能力和潜在能力,为此我们需要发现人类的深度认知图谱和行动结构,它们是现代社会的制慧权,其核心就是更好地解决认知智慧与实践的连接。优秀的企业不但要用拥有自己的技术知识产权,更要拥有自己思维的知识产权。知识思维是世界上最优美和崇高的力量!

今后世界电脑及网络将无处不在,电脑无处不在提高自己的学习能力,每一个人也最终必然与和他对称存在的人工系统有机结合,这种结合会使人更加有智慧,世界也会更需要思维型通货膨胀。从 2015 年年底开始,谷歌、脸谱网、IBM(国际商业机器公司)、微软、亚马逊、苹果诸公司先后推出了机器学习等人工智能平台，世界正在进入"人工智能+"时代，中国的"互联网+"也有必要加快转向"人工智能+"方向。2016年3月24日，在美国旧金山召开的Google（谷歌）云计算大会中，面向开发者发布了新的机器学习平台Cloud Machine Learning，它可以让开发者创建自己的机器学习模型，深度学习的智能平台正在成为世界最耀眼的生产方式，数据、算法、网络架构和协议模型正在成为位居第一的世界生产力。然而，至今中国还没有企业和组织推出通用型的人工智能平台，难以未来的技术结构拉抬起当代中国高技术经济巧实力的爆发，这不但是中美两国的技术差距，也是中美两国企业思维能力的差距，亟须构建心理、哲学、经济和科技相协调的综合社会模型才能转变这个局面，世界需要协调发展，协调就是要协调出我们的制慧权。

育琨在新著《地头力》里把探索人的无极能量场作为主题，使用来自孔夫子家乡的地头力予以概括代称，把个人能量场概括为"喜爱（愿景）× 专注（热情）× 做好（绝活）"三个品质的闭环循环，把公司造物能量场域划分为"场域 × 绝活 × 训战"三项具体内容；而且把任正非在华为的成功概括为建构了一个开放的造物场域的经典案例，更有"愿景目标 × 热情努力 × 心性品质"的能量循环。这些内容都是国际企业管理的新说，符合人工智能时代的认知架构，因此，这是一部能与读者内心世界实现共振、引发读者心智震荡、焕发读者智慧境界的智形伴侣，品读之时，自身实践可与书中之例交相互动产生复合作用。

通过与任正非、稻盛和夫等优秀企业家的直接交流，育琨希望提出有所作为的企业智慧能量的开发路线图，他把稻盛和夫的成功方程式"人生的成功 = 思维方式 × 热情 × 能力"改造为更加新颖的"造物场域能量 = 场域的智慧 × 身体的智慧 × 头脑的智慧"的整体认知和行动结构，这是现代社会制慧权的一种积极机制。稻盛和夫思维型经济观更多地根植于日本企业的解决方案，显然，对于创造新知识的模型、规则和网络体现不足。

现代企业的本体论结构至少可以解释为复杂网络和知识网络两种拟像形式，前者主要互动已知目标，后者主要目标是把未知变为已知；前者主要实施互操作性，后者主要解决通用规则的建构；前者更多是原子机制类企业，后者更多是比特或数据型企业；前者呈现组织能动性，后者展示操作的层级性。

类似华为主张"力出一孔，利出一孔"的价值观，知识型企业也可能主张"知出一孔，识出一道"的竞争力。知识是创造世界财富的根本之力，知识可以不断通过交换增长，也可以不断通过变迁改变力量和利益。华为统帅任正非确实是一位伟大的企业家。但是，毕竟华为还不善于发明通用网络、操作系统、非结构认知体系等非常规的世界发展线路和商业体系。这些都有待华为创新，或许今后华为收购或参股世界上最大的知识型企业 IBM 也是一个双赢！

操作系统 Operating System，简称 OS，它是管理和控制计算机硬件与软件资源的核心程序，大型机操作系统包括 IBM-AIX、SUN Solaris、HP-UX、FreeBSD、OS X Server 等，其中 IBM 优势较大；桌面 PC 是 Windows 系列一主沉浮；移动互联网终端领域则主要是 Android 和 iOS 领先。微软曾经凭借自己在 PC 操作系统的优势逐鹿手机操作系统，先后推出支持微软和塞班操作系统，结果都是铩羽而归，它说明了知识产权不是财力和人海汇聚就能够最大化的，文明是一系列奇迹的集成，文明是放手天才的浪漫。时下 Android 之父安迪·鲁宾（Andy Rubin）正帮助太太在加州洛斯阿尔托斯开一家复古 Voyageur du Temps 面包店，在那个店里会议室的自由环境里，安迪正想着不自由的事情：如何构建下一个人工智能平台的关键操作系统。因此，无论是华为终端，还是其他中国企业通讯终端，不但要善于硬件制造，也要长于软件创新，更要展现自己在机器智能中枢——相关操作系统的建设能力。为此，我们不但要放开自己的经济能力，更要放开自己的思想能力，也应该拥有世界最先进的认知架构。应该说，互联网发展不断改变着世界，颠覆着不同行业，定义着世界的性质。但是，互联网本身又是由脆弱程度不同的语法、语义维系的，它在本质上就是一维的，现在这些定义出现了问题，需要我们认识并发现那些本来就存在的高维互联网架构，世界互联网仍有无数发展可能选项，历史也有无限机遇。

华为手机与苹果手机之别不在于技术，而在于不同的知识工作方式的竞争，在于艺术 IT 化、IT 艺术化和技术社会化的企业能量的逐鹿。我想世界上思维型通货越是膨胀，它的表达也就越简单，这不是心法的作用，而是算法和人工系统能动的集成，因此，IT 和艺术的一体化是试错、顿悟和追梦的有机结合。乔布斯主张"Stay hungry, Stay foolish"（求知若渴，虚怀若愚），"我跟着我的直觉和好奇心走，遇到的很多东西，此后被证明是无价之宝"，他的世界里直觉和顿悟比知觉及意识具有更高的层次，这也是思维膨胀的一条大道，今后华为的创新应该拥有更多的思维通货的膨胀，思维通货不但是各个民族通用的商业价值，也是现代企业应该追求的高端力量。华为手机的成就也相依雷军小米的天籁气韵，雷军开创的"一手众筹、一手众包"的生产方式应该是先进生产力，它就像外衣，经过改装穿在华为终端身上更合适了，但也说明这些生产力仍然具有无限改变和扩张的可能。当然，柳传志、马云、马化腾、李彦宏、程维、雷军等企业家也都是中国企业精神的集大成者，值得我们持续关注。

中国的道家体系划分为有、无两派，行走有心法、算法两脉。算法一脉催生了今天的二进位制理论，德国数学家莱布尼茨（G. W. Leibniz，1646—1716）通过自己的朋友白晋（J. Bouvet，1655—1730）从中国带来的《六十四卦次序图》和《六十四卦方位图》激发了建立二进位制理论的原旨。1703 年莱布尼茨在《皇家科学院纪录》杂志发表了《二进位算术的解说——它只用 0 和 1 并论述其用途，以及伏羲氏所用的古代中国数学的意义》，强调"0 和 1 的二进位制不但具有简洁的形式，更可以表示宇宙间所有的量"。联合国统计认为外国文字发行量最大的世界文化名著中，《圣经》第一，《道德经》第二。德国诸多著名学派重新诠释了道家有、无两派的认知能量架构，发现认知能量具有巨大的开发潜力，华为公司既是中国优秀公司的代表，也是中国企业认知力量爆发的实践，探索华为的企业能量场实际上就是开发现代企业创新的核心竞争力。

道家的思想体系包括独立的能量观和思维观，具有解释商业能量加速和个人心理场能量爆发的多种体系和先进模式。从乾到坤的六十四卦的排列是一个有机体，恰好为从 63~0 的自然数顺序无缝排列，这些先验而又客观的复杂结构能够转化为社会和个人认知的巨大能量，整体大于部分之和，组织和个人的整体能量结构可以良性互动。因此，如果要创造性地解决问题，就必须发现整体架构和核心规律，人类既可以借助计算机，也可以借助古代算法的体系开发商业能量的积极潜力，使用先验知识可以把人的特殊认知行为与世界的普遍规律更好地有机结合。当然，现在社会和个人能量的开发绝不限于道家的境界，应该使用各种先进的科学、计算、心理、社会等知识集成我们强大的智慧和信念！

在《地头力》中，育琨希望积极使用算法观念解决企业和个人能量加速展现的有关逻辑，这是可贵的尝试。

我一直主张智能社会里文字、图片、视频等的表达应该实现增强化、虚拟化，一部好的书应该成为一个平台，成为一组能量图谱。实际上，可压缩的文字、视频、图片的出版与可扩张的心智平台的推出同时发生，才能实现学习结构更深度的爆破。人工智能时代使得文字、视频、图片都不再是平面的，而是立体多维螺旋化的，每一部书稿都应该有它的有形或无形的 VR（虚拟现实）、AR（增强现实）版。在《地头力》中，作者通过大量实例实证分析，希望与读者采用共包的方式把现代企业创新推向活性表达，引发心智连接。因此，这不应该只是一部书，而是一个平台，作者、读者都可以是这个平台的参与者，企业和个人的智慧能量是它的产品，持续革新实践是它的乘数作用，好的案例和潜在激发是可以不断接续的能量包，而企业和个人的能量包又可与其他第三方体系互动，形成更复杂的生态系统，推动我们的世界更加五彩缤纷、硕果盈枝、繁荣昌盛！

武建东

国际智能电网联盟理事，

中国科学技术协会智慧能源研究组组长兼首席专家，

中国智慧工程研究会副会长

2017 年 3 月

前　言

回到真源，拿出绝活

> 回到你的地头，头拱地拿出绝活！
> 是人不要管，用管不是人。
> 回到真源，连接生命的大根！

在《野性的呼唤》中，杰克·伦敦笔下的主人公巴克经历了最残酷的磨砺。

为给主人报仇，它野性爆发，克服了一系列的不可能，最终在狼群的呼唤下回归自然与原始状态，原力觉醒，从狼狗变成狼王，彰显了生命的强大能量场。原力，是一种本原的生命力，一种天性爆发，一种集体潜意识的能量场。巴克更把自身顽强的生命意志和强大的直觉力，化入狼群时代传承的集体无意识的河流中。

面对巴克，中国人该惭愧了！越是变得文明，我们就越是感到恐惧。因为原始天性中的生命力已经丧失殆尽，我们就产生了莫名的恐惧。实际问题是，原力本具，可是人们的心性紊乱了，原力被拘了。

原力是美国电影《星球大战：原力觉醒》的核心设定，是所有生物产生的一种能量场。原力它分为光明面和黑暗面，包含一切，穿透一切。光明面往往从诚实、怜悯、宽容、仁慈、平静、自我牺牲等正面情绪中汲取能量，而黑暗面则往往从愤怒、憎恨、贪婪、妒忌、恐惧、好斗、狂妄自大等负面情绪中汲取力量。

本书引用的原力，指本原生命力量，分为三个层次：一是一种生命欲望，包括对健康长寿，以及对物质、情爱、机会和荣誉的追求；二是在对事业和精神追求的过程中，一种天赋天性爆发，一种超能力爆发，极尽人和物的天性出绝活；三是一种以慈悲、敬畏、俭啬、素直、不争、谦卑、居下等品质生发出来的连接万物的能力，一种把天地万物作为自己的生命来珍重和爱惜，是一个万物一体之仁的无极能量场。

以奋斗者为本的华为，在 2014 年已经达到 2882 亿元收入的高点上，2015 年继续以 35% 以上的速度扩展，达到 3900 亿元，2016 年达到 5200 亿元。2016 年年初，任正非则进一步发出了大战前总动员：

> 我们要敢于在机会窗开启的时期，聚集力量，密集投资，饱和攻击。扑上去，撕开它，纵深发展，横向扩张。我们的战略目的，就是高水平地把管道平台做大、做强。

每年增长 10%~20%，可能简单复制今天的成功做法就足以达成目标。久而久之，成功就会带来自豪，自豪会带来自信，自信会带来自满，自满会带来自闭，自闭会带来怠惰。而华为树立高远的目标，意在撕开结构上、组织上、模式上、资源上、意识上的众多不适，打掉团队的怠惰，激发全员的原力和潜能。

同样环境，华为呈现出一种全然不同的生命力！困境中的企业，迫而后起，该思考一下，未来在哪里？什么是中国企业的活法？

2016 年 2 月，在巴塞罗那一个小型恳谈会上，我们问任正非："华为如何走到今天？一个 70 多岁的老人，又如何把握住高科技企业的正确方向？"

任正非快人快语说："聚集。我不懂经营，不懂管理。华为从创建公司一直走到今天，就是凭借'聚集'！华为走向未来，就是靠'聚集'！"

"华为 30 年发展就是靠聚集！""聚集"就可以代表华为 30 年的真经？当时我以为听错了。"没错，聚集！"我被告知就是这两字。

华为 30 年就是"聚集方式"的不断演变！从开始聚集每一个华为奋斗者的智慧和能量，到后来聚集"有、无华为工卡的人"的能量。还拓展为要吸纳天地能量：在樱花盛开的季节，邀请顶级科学家坐在树下喝咖啡，那时那片土地能量强大会激活人的思维；还拓展为员工回家过春节，在少年时能量强大的土地上，给公司写一两条合理化建议！

轮值 CEO 制度是一种聚集，每年树立 5000 名未来之星是一种聚集，在福岛核泄漏现场的冲锋是一种聚集，自性爆发灵魂的喜悦的高地是一种聚集，让听到炮声的人呼唤炮火是一种聚集，一杯咖啡接受宇宙能量是一种聚集……

然而，最重要的是，什么样的人可以聚集？

30 多年前，一个 44 岁的男人，被国企深圳南油集团炒了鱿鱼，又"被离婚"，带着父母弟妹在深圳住棚屋。为生活所迫，他必须担当养活全家人的责任，没有人愿意雇用他这个老男人，他不得不创业自己雇用自己。而他的磁悬浮技术又似乎没有任何商用价值。在这人生路窄的时候，谦虚、低调、敬畏、求真、务实，成为任正非的基本品质和态度。他看所有人都不一般，所有人最后就真都不一般了！

任正非曾经如此表达了他创办华为之初如履薄冰的初心："我是在生活所迫，人生路窄的时候创立华为的。那时我已领悟到个人才是历史长河中最渺小的这个人生真谛……人感知自己渺小，行动才开始伟大。"（《一江春水向东流》，2011 年）

可见，聚集宇宙能量的人，必须具备下列品质：不自是，不自矜，不自夸，不自傲，不自闭，谦卑居下，彻底放空，空无所空，一刹那接一刹那的清零，一刹那接一刹那的精进，一刹那接一刹那的绝活，一刹那接一刹那的喜悦，一刹那接一刹那的灵魂高峰体验……

人放下自己，才可以得到世界。

领悟到自己的渺小，彻底放下自己强大的后天意识，才可以看到他人的智慧和能量，才可以回到天赋真源，才可以回到"头拱地拿出绝活"的商业真源，才可以开启团队内在的源头活水，才可以连接充盈的宇宙能量真源！

任正非的起点，看上去很低，实际上很高。他回到了真源，与自己生命的大根紧紧连接在一起：逆境中建立起屹立不倒的自己，为父母家庭的幸福而担当，谦虚低调，跟所有伙伴无缝隙对接，把客户看成爹和娘，对客户索求有宗教般的虔诚，在国家发展的历史潮流中找到自己的方位，还可以素直谦虚包容地连接天地万物！

什么样的公司可以聚集？

聚集宇宙能量，必须有信仰的旗帜。华为公司有信仰。任正非说"做企业就是把豆腐磨好"！"因为爹要吃豆腐，因为娘要吃豆腐，因为孩子要吃豆腐"！

任正非这个大白话可不一般。这是在用最朴实的方式诠释华为的信仰！为什么要把豆腐磨好？因为你的爹要吃，你的娘要吃，你的孩子要吃！"爹还那个爹，娘还是那个娘"，看上去一句简单的大白话，却表达了客户员工股东社会一体，宇宙万物一体的高境界。

当一个人和一个公司，把全球的最终用户当成自己的爹娘或孩子，带着纯粹的爱去工作，在一个个细节中把"以客户心为心"贯彻到底，这才是真正的宇宙即我心、我心即宇宙！任正非把"以客户为中心"说到了家，把企业信仰说到了家。"把豆腐磨好"，这是无名之朴！朴散开来成为术，成为器，成为说法，成为理念和哲学！

"做企业就是把豆腐磨好"，这话朴素得掉渣了，可是天下有几人可以做到把对爹娘和孩子的爱心投入做豆腐、做产品中去呢？太难了！几乎没有人可以做到！难怪老子说："朴虽小，天下莫能臣！"

任正非以抱素守朴为表，以不毁宇宙能量转化为实。他出发时就已经抢得了先机——合上了宇宙能量转化规律。

"一杯咖啡接受宇宙能量。""比世界还大的世界，就是你的心胸！"

当把全球人类、生命、资源都纳进他的心胸以后，任正非的心胸就直接拥有了万物一体之真，满溢着万物一体之善，蕴含着万物一体之美。于是，在当今各种文明冲突的乱象中，提出"共建、共有、共赢一个全联接的世界"！唯有一颗具有了万物一体之真善美的心胸，才可以"接受宇宙能量"，才可以"倾宇宙之力，造华为之绝活"，才可以为现代、为未来的人类和宇宙，创造出不同凡响的价值！

任正非所代表的，是中国人回归生命大根的渴望和信仰，即"自性、家族、乡土、国家、宇宙万物一体"的生命大根。这是中国人的信仰！百姓们喜欢把这个信仰称为"天地君亲师"，学者们则更喜欢称为"天人合一"和"万物一体之仁"。当人们放下强大的后天意识，先天真源就会升起，就可以人法地、地法天、天法道、道法自然了。

量子力学发现，世界就是一个大大小小不断转化的涡旋能量场，无数个能量场交融进化构成了活泼泼的混沌。任正非把混沌灰度作为华为的整体观，说大了这叫万物一体，说具体点儿，这叫回到了"磨好豆腐给爹娘吃"的真源——"以客户为中心"；回到了价值创造主体的真源——"以奋斗者为本"；回到了做人做事的真源——"长期艰苦奋斗"；回到了勇猛精进超越自己的真源——"坚持自我批判"；回到了开放和谐共振的真源——"一杯咖啡接受宇宙能量"。华为回到了真源，形成了一个卓而不群的开放的造物能量场。华为成就了一个卓尔不群的样本。

这就是任正非代表的中国人的心胸！这就是华为代表的中国企业的宇宙整体观。我们知道，中国人不可能用老祖宗的哲学概念改变世界的思维模式,而只能用自己"回到真源,拿出绝活"的实践,来重塑世界的新思维模式。

今天,真正懂得"回到真源,拿出绝活"规律的企业家还是少之又少,以致一种躁狂症弥漫在中国商界。

这时出了个任正非。他在躁狂无信的"悲催"时期,提出了人人都懂的解决路径:"把豆腐磨好!拿出一针刺破天的绝活!"

每个人都拥有独一无二的先天真源。人靠绝活立身,企业靠好产品实现高收益!回到真源,拿出绝活!

"回到真源,拿出绝活",是中国人万年生生不息的真实密码,也是我老娘的生命传承。

老娘承传地头力

老娘叫吕春华,1920年出生,大字不认识一个,是一个裹着小脚的女人。为支持父亲在远乡供销社当店员,她一个人在农村带大6个孩子。年轻时出去跟爷们儿一起推小车,上坡下河,晚上还要多干一份活,好多挣点儿工分。村里男人在外、家里有两个孩子的,老大就不能上初中了,要回家帮着娘干活,怕娘受村里面的野男人欺负。而我老娘却坚持每个孩子都要上学。

老娘的口头禅是:"头拱地我也要让你们去上学!""头拱地也得把这事办了!""头拱地没有过不去的火焰山!""回到你的地头,头拱地拿出绝活!""车到山前必有路,出水才看两腿泥!""哪有那么多顺心的事?你自己把它拨拉过来,头拱地做好就是了!""是人不要管,用管不是人。"……

头拱地,1961年老娘把大哥拱进了南开大学;头拱地,1963年老娘把大姐拱进了鞍山钢铁学院;头拱地,家里再穷我们兄弟姐妹都可以安心上学；头拱地赋予老娘一种生命本原的大能，是老娘原力觉醒之道，也是我们母子潜意识连接的桥梁。头拱地，一直在不断拉抻着我的心性，塑造着我的人格。历经人生冷暖和跌宕起伏，我更体悟到一些深远的东西：老娘代表着中国母亲的生存之道，代表着一种活泼泼的大生命，头拱地更是普通人离不开的连接生命大根之路。诚可谓，脚踏实地，圆通自在。

"头拱地"是山东农村很流行的口头禅，指嫩芽拱开土墒露出尖尖角的劲道，也指在田间地头黄牛拉着犁头拱地往前走的韧劲。嫩芽拱出土墒是靠头部的力量，黄牛拉犁耕地头贴着地皮走，也称"地头犁"。头拱地，是脚踏实地，即要用你的灵性、你的意识、你的智慧聚焦当下地头上的难题，拿出绝活来。老娘的口头禅，透着老娘的觉性。

"头拱地拿出绝活，答案永远在现场"，这是农业时代、工业时代与互联网时代一律通用的理论。经营管理的本真在于，问题一冒头就要把它敲掉！千万不能让问题成为信息。如何能不让问题成为信息呢？这就需要让人人都保持"极大的专注"，需要把每个人的心中主人给召唤出来，让他们自己管自己。还是老娘的大白话到位："是人不要管，用管不是人！"我相信"借来的火，点不亮自己的心灯"。

日本丰田汽车集团顾问、管理大师河田信听了我的地头力课后，很兴奋。他帮我拿出了一个概括性的定义："清空一切经验、束缚，用直觉力，对现实真问题做出反应，并创造性地解决问题的能力，为地头力。"他还花两天时间给我绘制了一幅地头力改善的图。他坚信："地头力是一种世界性语言。追求最大限度释放个人和组织的地头力，正是决定公司是否崛起、强盛最关键的密码。"

吴稼祥老师读了我的"老娘说，地头力"很有感触。他认为："'老娘说，地头力'是中国人几千年生生不息的基因，这是人们世代相传的不成文的生命宪章，是中国人代代相传的生命法则。中国自古以来少数几本不朽的经典，都是对各种各样生命体验的提炼和概括。而大部分概念性演绎的所谓理论,已经迷失了生命的真实。在今天这个浮躁的时代,更需要回到生命源头上,梳理'老娘说'的绝活。"

国学大师辛意云听了"老娘说"眼睛一亮道:"'是人不要管,用管不是人。'你老娘这句话意义可不一般。《道德经》总纲就是讲每个人随顺自然,清静无为而无所不为。全部佛教经典加起来,也就是要诠释'人人本自己具足''人人具有创造性''人人是佛陀'。你老娘这句大白话,承载了中国哲学的精华!现在所有管理理论不就是说了这点儿事吗?"

有一次,我跟山西的一个叫李峰的果农聊天,说起"是人不要管,用管不是人",这个初中没毕业的汉子说:"你停下,让我想想。"他沉思了一会儿说:"绝了!咱老娘这句话,在每一个事上,理儿都说得通!你慢慢体会,就可以体悟到,无论是在一些大事上,还是在一些不经意的小事上,都透露着这个理儿!"他很兴奋,说完开怀大笑。他又说,我跟他说了一下午的话,就这10个字最有价值。

老娘凭借头拱地精神,还走进了《中国大趋势》一书。一次,我把老娘的故事和口头禅给该书的作者约翰·奈斯比特说了。他一下子就兴奋起来,认为老娘的故事可以打动地球人。他在《中国大趋势》第一章"自由精神"中,写我老娘的故事,第二章标题用了我老娘的大白话"邓小平让全中国人出水才看两腿泥"。奈斯比特敏锐,一下子抓住了我老娘地头力的灵魂:精神自由和文化自信。在他看来,"地头力是一种自由精神,是一种文化自信。凭借地头力,中国人走到了今天,中国人还将走向未来"。

一位管理大师,一位著名学者,一位国学大家,一位山西农民企业家,一位国际未来学家,知识背景和所在地域全然不同,然而他们都被"头拱地"精神深深吸引了。为什么?因为这里面有中国人的原力觉醒之道!这里面有中华民族几千年生生不息的密码,有中国人实现伟大复兴的现实路径。

地头力的三个层次

老娘的口头禅,透露着她的觉性。一个人唯有聪明劲儿消失,傻劲儿往外冒,脚后跟着地了,头拱地干活了,能量就冒出来了,天性就爆发了,无穷的可能性就显现了。

"哪有那么多顺心的事,哪有那么多说道?你自己把它拨拉过来,头拱地做好就是了。"从老娘这一句透着生命觉性的口头禅里,我提炼出6个字:"喜爱、专注、做好",形成一个"回到真源,拿出绝活"的地头力方程式:

$$地头力 = 愿景(喜爱) \times 专注(精诚) \times 做好(绝活)$$

围绕着喜爱、专注、做好,形成一个循环往复的闭环,展开了本书的前8章,集中探索提升心性、唤醒原力的具体路径。第9章则深度挖掘华为能量场。华为在中国商业史上打下了一根屹立不倒的桩,也给地头力打了一根屹立不倒的桩!第10章则以在巴塞罗那召开的恳谈会为背景,与任正非一起解读华为逻辑,最后第11章,紧扣"回到真源,拿出绝活"的主题,提出了地头力理论的基本架构。

地头力第一层次是解决问题的一个有效性行为。即从本自具足的同理心和慈悲心出发,感受到关系方一个真实的苦痛,发愿去解决,并把命交给这个事,拿出绝活去消除或缓解苦痛,送去利益和喜悦。高品质,活上见。用公式表示就是:地头力 = 愿景 × 专注 × 做好。

地头力的第二个层次是天性爆发,潜能爆发。当一个人把生命交给目标,去专注做一件事的时候,自身内外的能量才可能被调动起来,"场域,绝活,训战"三个环节不断循环往复,会使潜能爆发,自性爆发,从而开启一个无极能量场。当知行合一在事上磨,每一个当下自性爆发都会呈现出无穷多的可能性。

地头力的第三个层次是"顺势而为",从个人能量场到组织平台造物能量场的转化,形成有形和无形聚合的开放的造物能量场。给所有关系方送出喜乐,普天下关系网络会给组织赋能,想啥成啥,心想事成。

地头力从个人自性爆发到一个开放的造人造物场域,需要连接一条活泼泼的生命大根:自性、家族、乡里、国家、宇宙。心里装下哪个层级的福祉,你的影响力和品牌势能就到哪个层级。

华为开发的造物场域能量转化的公式:

$$地头力能量场 = 愿景目标 \times 热情努力 \times 高维意识$$

"把豆腐磨好",因为爹娘要吃豆腐,孩子要吃豆腐,为自己最亲的人生产产品,这就是华为的信仰!向世间的苦处行,共建、共有、共享全联接的世界,这就是华为的愿景,华为造物场域就可以聚集全球的智慧和能量;

以奋斗者为本,开启每个人的源头活水,热情努力,勇猛精进,这就是华为人调动内外能量爆发潜能的路径;

真诚、博爱、敬畏、谦虚、包容、素直、精进等心性品质,就是华为连接并驾驭宇宙能量最重要的心性品质。。

地头力诠释了华为 30 年真源密码

华为是个活泼泼的能量场,呈现了全层次的地头力。地头力诠释了华为能量场的生命层次与生命链条,华为能量场也给地头力打下了一根坚实的桩。每家公司都有 1000 条道路可以提升员工神奇而持续的功力,华为走出了一条独特的原力觉醒之道。

2015 年我三次受邀到华为学习,8 月还有幸跟随任正非参加了一个华为内部战略规划会议。当我在现场,看到为适应"班长的战争"之商业生态，华为要落地"让听到炮声的人呼唤炮火"新体制——通过"三朵云"即客户云、知识云、解决方案云给一线团队灌能，我莫名地惊喜。这宣示华为形成了一个活泼泼的充满无穷性的造物能量场，可以让每个奋斗者原子核爆发，发出巨大的原子能，甚至可以倾宇宙之力，造华为的妙有。中国公司需要基于算法的结构创新。华为开放的造物能量场，呈现了新的认知架构和实操架构。正是在那个现场，我感受到地头力的大地具足了。这是本书的焦点之一。

当天会后在任正非办公室的简单交流，透露着知白守黑的魔力。

我问："任总，华为要实行的'三朵云'给一线灌能这样的组织方式，世界上一流大公司有吗？"

任正非："西方一流大公司有。他们都在跟美国军队学习。"

我问："中国公司有这样做的吗？"

任正非："暂时还没有。"

我问："任总，未来对华为最大的冲击是什么？"

任正非用手拍拍自己的胸膛："未来对华为最大的冲击就是我，就是我们华为人！就是我们成功，成功而自豪，自豪而自满，自满而自闭，自闭而怠惰！为了活下去必须坚持自我批评！"

我问："我今年三次来华为，接触华为员工，才体会到华为管理的不同凡响。太多公司都在利用国学或企业价值观减少员工的私欲，而在华为却是千方百计激发员工的生命欲望。私欲如虎似狼，什么样的人才可以驾驭虎狼之师呢？"

任正非："你别把我拔高！我在私欲上与我的团队同流合污。"

我说："您当然有欲望。员工那点儿物质和精神上的私欲怎么能涵盖了您的欲望呢！您的欲望大多了！近代史上有个曾国藩，平定太平天国后可以当皇帝而不为。人们评价他是'以众人之私，成就一己之公'。我给改两个字可以言状您和中国企业家——'以众人之私，成就众人之公'。"

当下直觉力不会欺骗你。"以众人之私，成就众人之公"，是华为能量场一个不错的概括。任正非自性爆发，是个有觉性的行者。他富有博爱和强烈的好奇心，一手建构了一个充满巨大无穷性的造物造人的能量场。

任正非可以在微末小事中，提炼出穿透人心的哲学，开启了华为团队每一个奋斗者自性爆发的进程，成为撞醒、激发、开启人性智慧的大师。根据近距离观察和20年的跟踪研究，我发现驾驭能量场的密码就是无私无为而无所不为！是任正非连接上了五位一体的生命大根——自性、家族、乡里、国家、宇宙。他从回归自性开始，一路向上，连接到生命的厚德土壤和元神魂魄。他深知这条生命大根，就是驾驭内外能量的密码，于是他拓展丰富的途径，给他的团队置入了这样一条生命大根，给华为品牌植入了这样一条生命大根。

自性、家族、乡里、国家、宇宙这条生命大根，是中国人生生不息的根源，是中国人创造力的源泉。也只有在向家族、乡里、国家、人类宇宙的痛处和苦处行的进程中，才可以有自性的光明和爆发！任正非深谙此道。这是中国梦最深切的根基。

当下难，意识牵，究竟苦，心力散。高意识思维具有生长力，低意识思维具有抵消力。

你个人在人生中还有困惑吗？你的公司还有纠结吗？你对撞醒、激发、开启团队内在的源头活水还找不到破解之法吗？你对从低意识思维向高意识思维的转化还没有摸到切实的路径吗？那就请你打开这本深具诚意的书，读下去。这里面，没有说教，没有鸡汤，只有一个个真实的生命，如何在每个绝境的当下，头拱地走出了一条原力觉醒之道。照镜子，观自己，转心智，往返求。一路上一些不经意的细节，有可能撞醒、激发和开启你自性中巨大的无穷性，有可能开启团队内在的源头活水，拿出"一针刺破天"的绝活。

尼采说:"我的虚荣心是,用一句话说出别人一本书才能说出的,和一本书还说不出的东西。"

我还到不了尼采的境界,但是我有这样的梦想:我想借一次次往深处去的思维和精神之旅,抓住一个个电闪雷鸣的瞬间,说出别人用一个体系或一整套理论还说不出的东西。

第一章 『头拱地没有过不去的火焰山！』

回到真源，拿出绝活。一个人最深切的源源不断的生命力量，不在各种各样的理论体系里，而在你生命的源流里，在你熟视无睹的『老娘说』里。

老娘教我地头力！

俺老娘吕春华是个小脚女人，却很强梁（山东方言，指勇武有力）。她斗大的字不认识一个，却有着生动而丰富的口头禅。许多口头禅，既是她在劳作中给自己加油鼓劲的号子，也是她教导、激发我们脱口而出的白话。"回到你的地头，头拱地拿出你的绝活！""头拱地没有过不去的火焰山！""头拱地，就有出息。"……那一句句大白话，是从生命深处流淌出来的，质朴感人。每每诵读，都可以撞醒、激发我内在的生命契机。

"回到你的地头,头拱地拿出绝活!"

老娘压弯了自己的腰,却挺直了儿女们的脊梁。

头拱地的生命传承

20 世纪五六十年代,山东农村生活很艰苦。我们家有 6 个孩子,我是老幺①。老大比我大 16 岁。家里还有我奶奶和奶奶的婆婆。

1953 年一个偶然的机会,县城供销社拟招父亲当售货员。当时每月工资仅 8 元钱,父亲有点儿犹豫,怕荒了家里的 7 亩薄地。母亲觉得能吃公家饭,这个机会不能丢掉,于是毅然决定独自挑起家里这副重担,让父亲去县城供销社上班。从此,母亲便独自种起了 7 亩地。在农忙的时候,父亲就会请假回家帮助母亲干活。

老娘是个小脚女人,为了生计,她推起了独轮车,像男人一样送肥种庄稼,这在当地实属罕见。当她推车走在路上时,经常会引来啧啧称

---

① 家里排行最小的孩子。——编者注

奇的目光。去我家的那 7 亩薄地，需要爬上爬下一个 20 多米长、30 多度的陡坡，上上下下，步步惊心。还要过七八十米宽的河滩，车辙辘陷到河滩里，就很难推动。到了夏天，河滩漫上水，水面几十米宽，想要推车过河就更难了。遇到下雨天，湿滑的地面，让那个陡坡成了鬼门关。后来我长大了，春节去大姑姑家拜年，要路过那个陡坡，空手走每次都要格外小心，稍一疏忽就会滚下陡坡。

有一次，老娘送肥，大哥拉车，走上临近河滩的高坡时，她脚下突然一滑，车子顺着高坡飞速地滑了下去。老娘、大哥拼命地往后拽，然而因为坡太陡，车子拽着他们快速滑到沟底。幸好老娘和大哥只是手和脸擦破了皮，没有大碍。但那独轮车的双把都摔断了。看着洒满一地的粪土和老娘满脸的伤痕，大哥吓坏了，不知所措。老娘定了定神，叹了口气说："没关系，幸好咱娘俩没出大事呀。"

老娘干活总是起早贪黑，一干就是一天，早晨带上两个饼子、一个咸萝卜、几棵大葱和一罐米汤就下地了，中午在树荫下随便吃一点儿。夏天多雨，地里杂草丛生。记得有一次阴天，老娘拿着锄头去除草，奶奶劝她不要去，万一下雨河里发水就麻烦了，老娘说："趁凉快，还是抓紧把剩下的活干完。"结果在收工回家的时候，突然下起了瓢泼大雨，奶奶急了，她怕我娘回家过河出事，就对着老天跪下哀求道："老天爷开开恩吧，保佑孩儿他娘过了大河吧！"

那天老娘过河时，山洪暴发，汹涌的河水滚滚而下。突然一个浪头打来，将她打了个趔趄，差点儿把她卷走，幸好她用手里的锄头支着河底才没有倒下，慢慢地过了这条河。回到家时，老娘浑身上下被淋得像个落汤鸡，奶奶一把抓住她的手，婆媳两人抱头大哭起来。

老娘是个十分要强的人。她不仅能吃苦，而且干起活来非常麻利，亲友和邻居们都赞叹不已。她白天下地干活，晚上常常在煤油灯下浆洗缝补。春节来临的时候她最忙，除了准备过年全家的吃喝外，往往腊月三十还要通宵达旦地缝衣裳、做鞋子，为的是让孩子们在正月初一早晨5点多，都能穿着她亲手做好的新衣服、新鞋子出去拜年。

后来搞互助组、合作社、人民公社化，我们家加入了生产队，每家靠挣工分分口粮。老娘要干两份活，多挣工分。白天跟小伙子一样推车上坡下河，晚上还要加工粮食、加工棉花。老娘生我的那天，白天还下地干了一天活，半夜里把我生下来，第二天又下地干活了。

1959年年初，突然间粮食紧张起来了，全国遇到了"自然灾害"，开始支援灾区粮食，每人每天只有几两粮食，不够吃就只能吃野菜、地瓜叶，或者将玉米皮、地瓜茎烤干后再磨成面吃。由于营养不良，很多人开始浮肿，一些年老体弱的人病倒了。

我的奶奶和姥爷就在这时一病再也没好起来。没钱治病，也没粮食吃，每天只能设法弄点儿粥维持老人的生命。老娘一边照顾生病的奶奶，一边还得外出干活。

听大哥育琦说，有一天半夜里，一家人已经熟睡。老娘从队里开会回家后把大哥叫醒说："孩子快醒醒，我因为照顾奶奶，耽误了出工，队长开会批判我，我没法活下去了。记住，我们还欠东邻5角钱。"说完就哭着离开了。已经是高中生的大哥一激灵，赶紧穿上衣服，追了出去，发现老娘正拿着一根绳子在套间里。大哥把绳子一下子夺过来，撕心裂肺地大声哭着说："娘！你不能这样呀！我们不能没有你呀！"娘也顿时泪流满面。

天刚蒙蒙亮，大哥安排姐姐照看老娘，就赶紧到县城供销社，将家里发生的事告诉了父亲。父亲很震惊，立即同大哥一起回到家里，听老娘详细介绍了事情的经过。老爹马上找到队长。见了老伙伴，队长支支吾吾，做了点解释。后来又到家里来了一趟，事情才平息了。原来老娘曾给他提过意见，这件事纯属找茬。

老娘惦着借了东邻5角钱，这才叫来大哥嘱咐还钱。要是没借5角钱，说不准老娘就走了！古希腊大哲学家苏格拉底也曾有类似的行为举动，当他在被雅典城邦判处死刑的生死关头，曾喃喃地给他的徒儿克利托说："克利托，你过来，我们曾向克雷皮乌斯借过一只公鸡，请你不要忘记付钱给他。"说完，这位伟大的哲学家合上了眼，安静地离开了人世。

老娘在命悬一线的纠结时刻，最后记住的是欠邻居5角钱。这是老娘根性中的东西。我们家再穷、再潦倒，也得知道感恩，也得知道敬畏，也得有良知，也得对得起他人的好。

人都有脆弱的时候。唯有经历过一次次脆弱，人才可能有真正的刚强。老娘是一个正直、要强和自尊的人，眼里容不得沙子。再苦再累她都不怕，但当她精神上受到的污蔑和诽谤超过她所能承受的底线时，就有可能走向极端。吃一堑长一智。老娘后来慢慢悟出了"受"的智慧，与此也有关系。

生命中唯一的财富，是活过并经历痛苦。一旦你用这样的视角看苦难，苦难就无影无踪了。或许是老娘的大爱救了她自己，或许是我们这一张张嗷嗷待哺的嘴巴救了她。经过那一次的折腾，无论生活再艰苦，老娘都没再有过轻生的念头。她意识到，她是这个家庭的柱子，要负责守护孩子们的未来。柱子一倒，房子就塌了。

娘压弯了自己的腰，却挺直了儿女们的脊梁。她没上过学，不识字，却喜欢看孩子们学习。每逢晚上，儿女们只要说看书，她就会让点上煤油灯。我曾经在睡觉前看书烧过几次被子，老娘从来没有怪我。

"头拱地我也要让你们上学！""头拱地我也要把这事办好！""头拱地的人，都有出息。"这些口头禅，像一副副良药，帮老娘渡过了一个个难关。这些口头禅，也把"头拱地"的意识，深深种在我的潜意识中了，成为老娘留给我的一笔价值连城的财富。头拱地，深深改造着我们，塑造着我们，带我们走到了大道上。

老娘头拱地，我们在生活极其困难时都可以熬过来，过节都可以有干净衣服穿。老娘头拱地，我虽然打小饿成了罗锅腰，但是我们家没有饿死的，也没有像邻居那样出去要饭！老娘会变着法地做野菜给我们吃。20 世纪 60 年代初的几年春天最难熬。邻居纷纷出去讨饭。老娘顽强地支撑着，起早贪黑一点一滴想办法。那时配给制，也是保证每个人活下去必备的安排。晒干了的红薯叶做成的团团，还要过秤分着吃。老娘常常把自己的一份塞给我。

老娘头拱地，成就了我们村的一道风景。像我们这样的家庭，男人在外边属于非农业人口，女人一个人在家里挑大梁，家里有两个孩子的，老大就不能读初中了，要回家帮着娘干活，怕村里的野男人欺负人。我老娘就没有这样的娇弱。她说："我头拱地也要让你们去上学！头拱地也得让你们不能像我这样活！"

老娘对我这个小儿子特别关照。她常常对我说："头拱地的人，都有出息。娘头拱地干活，你头拱地学习，可不能把时间荒废了。"我哪里敢荒废时间？！老娘是在用生命告诉我：头拱地，是我们唯一可以依靠的东西。头拱地可以有饭吃，头拱地可以成为自己的柱子，头拱地可以有好未来。

今天一些富有"爱心"的父母，看见儿女在为解决难题而绞尽脑汁时就心急，就迫不及待地告诉他们该如何做。这样就算缓解了当下的问题，却造成了另一个长久的问题：儿女会对父母形成严重的依赖，面对偶然性和不确定性不知道该如何做了。结果"爱心"毁了儿女生命的柱子！过度管理，这是今天许多家庭的悲剧，也是企业管理过度的一个重要原因。

富者拥有过多财富，因而碌碌无为。贫寒交迫的老娘，拥有无数的磨砺，使她的潜能得到了最充分的释放，也成就了她的觉性。她大嗓门说话，爽朗地大笑，以独特的方式相夫教子。或许由于她心灵的纯净，晚年除了腿脚不利索，身体一直很硬朗，面容红润祥和。她坚持每天早晨三点多钟起床练气功，打扫前后院，然后自己做饭，从不肯让别人伺候，给她雇了保姆也被她辞掉，烧火做饭、打扫卫生，那是她的领地，不容侵犯。

老娘与我在一起

老娘是我心灵栖息的家园。每当我累了、郁闷了、心躁了、开怀了、喜悦了，都会给老娘打个电话，可着劲儿喊："老娘，想您呀！"电话那头就会传来老娘爽朗的笑声："哎呀，老儿子来了！"接着就会跟我说家里一草一木的故事。老娘声音爽朗，抑扬有致，很有乐感，总能给我传来源源不断的能量。她说够了，最后会加上一句："好了，就这么着吧。什么时候回来看我呀？"很奇妙，每次通完话，一种潜意识的交融，都是能量充盈。

她最喜欢儿女们在她身边谈天说地。她坐在一边比着她的一双小脚笑。我看着好玩，就上去刮她的鼻子。她就用手挡我，跟我反复"推手"，一边斥责我，一边笑出声来。我依恋老娘的温度。她80多岁了，每逢回家，我就喜欢睡觉时爬上她的炕头，挤进她的被窝。那是我一直就知道的最温暖、最让我心安与舒适的地方。老娘会半推半就接纳我这个入侵者。那是一幅无比喜悦温馨的画面。

可是，2007年3月10日凌晨，一把无情的大火却带走了我的老娘老爹。我们兄弟姊妹几个几乎崩溃。生养我们的父母，在最需要人的时候我们却不在场！惭愧、悔恨、悲痛几乎把我们击垮！以致在老家的二哥此后两个月查出肺癌晚期，两年后去世。

在那个悲惨的日子里，我把我一个人关在阴冷的老房子里，跟父亲母亲的遗体和灵位待在一起。那一个个不眠之夜，伴着一行行热泪，我记录下过往生命中那生动的一幕幕。老舍的话特别能表现我的心情:"失去了慈母的爱便像花插在花瓶里,虽然还有香有色,却失去了根。"

老娘走了,我成了孤儿。可能还不止如此,我感觉生命失去了意义。一种恍惚游离的状态,让我干啥都打不起精神。直到 2007 年 10 月,我去穿越西藏墨脱原始森林,事情发生了变化。

西藏的大自然美妙而灿烂。白天我在原始森林里穿行,晚上老娘来我梦里。老娘的音容笑貌仿佛附身在我触目所及的万事万物。正是在这个事件点的独特"情势",催动我在心中一遍遍重新理解老娘在我生命中的意义,太多的一幕幕生活片段忽然无比清晰地浮现,我深思、沉吟,从内心深处将老娘传承给我的生命财富梳理挖掘,这便成了地头力诞生的缘起。

天长日久"头拱地",让老娘有了一种生命本原的大能。头拱地,是她的原力觉醒之道,也是我们母子潜意识连接的桥梁。头拱地,一直不断拉抻着我的心性,塑造着我的人格。历经人生冷暖和跌宕起伏,我更体悟到一些深远的东西。我发现,老娘代表着中国母亲的生存之道,代表着一种活泼泼的大生命,头拱地更是普通人离不开的原力觉醒之路。

在墨脱的原始森林中,有许多几个人抱不过来的参天大树,树下堆积着厚厚一层脱落的树皮和落叶。它们曾经是新鲜的、嫩绿的,后来黄了,落在了地下,似乎和这棵大树没有关系了。但实际上,它们仍旧依偎在树下,化成尘埃后,还在义无反顾地反哺大树。那些参天大树,正是传承了母体的基因,汲取了天地精华以及落叶和树皮的营养,才生机盎然,身姿挺拔。伟岸与尘埃交替,落叶、脱落的树皮与勃勃生长着的大树形成了一个周而复始的轮回。

或许,这就是母亲,这就是我们每一个人的宿命。老娘的那股大能,不是从文明教化过的心智中产生的,而是发源于她的空性的大爱与担当。爱就是单纯、干净、无我,担当就是分分钟拿出绝活。老娘干啥像啥,干什么都有与别人不一样的地方。她说:"把心搁进活计中!拿着人当人,拿着事当事!"一如那些郁郁葱葱以万年计的原始森林,娘没有自己,没有任何心智能够去局限她的能量。一旦专注于当下需要做的事情,她圆融的大能便源源不断地喷涌出来。

老娘有一颗被无我的爱充分解放了的心灵和自由精神。那是她那股大能的本源。顿悟到这一层,哀痛的心悄然消失,娘常驻我的心灵。我们已经融为一体,我知道我们将一起度过有意义的人生。一种爱的力量开始在我身上汇集,一种清新的视野正在形成,一种圆融意识正在展开。

一切有形者,经这里塑造;一切无形者,在这里形成。人生就是一条小溪,哗哗向前流着涌入大江大海。保持一颗童真的心,也就是像小溪那样清新、机警和柔软,没有过去的重负压肩,也没有挑选一处僻静港湾的冲动,显示着无限的能量。一如滔滔不绝的雅鲁藏布江,我确信老娘身上的那股地头力大能,是绵延了亿万年能量的显现,可以传递给我,可以传递给你,也可以传递给中国企业。正是在那一片原始森林中,我跟老娘圆融地"待在一起",我找到了我的根——"回到你自个儿的地头,拿出你自个儿的绝活"。

我的地头在哪里?如何才能回到地头?唯有当一个人生命觉醒了,聪明劲儿消失,傻劲儿往外冒,脚后跟着地了,不自满,不浮躁,贴切做人,扎实做事,才可以回到自个儿天赋天性的源头,才可以回到做人做事本真的源头,才可以回到客户需要的源头。什么叫绝活?如何才能拿出绝活?绝活就是客户等需要的价值,就是客户的满意和忠诚。唯有在每一个当下,真诚地全神贯注于当下工作,力出一孔拿出与众不同的绝活,才是一个人活着的自尊。

有时原力觉醒了,可以"回到真源,拿出绝活";有时"回到真源,拿出绝活"了,可以催动原力觉醒,开启活泼泼的大生命之门。对老娘来说原力觉醒之路却很简单,就是聚精会神头拱地出绝活就成了。

当聚焦地头力主题后，中外古今的智慧便都开始有了一个汇集的契机。我发现，地头力，这个中国农民的活法，还是世界通行的活法，具有普遍适用性。地头力的妙用无穷，但必须头拱地做事才体会得到。一如尼采所说：

> 人的本质不依赖于外部环境，而只依赖于人给予他自身的价值。财富、地位、社会差别甚至健康和智慧的天资，所有这些都成了无关紧要的。唯一要紧的就是灵魂的意向、灵魂的内在态度，这种内在本性是不容扰乱的。

生活的压力，让老娘压根儿就没有"空转"的意识。压力挑战就在眼前，机会也在眼前，没有外来的东西可依靠，她就只能靠原力觉醒。她也没有别的本事，所有的能量就只能来自"头拱地"——"力出一孔"；所有收入的来源，也仅仅来自"头拱地"——"利出一孔"。她必须回到生命的根处，必须唤醒原力，必须发挥她的所长，必须顺着天性之势而为，必须顺着环境之大势而为，还要不断拿出自个儿的绝活。

地头力法则 1： 回到自己的地头，头拱地拿出绝活。
地头力法则 2： 头拱地没有过不去的火焰山。
地头力法则 3： 头拱地的人，都有出息。

"车到山前必有路，出水才看两腿泥！"

老娘一句句朗朗上口的口头禅，是她看人看事的思维，是她做人做事的品质，这不仅仅是老王家而且也是中国人世世代代的生命承传。

"是这样，还是那样？"人生时刻充满了选择。

许多事远看上去困难很多。于是人们常常会忧心忡忡，后悔过去，担心未来，计较当下。老娘心境透亮，才不会为着边际的事烦心。

她常说："车到山前必有路，出水才看两腿泥！""人生没有后悔药，人生没有过不去的坎！"哪里有那么多的困难？哪里有那么多难题？哪有那么多说道！大部分是你想象出来的。你一旦拉开架势真抓实干时，难题就无影无踪了。天大的难题来了，你就只有头拱地往前走，解决难题的智慧早就在那里等着你呢。老娘这句大白话就是她给自己鼓劲儿的号子。

吴承恩《西游记》里的八百里火焰山实际上是吹熄了火能过，不吹熄了火也能过，只是绕着火焰山而行会走很多冤枉路而已。火焰山在老娘生动活泼的语言里，代表了火焰山那样的艰难险阻，头拱地是完全能克服的。其实，想想还真是这么回事。当一个事情我们没有开始做时，各种各样的困难会张牙舞爪地扑向你。而一旦我们开始专注做事了，过程中你先前看不到的因素在发生作用，问题与解决问题的方法几乎同时产生。有些"智者"，被困难挑战吓住了，结果一事无成；有些"愚者"，迎着困难挑战上，最后反倒能成事。"愚者"往往后来成为企业家。任何艰难困苦，只要你咬着牙往前走，就总会有突破的智慧。

老娘碰到明白人就跟人请教，一听说自己哪儿错了就兴奋。老娘会高兴地说："哎呀，你真是我的贵人！要我自己撞死我都不知道。惭愧，我怎么就没想到呢！还是吃了不识字的亏呀！"

老娘对上过四年私塾的老爹特别钦佩。老娘说："一有大事，只要看着你爹回家了，我的心一下子就开了。"每月爹回家住两天，早晨爹还在被窝里，娘会早起去干活，干完活再回家做饭，给老爹打两个荷包蛋端到炕头上。山东媳妇呀，自己的男人就是天。那时，我们一年到头也吃不到一个鸡蛋，那是一家唯一可以拿到集市上去换钱买油买肉的呀。我和二哥当时还在床上,把我们俩馋得直流口水。老娘不让爹给我们分着吃,只有爹才能吃。我跟二哥从小最想当爹,当爹可以吃荷包蛋。

老子看重清静无为,全然进入无所不为的众妙之门;佛陀看重"真空妙有",就是要破除你的重重所执障,让你倾宇宙整体之力造当下的妙有;国外一流心理学——超心理学,重在提升生命意识聚焦"当下的力量",就是要清除各种各样的束缚,摆脱认知、经验、理论的各种律条,专注于当下解决问题。

老娘根本不知道这些理论,她的大白话,纯然是一种植根于中华文明集体潜意识的原始生命意识。这种强劲的生命意识显示了中国农民在劳作中不畏艰难困苦的自由精神,冥冥合道,不逊于哲学家的鸿篇巨制。那是从他们生命本真深处流泻出来的。那是他们的原力觉醒,超过任何言语。

时下互联网正在颠覆传统行业,人性贪婪的烈火正在煎熬着中国企业。处于艰难抉择中的企业,与其花九牛二虎之力去寻找新的支撑,不如反求诸己,直接在活泼泼的生命延续中,寻找引发新生命的契机。"车到山前必有路,出水才看两腿泥",这是老娘不依赖任何成见、框框,分分钟放空自己的写照,这也正是活泼泼生命力的传承。这些不成文的俗语,正是中国人的生命律动。在真实生命面前,我们要具备足够的敬畏。越深入"老娘说",越可以使我找到奔头和用劲儿的地方。

任正非曾说:"这个国家不能像互联网一样,一天牢骚怪话,然后也不干活,然后就动不动搞个小目标就挣很多钱,这是毒害青少年,青少年还得艰苦奋斗!金钱至上的社会中,你还能刨出一种精神来,我觉得这才是留给后人的宝贵财富。"

任正非的这段话意味深远。哲学家康德认为:"我可以肯定地说,驱使人前行的唯一原则乃是痛苦,痛苦高于快乐。快乐不是肯定的精神状态。"

摆脱现代社会拜金的冲击波,唯有智性活动!唯有回到你的地头,头拱地拿出绝活!头拱地没有过不去的火焰山!唯有心怀目标头拱地工作的人,犹如一个挖掘开采和探索地下世界的人。他谨慎、不动声色和不可动摇地向前推进,几乎看不到什么苦恼的迹象。仿佛他要的就是这种长期的黑暗,就是这样不可思议、不为人知和难以理解,因为他知道"生命就十几秒的光照",因为他知道这样做的结果是什么:他自己的白天,他自己的拯救,他自己的曙光,他的自性爆发,他自己命运的主宰!

老娘的地头力让我确信,我们了解越肤浅、越粗糙,世界也就变得越有价值、越确切、越有意义!认识到这一点,我们也就等于认识到,人们应当去崇敬远远超过了真理的那种创造、简化、成形和虚构之力。只有当目光呆滞,希望变得简单时,美和有价值的东西才会出现。这就是"回到真源,拿出绝活"的意境:

创造美,拥有美,接近美,接近神。

"当下难,意识牵,究竟苦。"一座无法跨越的火焰山,横在每个人的面前。那是由你的习性和意识搭建起来的火焰山,是由你的自负自满和自闭堆积起来的火焰山,是由你的懒惰外求而无视自己内在的无穷性所强化的火焰山。那座火焰山就是你的幻觉。

击穿这样的幻觉,其实也很简单,哪怕就是照照镜子,就有可能发现真相。每一个时代的人都需要被有质感的生命撞醒。这也就是"老娘说"的意义所在了。当一个人不为幻觉、文字、语言所蒙蔽,才会发现在真实的生活中,每一步都在改变,每一个前进的当下主体和主题都在转换。老娘的口头禅,脚踏实地头拱地,不是给你加一道锁,而是给你打开一扇门,给你一种由内而外的文化自信:拿出头拱地的精气神,就没有过不去的坎儿。

地头力法则 4：车到山前必有路，出水才看两腿泥！

"是人不要管，用管不是人"

> 世事变幻无常，人人本自具足，人人都可以天性爆发，人人都有无穷的创造力，需要敬畏每个人无穷性的潜能。

我少年时正值"文革"，没好好学习，但我喜欢读书。"文革"时掖县（山东莱州）一中图书馆被捣毁了。好多书散落在附近的村子里。我从小学二年级开始就东借西借，读各种各样的厚本本大书。有时甚至找来黄纸竖排没有标点的古文版本，《水浒传》《西游记》《儒林外史》《石头记》都是这样似懂非懂吃下去的。我晚上点着油灯读书，常常看着看着就睡着了，有几次把被子都烧了。老娘半夜干完活回家，二哥告状，但老娘没有禁止我晚上读书。或许，老娘没工夫管我，或许老娘天生有着对文化的尊重和期盼。

"文革"后恢复高考，我于 1978 年考入了山东大学。知识的海洋浩渺无垠，我暗悔先前撩呆（山东莱州土话，发呆，无所事事）的时间太多了，争分夺秒沉浸在知识的海洋里！可是放假回家看到大哥家的侄子、侄女尚不懂事，就光知道玩。我着急呀，就罚他们站在高高的窗台上，除非他们保证想学习了，才准他们下来。老娘看见了，把我一把拽到一边去说："我没管你哥，他考进了南开大学；没有管你，你考进了山东大学。是人不要管，用管不是人！"老娘当时把我给镇住了！

是的，从小老娘就很少管我。记得，我在两岁时，就被放养在了街上。困了，就在自家门洞的大理石上睡一会儿，醒了就到处溜达。我常常光着脚走到田野里，在那里撒欢。我 3 岁的时候，就可以在街上拾草给家里当柴火。有几次，还拾到过 1 角钱和 5 角钱，真是开心。上学了，不识字的老娘更是不管我了。有学校、有老师管，哪里还轮得到她？老娘的不管，还真是成就了我，让我从小就要自己去处理和同学、老师的关系，自己安排时间，撩呆的时间多了还发挥了想象力空间，懂得省察自我。但看看今天的孩子，父母什么都管，可怜他们将来究竟如何成为自己的柱子？

我能感受到老娘这句话给我的冲击。那是在召唤一种觉性，那也就是佛陀说的每一个人自性本自具足！如今有些人浮躁而又怠惰，找不到生命的真北。如何把人的无二自尊给激发出来，让他自己成为自己的主人，自己管自己？

"是人不要管，用管不是人"，这其中包含着多么大的信任呀！这是道，也是法，还是路。这是对良心、良知、良能的最好诠释。老娘懂得舍，懂得放下自己，懂得担当，更懂得给人方便自己方便。无论做什么，她都可以分分钟把自己的主体意识放进去，把自己的灵魂放进去。

人生就是这么简单：要么主动干掉自己，要么早晚被干掉。这是何等简单而强劲的逻辑！这里面有一点儿将生命置之度外的勇敢，其中蕴含着宇宙生命生生不息的密码。先而后，后而先；利他生，利己亡。不盲目争先，而耗时深耕细作出绝活，反而会领先。

生命就是一个生生不息的过程。必须在事上磨，打破与外界相隔离的壳，去寻找真相。人们与更大整体的关系最大的障碍，就是人的自私自利。发利他之心，行利他之实，才可以融入更大的整体，才可以结出生命久远的果实。分分钟干掉过度管理的自负，敬畏人的自性，就可以活出活泼泼的大生命。

当你把"是人不要管，用管不是人"用于你自己，你就已经完成了一个重要的转变：你会启动自己的所有潜能，聚精会神于面前的问题。你会直面真问题，分分钟不留情、不懒惰，干掉自负的自己，解放你自己,尊重你自己,倾听灵魂的旨意,拿出独一无二的绝活!一刻接一刻勇猛精进,一刻接一刻自我超越,一刻接一刻地改善你的绝活!

当你把"是人不要管,用管不是人"用于你的团队,你就完成了解放你的团队的使命,你会让他们和你一样不断自我转换心智,不断倾听他们自己灵魂的声音,会升起一种内在的渴望:发利他之心,做利他绝活。这样你与你的团队就可以做到"我无为而民自化,我好静而民自正,我无事而民自富,我无欲而民自朴,我无情而民自清"。

当你把"是人不要管,用管不是人"用于你的社会关系,你就把你对他人天性的尊重传递给了每一个人,你就有了一个和谐、共融、共生的人脉,你就会分分钟滋养他人,他人也会分分钟滋养你。

当你把"是人不要管,用管不是人"一以贯之于造物场域或平台,场域就会充盈着足够强大的造物能量。与农业时代和工业时代比较,当今造物场域发生了巨大的变化。在这个时代,有价值、有创造能力的大脑比土地和资本更有价值。一个造物场域能量究竟如何,就看融通了造物多少能力,融通了多少知识产权,融通了多少造物者。

每个人的自性差异很大,用一种自性去框定另外一种自性,就有可能划定一些框框,抹掉无穷多的可能性。"是人不要管,用管不是人",就是要对儿女和部下的无穷性潜能有着充分的敬畏。世事变化无常,原因往往是人的自性被激发出来后所呈现的无穷可能性超越我们的预知。我们所能做的,就是敬畏人的无穷性的潜能。

当今企业的治理,遇到很多问题。现在有了"利益共同体""命运共同体"和"使命共同体"的说法,但是大多只停留在概念上。如果局限在企业实体有限公司中,许多事会看不明白。而每个人的"生命有限公司"与"企业实体有限公司"之间有着千丝万缕的联系。现在的企业经营,大多把这两个有限公司给割裂了。如何把老板、员工、客户、协作商、社会等"生命有限公司"与"企业实体有限公司"的通道打通?如何撞醒昏睡的生命？如何激发怠惰的生命？如何创造不凡的生命？唯有把企业上下生命的通道贯通，才有可能打造一个"身、心、灵"具备的企业生命共同体。

"是人不要管，用管不是人"，无疑会成为企业构筑新生命共同体的原点、过程和方向。这个原点也就是企业家与员工原力觉醒之源。从这个原点出发，如何打造"上下同欲，重在现场"的活力场？如何实现以生命撞醒生命，以生命激发生命，以生命创造生命？这是"从延续文化血脉中开拓前进"富有意义的探索，值得我们付出生命。

记得，2016年去法国参加华为创新日论坛，全球互联网大咖聚集一堂讨论互联网趋势。一个获得大家共鸣的观点是：移动互联网时代，去中心化、去渠道化已经蔚然成风。在这样的趋势背后，实际上蕴含着马克思当年提出的理论：我的领地我做主。马克思的这个意识，与我老娘的"是人不要管，用管不是人"内涵基本一致。

我曾经就这句话请教国学大师辛意云。他说："你老娘这句话很经典。老子《道德经》是在说这个理儿，清静无为，无为而治，最深切的根性处就是人的自主和能动性。老子对人的天性，有着很强的敬畏。他就怕人们的知见把孩子的天性给束缚住了。"

老子的视野涵盖了天地宇宙。大自然没有控制者，没有领袖，也没有权力中心。那是一种看似无序，其实又有序，以其不自生故能长生久视的状态。大自然中的万事万物根据自己的习性各自发展与进化。万有物质世界看似是独立、分离的，但彼此之间又有内在联系，既竞争又合作。自然生态的运作，没有一个主宰，却井然有序。这是个充斥着暗物质、暗能量的世界，人们的认知总是片面的、狭隘的，罩不住活泼泼的现实。活的人，没有必要让死知识给捆绑。

辛意云老师接着说："全部佛教经典加起来，也就是要诠释这句话。'人人自性，本自具足'，也就是'人人是佛陀'的意思。但是不管是老子还是佛陀，他们都在说少数有觉性的人。你老娘的大白话意义不一般。你如果随便给他人说这句话，恐怕有 90% 以上的人听不懂，因为他们已经在现实中迷路了。"

我向辛老师解释说，我注意到，我们老家还有这样的说法："上等人自成人，中等人打打骂骂教成人，下等人打死骂死不成人。"

辛意云老师哈哈一笑："就是，这样一补充，就全了。'上等人自成人，中等人教成人，下等人打死骂死不成人'很现实，这样一说，大部分人是可以教成人的，这才有生命教育的必要，才有以生命撞醒生命、以生命激发生命、以生命创造生命的课题。这其中主要看觉性，看我们这些教育工作者如何去开启人们的觉性。"辛老师把这个主题开掘得很深。万物一体同观，人人生而平等，各自具足一切智慧德行。只要人人用良知做自己的主人，只要人们有生命的觉性。

地头力法则 5：是人不要管，用管不是人。

用这样的大道思维看人看事，会有全然不同的视野；用这样的大道品质做人做事，会有与众不同的绝活。

祥儿：第一个撞醒我原力的人生导师

> 一个人与一片树叶没有什么不同，一天与一万年没有什么不同，我这一生到底要什么？我活着，到底为了什么？

"是人不要管，用管不是人。"这句话有一种独特的魅力。我这个当儿子的，深有体会。老娘就是这样育儿的。老娘忙着干活，忙着给孩子找吃的。她没有多少时间管孩子的学习。这样既救了孩子，也解放了她自己。没有人管，我从来不预习课文，不复习备考，而且从小学二年级开始，读大部头的书。东借西借，一下子读了不少中国古典名著。有些书是竖排的，没有标点，黄纸黑字，密密麻麻。

小时候，我的时间都是自己独立支配。我常常一个人撩呆，就会有不少有趣的画面在你面前晃来晃去。那真是自在呀！我后来思维灵活度和图像思维的能力的养成，大部分来自撩呆。可惜，今天的孩子们，几乎没有了撩呆的时间。好不容易做完作业，手机、电视又填补了空档。这可怎么是好！

记得七八岁时，我也养过宠物。那时家里穷，养不起狗，我就把一头猪当成我的宠物。我叫那头猪"祥儿"。每天放学，我都带着祥儿出去吃草，我跑它也跑；我走，它会跑一会儿再回头来找我。我扔石头，它就发了力去追。祥儿喜欢我给它洗澡、挠痒痒，尤其喜欢我给它掏耳朵。它开心的哼哼声，真美！我跟祥儿在一起待了 12 个月，终于那个分手的悲剧时刻来了。

那天，几个大人想绑住祥儿就是做不到，它的力气冲天大。没有办法的老爹，把我招呼过去，让我跟它待一会儿。

祥儿一见我，就眼里含着泪往我身上靠。我的手指一碰它，它就躺倒了，享受着最后的温柔。我给它掏耳朵，它流着泪哼哼，我也眼含热泪。大人们不由分说就上来了。它被绑走了，听着那撕心裂肺的吼声，我泪如雨下，真恨我自己没有能力保全它的命。毕竟一家要靠它换钱买米、买油，那是一家人一年到头过日子的依靠。

祥儿走后，我再也不敢去培养跟猪的情感了。祥儿让我陷入长时间对死亡的恐惧。当时恰好又看了一则安徒生的童话《柳树下的梦》，主人公艰难的生活、美好的梦境、孤独的行走，以及他最后在做着梦时孤独地死去。这就是人的宿命，跟祥儿没什么区别。死亡的恐惧深深抓住了我。我总爱把猪跟人连在一起想事。猪为什么生下来？它知道它的命就是被宰吗？人为什么生下来呢？我生下来又是为了什么？我也会跟祥儿一样死去。而地球还照样运转。有段时间，我早起晚睡，想拉长生存的长度。可是一旦有意识，时间过得就更快了。那一两年我陷入深深的苦恼之中，脸上常常挂着一丝忧郁的神情。用今天的话说，有点儿抑郁了。

直到12岁那年的一个瞬间，我才有点儿豁然开朗的感觉。

一个人跟一头小猪没有什么区别，一个人跟一片树叶没有什么不同，一天跟一万年也没有什么区别；那么，人与人、人与树叶所不同的是什么呢？我活着，到底为了什么？

这个问题，在不同时间问，有着不同的解。当时，我想我之所以能走出抑郁，就是对这个问题有了一个解，即为了不像尘埃一样被吹散，把我的名字变成铅字，我要写书传世。当时还太天真，以为把名字变成铅字就可以了。现在看，名字变铅字往往是毫无价值的！关键在于你是不是可以撞醒未来的生命。

当时，这个解答很有局限性，于当下各种各样的成功学如出一辙。那就是让你有一个对物质世界或精神世界的追求目标，没有跳出财富、权力、名声的牢笼，没有锁定生命的终极价值。但是，这个解答，对一个少年来讲，还是很有作用的。

从那以后，我更注意多读书，更注意惜时如金了。随着时间的推移，每一个当下，都会有不同的解。但是，现在回想起来，就是这个初发心，无形中左右了我的人生选择。物质、财富和权力，始终没有成为我人生道路选择的重要砝码，我一直在追随真善美的智慧。而这一切的开始，其实只是源于撩呆和一头猪的情感启蒙及其死亡残酷。

好多年后，我跟世界银行的同事安迪·黑马聊起这段时光，那份雄心大志如同沉沉灰炭中隐约的炉火，虽然有确定的燃烧和热度，但总显黯淡甚至微茫。于是黑马看出我深具的一种忧郁情结。他笑着摇头说：

"你太悲观了！我不这样看。"

西方人确实很难进入这个很"东方"的思维。其实，黑马不知道。当一刹那间把自己与树叶等同，把一天与一万年等同，那是一种包含一切、覆盖一切的一下电闪，从此一天与一万年之间的张力，一个人与万事万物之间的张力，都同时集于自身，一个人会由此变得无比坚强和阳光。

我后来细思，当时把人跟树叶合一、把一天跟一万年合一，这是把自己消融于巨大无穷性之中的一种生存的基本技能。没这能力，烦恼、抱怨、愤怒会把一个人给毁了。于是后边的两问，就一直挂在那里。一刹那接一刹那地问，会在精神的深沟巨壑发出不同受力点的回响。

更为重要的是，这让我从小明白了一个道理：向死而生，不是懦弱恐惧，而是从未来一个人死去的那一幅大画面，前进到当下。把未来的事看明白了，知道未来全系于当下的头拱地出绝活，人就有了一种沉稳和果敢。人们常常以为，头拱地的意义就是从今天慢慢爬到未来，不需要抬头看路。错误！头拱地，最需要的是从未来的大画面前进到当下！而不是不看路从现在慢慢爬向那个未来的终点。感恩我老娘没工夫管我，给我足够的时间撩呆。那个不受控制的撩呆，竟是我一切觉性生长的季节。

现在回头来看这一段历史，有了不一样的意味。我们大部分人，尤其是我自己的大部分时间，确实和猪一样处在无明状态，一生被一种惯性推着走，也不知道终极目标是什么。想想人也够可怜的：有了人脉，就被人脉占有了；有了资源，就被资源占有了；有了思想，就被思想奴役了。因为这些已有的包袱，我们不会再有新鲜的第一眼了。只要我们能从惯性中停下来，就这么萌萌地一问："我是谁？我要去哪里？怎么去？"我们的思维就从惯性的圈圈里跳转了，跳到最终果的上来，就会引出不一样的思维来。

反者道动。这就是通常说的逆向思维,即不会再沿着从往昔前进到当下,从当下走向未来,而会反转过来,"从未来前进到当下,从当下前进到过去"。

前者被时间推着走,后者驾驭着时间走向最终果的。抓住本,并且始终从本出发,从最终的果的出发,这是一种彼岸思维,这是一种逆向思维,这是回到当下力量的思维。

人类精神生命的旅行者往往具备超越世俗眼界的一种大能,我曾有幸亲历这种大能的冲击,也曾一再亲领具备这种大能的人的教益。老娘传承给我地头力,就是传我天下第一大能。"从未来前进到当下,从当下前进到过往。"我们实实在在是需要从未来出发思考一切的,我们需要立足未来感受当下和过去。

女儿 11 岁时,有一天她主动跟我说:"老爸,我最近琢磨了一下你那句'一天等于一万年'的话。我想可以有两种理解:一是可以把一天当作一万年来活,就是要抓紧每一秒;二是可以一万年当作一天来活,就是可以在那里瞎晃悠不干事。"

女儿的理解让我惊喜。我们差不多在同样的岁数,开始想这些看似没边没底的生命问题。她也从未来前进到了当下,她也想到了要只争朝夕!一代又一代人,只争朝夕奔向哪里?

当年我 12 岁时,终于度过了那段睡觉不安的时光,为自己找到了一个路标:我可以写书把我的名字变成铅字,这样后人就知道有我这么个人来过这世界。那个初心还真无形中左右了我一生的几个重大选择。

地头力法则 6:一个人与一片树叶没有什么不同,一天与一万年没有什么不同。

说实在的,我们这一代在这些问题上还常常犯糊涂时,新的一代又来了，而且更有穿透力地在思考这些问题，为自己负责，为生命传承负责，我们还要进一步拓展视野。

是从现在慢慢爬到未来，还是从未来前进到当下？

从现在爬向未来，看上去最现实，而实际上最迷茫。当下难，意识牵，究竟苦。现实充斥着意识纠缠，混沌无常，蕴含着无穷的可能性。划破混沌无常，需要意志力。历史上所有伟大人物、企业家以及各行各业做出不凡业绩的工匠，都活在自己最真实的土地上——强健的意志力。

逆向思维最重要的特质，就是可以从未来前进到当下！从未来前进到当下，不停留在未来的大画面中，不在未来众多的不确定性中花费时间，而是凝神定志制心一处做好当下自己最喜爱的事。乔布斯是最明显的例证。他对未来的方向有一种直觉的画面，但是他从来不在那个画面中晃悠。他宁愿坐着发呆。

一个午后，他坐在大树下，深深感觉到这个世界的荒唐、计算机界的荒唐：怎么一台小小的电脑要有这么大的键盘呢？他把他的质疑给1000个人说，1000个人都说电脑键盘就是这样，实在是没法省的。他问到第1001个，那个跟他一样的傻瓜说，咱们试试。于是他们千万次地尝试，终于有了今天的 iPhone 手机，有了无键盘笔记本。乔布斯深入自性，醉心于让自性惊喜的画面，孜孜以求。于是，数码时代就真的到了每一个人的手上，世界被颠覆了。

没有人知道那个午后发呆的意义，乔布斯知道。他说："你必须立一个志，必须对一些事情有信心。这样，你就会安住于当下所喜爱的事，制心一处做你当下最喜欢的事。后来你会发现，在你的'志'的导航下，你所做的一些不经意的小事，会连接成一幅灿烂的未来画面。"仅仅如此还不够。谷歌的创始人拉里·佩奇说："谷歌本身以及一切创新都是在'痴心妄想'中诞生的！"

地头力法则 7：
过往之事，皆是序章；
未来之象，全系当下；
强力意志，脚踏实地；
痴心妄想，不同凡响。

乔布斯与拉里·佩奇用他们独特的方式突破当下困局。我老娘不懂理论，却很有文化。她坚信突破当下困局很简单："哪有那么多顺心事？哪有那么多说道？自己把它拨拉过来，头拱地做好就是了！"我老娘的朴素意识，与乔布斯和拉里·佩奇，在从未来前进到当下这个点上统一起来了！从未来必须达成的愿景出发，拨拉掉那些过去的意识和念头，聚精会神专注当下头拱地，就可以拱出一个未来。

第二章 地头力 = 愿景（喜爱）× 专注（精诚）× 做好（绝活）

哪有那么多顺心事?!哪有那么多说道?
自己把它拨拉过来，头拱地做好就是了!

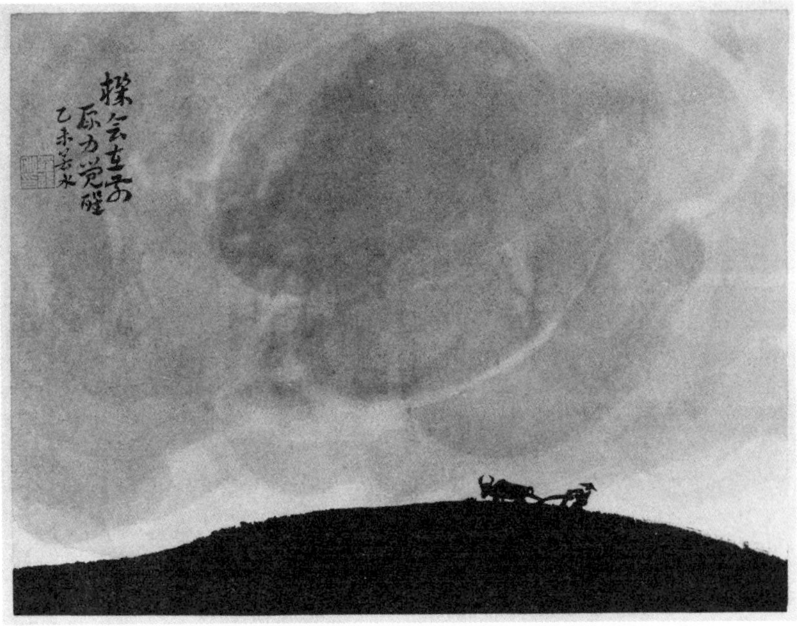

当下难，意识牵，究竟苦，心力散。没有对未来的向往，没有点儿打破现有条条框框束缚的痴心妄想，人们还真是活不出味道来。老娘坚信，突破当下困局很简单："哪有那么多顺心事？哪有那么多说道？自己把它拨拉过来，头拱地做好就是了！"

　　老娘的这句大白话在说一个宇宙真理。当下无论有多么难以解决的烦心事，当下无论有多么难以克服的危机，哪里有那么多说道！你就是专注头拱地，一步一步往前走，慢慢地每一步都会改变，每一步都会有一些新的东西进来，每一步都会有新的可能性。这句大白话的逻辑是，从未来必须达成的画面出发，丢掉那些过去的意识和念头，聚精会神专注当下头拱地，就可以拱出一个未来。老娘在呼唤：回到做人做事的根性上来，脚踏实地、不自满、不浮躁、贴贴切切地做人，扎扎实实地做事！老娘在呼唤：回到每个人的良心、良知、良能上来。

　　地头力法则 8：哪有那么多顺心的事？哪有那么多说道？自己把它拨拉过来，头拱地做好就是了！

我深切体悟到，开启每个人的生命之门，需要从平凡众生最切实的活法入手，需要从最朴实的情感切入。一如六祖慧能圆寂前谆谆告诫"欲求见佛，但识众生"：

> 后代迷人，若识众生，即是佛性；若不识众生，万劫觅佛难逢。吾今教汝识自心众生，见自心佛性。欲求见佛，但识众生；只为众生迷佛，非是佛迷众生。自性若悟，众生是佛；自性若迷，佛是众生。……外无一物而能建立，皆是本心生万种法。故经云：心生种种法生，心灭种种法灭。

"外无一物而能建立，皆是本心生万种法！"读来让人热血沸腾。老娘不认字，没读过《六祖坛经》，可这不就是她的写照吗！历经人生冷暖和跌宕起伏，经过长期走路静思，我更体悟到一些深远的东西。我发现，老娘代表着在这片土地上的中国母亲的生存之道。经过梳理、沉淀与诠释，老娘的地头力可以开启当下中国人的生命之门。

地头力：回到真源，原力觉醒

> 老娘的地头力，是我原力觉醒的源头。我发现，这也是互联网时代人们原力觉醒的源头。回到真源，原力觉醒。

隐藏在人类语言基因中的母性大爱、能量和意志，一直是心理学、哲学、文学乃至社会行为的重要源头。譬如心理学家荣格就在这种人类无意识的悠久回忆中，创立了精神分析的母性阿尼玛原型研究范式，他自己也不断从母性阿尼玛原型中汲取强大的生命创造力。

荣格曾经与弗洛伊德共同创立了一个国际精神分析学会，并任第一届主席，后两人因学说产生分歧而于 1912 年决裂。与弗洛伊德分道扬镳以后，荣格曾经忧郁数年，"有好长时间我内心里产生了一种无所适从感……原因是我此时尚没有找到立足点"。经历过一个自我崩溃的阶段后，荣格的目标不再指向外部世界，而是开始建立内部生活的根基。荣格感觉到文字和纸张仍然不够真实，他需要一座"塔楼"来阐释发自内心的绝大多数想法和认知。

1923 年塔楼第一期完成，它是在荣格的母亲去世后两个月破土动工建造的。它基本上体现了一种怀念和祭悼的心理意义。荣格说："对我而言，塔楼代表着一种母性的温热。"到 1927 年，荣格感到最初的塔楼已经不能表达他所需要的一切，他又建造了一座塔一样的附属物。荣格的精神开始从母性基地中延伸出来，男性力量的图腾逐渐增强，它表现了一种融合看似不相容的对立面的努力。

荣格从母性阿尼玛原型出发，拓展出"集体无意识"的心理体系，后来在老子那里获得了深深的共鸣。荣格说："智慧老子的原型所洞察的是永恒的真理，是可以看到并真切地体验到的价值与无价值……我对于我自己越是感到不确定，越是有一种内在生发的，与所有的存在均有联系的感觉。事实上，似乎那长期以来使我脱离于世界的疏离感，已经转化为我内在的世界，同时展现给我一个意外而新颖的我自己。"

在《荣格自传：回忆·梦·思考》最后一页，荣格援引老子的话："俗人昭昭，我独昏昏；俗人察察，我独闷闷。澹兮其若海；飂兮若无止。众人皆有以，我独顽似鄙。我独异于人，而贵食母。"这个体验表明，荣格跟随老子，从自己母亲的原型，拓展为养育万物的母亲。他已经进入了连接天地万物的境界，具有了万物一体之仁。

心理史学家加德纳·墨菲一针见血地评论：荣格与弗洛伊德一样都是富有不同使命的先知。弗洛伊德没有阿尼玛原型，他看到浩瀚的力量横扫一切，人世间只能略做些敷衍塞责的抗议。而拥有阿尼玛原型的荣格，却是一位通往极富挑战性的世界的向导。在荣格看来，"有不断扩大的领域，容许同那庄严和那神圣的东西进行直接的接触，有一种患者和医生都甘愿接受的鼓励，自由无碍地朝着神秘追求的方向运动。"在荣格那里，人类与宇宙万物是和谐一致的，或称"天人合一"。

我心中也有一个阿尼玛原型——老娘的地头力。老娘是我通向觉性的桥梁，是我潜意识的重要组成部分，她在不断拉抻着我的心性，塑造着我的人格。地头力已经从老娘的慈爱温润，发展为包含雄性毅勇的张力。老娘的口头禅里，蕴含着开启中国人生命之门的密钥。

"哪有那么多顺心事？自己把它拨拉过来，头拱地做好就是了！"随着语境变化，老娘有时会说："哪有那么多顺心的事？哪有那么多说道？自己把它拨拉过来，头拱地做好就是了！""哪有那么多说道？头拱地做好就是了！"为了简洁起见，我就用第一个说法。在老娘的众多口头禅中，我最喜爱这句话。

这句话很有画面感。每每触碰到这句话，都会有电闪雷鸣般的感受。我不仅被这句话的豁达、豪迈、担当打动，更为其间无穷的知性和灵性魅力所陶醉。这句话透露着中国人生生不息的密码：哪有那么多说道！头拱地往前走！慢慢走，每一步都在改变，每一步都是一个新天地！天长日久，我所碰到的无数难题，都可以在这句话中找到解脱方法。

人们太过急切地想成功，拼命踮着脚往高处攀，就是不想用脚后跟着地，生怕一味地站稳了就失去了机会；太多的人走捷径，三步变一步拼命去冲刺，这样哪里可以持续和经久？"企者不立，跨者不行。"想站稳当了，想步伐坚实，就必须脚后跟着地，必须一步是一步，这才是接地气。这个道理简单人们却难以恪守，为什么？这是由极速成功的欲望造成的。

"头拱地"需要有原力觉醒，也是原力觉醒之道。李子荣老师说："头拱地不就是'头踏实地'吗？头踏实地可不容易。那是一个人真正地放下自己，真正柔弱谦下，而又不放弃自己的追求和目标。"这是头拱地的一个重点，即放下你的身段和万千思维，用你的心、你的灵性、你的智慧、你的潜能，全然聚焦当下地头发力。

"头拱地"在说"地头"。在农业时代，地头就是田间地头，就是农民干活的现场；在工业时代，地头蜕变为岗位或工作现场，泛指知识工人和体力工人工作的空间；在互联网时代，地头更富有变化，每一个时空交汇的节点都是工作现场，都是发力的地头。远隔万里可能瞬间连接，这就进一步模糊了工作现场和岗位的地域色彩。视频、音像、文字、电话、短信、微信、微博、指令、意识、意念等，都可以随时在特定时空交汇点参与事件的进程。

地头的适应性很强。在今天移动互联时代，每一个时空交汇的节点都是地头。地头一刻接一刻地变化，本真一刻接一刻地变异，致知一刻接一刻地跃迁。这一切都取决于那个时空交汇点的地头。

"头拱地"在说地头发力，就是向当下要力量。地头力，被拓展成为现代公司员工的一种在岗位现场瞬间反应的能力，一种不断澄清、明确和强化的个人与整体之间的共融力，一种从零开始的思维突破能力，一种对现地、现时、现物出绝活的能力。

头拱地，是一种脚踏实地、聚精会神、扎实做事、坚韧不拔的精神；地头力，就是向当下要力量，头拱地拿出绝活。

老娘说："哪有那么多顺心事？自己把它拨拉过来，头拱地做好就是了。"从中可提炼出6个字，构成地头力的三个核心品质：喜爱、专注、做好。

用一个公式表示：

地头力＝愿景（喜爱）× 专注（精诚）× 做好（绝活）

地头力的第一个层次，是一个人聚精会神头拱地的有效行为。地头力的"本",是"头拱地没有过不去的火焰山"的头拱地精神;地头力的"形",是一种行为,即脚踏实地、不自满、不浮躁、贴贴切切地做人,扎扎实实地做事;地头力的"靶",是向当下地头要力量的有效性绝活。地头力与原力对应,头拱地精神与心性对应。

地头力在可描述、可测量的同时,也具备了相当程度的不确定的生成性。在大多数情况下,地头力效能取决于主体个人意志的强弱及其与场域的互动式合作。个人意志和做法是否能够与外在场域有真正合作式的互动,取决于复杂的内外场域能量的转换。这就是不确定性的由来。

地头力核心的逻辑是"喜爱、专注、做好"三个品质的生成与转化。喜爱、专注、做好,是地头力的三个基本品质。

这三个做人做事的大道品质内涵极其丰富。喜爱,是初心,是发愿,是原力,是心态,也是立志,是你做一件事的愿力或目标;专注,是做一件事聚精会神的过程,是一种强大的力量;做好,也就是时时处处做事要有与众不同的绝活。绝活既是一个过程的结束,又是一个过程的开始,不然就成不了绝活。从发愿到过程再到绝活,这是一个闭环,循环往复,地头力就会越来越强大。

"拨拉"这个词含义很丰富。这个简单的"拨拉",背后是一系列意识转换。人的意识一变,所有的问题就都发生了变化。现实中,只要你想做一件事,就会有1000个困难压向你,就会有1000个苦恼让你灰心丧气。需要你做的事很多也很简单,首先就是必须把那些不得不做的苦事、倒霉事,变成你喜爱做的事!

只有全心全意喜爱做,你才会调动起你身体中的每一个细胞和潜意识能量。压力困难都喜爱,这满溢着老娘的灵性智慧。一如稻盛和夫所说:"对工作倾注爱很重要,如果你能喜爱自己的工作,喜爱自己制造的产品，当问题发生时，你就不会茫然不知所措，而是一定能找到解决问题的最佳方法。"

现代脑科学、超验心理学、宇宙物理学、量子理论等，都揭示了万事万物中存在的一种能量相乘的奇特运算方式。爱因斯坦在留给未谋面的女儿1400封信中揭示了 $E=mc^2$ 的终极含义，即宇宙能量等于宇宙物质总质量与光速平方相乘，而这个相乘的运算过程，就是爱发挥作用的过程。

在我们的地头力公式中，乘号也是爱的能量发挥作用的标识。那是对地球上万千生灵的一种深深的敬畏和不计代价的付出。有了万物一体之仁的爱，地头力公式强大无比。

地头力的动力源：无依则生，有一则活

> 爱是光，爱是地心引力，爱就是最强大的力量。爱的驱动力解释着一切。如果我们想要自己的物种得以存活，如果我们发现了生命的意义，如果我们想拯救这个世界和每一个居住在世界上的生灵，爱是唯一的答案。
>
> ——爱因斯坦

南怀瑾先生说："乡村不识字的老太太，直接活在道中。"为啥南怀瑾不说"乡村识字的老太太活在道中"？为啥不说"乡村不识字的老爷子活在道中"？

因为有我老娘耳提面命，我对南老这句话有着特殊的理解。"识字的乡村老太太"，有了见识，有了理论，有了判断，一下子就超乎寻常了，凡事能说出个理儿来。久而久之，凡事总要去寻个理儿出来，结果就可

能偏离了道。"不识字的乡村老太爷",那是一家之主,那是什么事都得端着,要拿出能砸出个响的判断来,过于强势,也会离开大道。

"知见立知,即无明本。知见无见,斯即涅槃。"(《楞严经》)这是说,以自我的知见为知,正是导致无明的根本原因;如果能够放下所知所见,你当下就可以得到清净究竟圆融。世间所有一切事物的境界,都是无量无边的。这是一切事物的真相。人们一旦有财富、人脉和知识,就被财富、人脉和知识占有了。人的所知所见,都是无知无明的根本,就没有活泼泼的状态了。

我老娘没有财富、人脉、知识,却因此有了活泼泼的大生命。老娘一生,完美诠释了8个字:"无依则生,有一则活。"当我们生命中一无依傍的时候,常能发挥出最大的能量。能量之大,有时候连自己也无法想象。因为这大能发挥出来之时,我们常能做到些原本想也不敢想的事。老娘正是这样一个常能体会到生命潜在能量的人,不仅她自己受益,也影响到了儿女们。

她在村里没有背景,没有资源,没有丈夫的肩膀,没有关系的照顾,没有长大的子女,没有知识学问,没有人脉等可以依赖,她只能靠自己。她要凭着自己的肩膀,让丈夫在外面安心工作,让孩子们接受教育、好好成长。正因为没有外在的东西可以依赖,才真正挖掘和释放了老娘爱的巨大潜能,使她干活有劲道,说话声音爽朗。每当难题降临,她都会守住具体而现实的目标:让孩子吃上饭,让孩子有衣服穿,让孩子去上学,让一家人活下去。这些目标"一触摸就摸得到",所以老娘很少迷失。

人都是被压强的。在艰难、痛不欲生、困苦的氛围中,人的毅勇就会生发出来。老娘一个小脚女人,却跟男人一样头拱地苦干,甚至还要远远超过一个男人的劳作。山东农村男人在外面干活,在家里是不干活的,家里的活都是婆姨的事。老娘白天和男人一样在地里干活,回到家还要照顾老老少少,还要做饭、缝缝补补,晚上还要加班干活。因为我们家劳力少,挣分少,分到的口粮不够。要想分到每个人的口粮,就要多挣工分。老娘想让孩子上学,就把自己整个交了出去。

老娘用行动、用她的肩膀、用她的生命告诉我们"无依则生,有一则活"。这是生命强健起来的地头力法则。无论是个人生命,还是一个企业或一个国家的生命,这个生命法则都行得通。这个法则,一下子把源头指向了一个人的内里。

当下是一个浮躁的时代,人人都向外求,求广阔的人脉、雄厚的资金、完善的技术体系、"包治百病"的管理模式等,就是不知道向内在的无穷性求。人们总是高估现有的能力,又总是低估经过努力所能达到的能力。"无依则生,有一则活",也是一种开放的认识论。

是的,人们常常把手段当成了目标。人没有时间静下来,很难聚精会神想一件事、做一件事。内在本性不断地被折腾、被遗忘、被扰乱。碰到一件事就想出去找明白人。而这个行动本身,就抹掉了自己内在的灵明。在人心浮动的背景下,最需要做的功课是虚静归根。归根复命,回到自己的源头,守住真常,不为繁华的路径和工具所奴役,还真得有点儿虚静归根的功夫。交际知识太多的人们啊,回到真源,回到那源源不断的大能吧。

价值是自己赋予自身的,外在的一切,都是无关紧要的。她的灵魂的意向、灵魂的内在态度,赋予了她不可松动的毅勇精神。曾国藩曾经如此钟情于毅勇品质,以至慈禧太后赐予他"毅勇侯亭"的牌匾。毅勇是一个强力意志,是生命强健起来的密码,也是地头力最为生动的写照。

老娘的爱首先表现为毅勇。毅勇,是关于承担和责任。对自己负责,才能对他人负责。任何强加于你的困难,首先要勇于头拱地去突破它,从此你会懂得什么是真正的责任。

老娘的毅勇,是勇于走向不确定性的毅勇,是回归自性的毅勇,是打碎自己的已知，打碎那个自出生以来就被成就的自己，打碎关于自己的一切认知，是与头脑中的自己决裂的故事。你已经很庞大了，你已经声名显赫了，是不是甘于回归，是不是敢于回归？老娘没有这种困扰。艰难的环境动摇不了她的初心。

每个人都在影响着别人，想把别人拉进自己的层次。你可以知道他，而不必进入他的层次。老娘守得住自己。对高层次境界是来者不拒。感觉你有多高，她就会有多高，从来不怵自己不能与高层次的人比肩。晚年她跟我桃李大嫂的妈妈处得很好。大嫂的妈妈是外交学院的教授，两人无话不说。一听老娘去了大哥大嫂所在地石家庄，桃李大嫂的妈妈都会从北京赶过去待几天。

老娘的毅勇在于，不接受世界已给她安排好的生活，要活出一个不一样的自己。在弱小生命的旅程中，要对自己的一生负责。毅勇，是放下自己的评判，放空自己的心，勇于倾听，倾听对方的心声，倾听自然。

毅勇，不仅仅是身体的勇猛和坚韧，也不仅仅是头脑的态度和意志。毅勇是关于心的，源头是心的场。这个心的场原点就是爱，是爱的毅勇，是全心全意的爱。毅勇是微笑，是对着一切困难和挑战微笑。这是地头力的重要品质。

老娘的爱既有毅勇，又有柔软的心，还有默默无闻的头拱地行动，更有须臾不离的目标。老娘以生命撞醒了孩子的生命，以生命激发了孩子的生命，以生命开启了孩子的生命。是她，让勇猛精进成为其子女的生命常态。这是注入我们内心深处的甘泉。遇到任何困难和挑战，想起"无依则生，有一则活"，就会开始挖掘自己方方面面的潜能，头拱地克服难题。

互联网极大地冲击了传统的组织形式和国家形态。在互联网去中心化的结构中，没有中心就意味着每个人都是中心，每一个节点都是中心，呈现出人人为我、我为人人的现实结构。"一即一切，一切即一"的理论不再玄妙，而是成为移动互联时代的基本生态："人人为我，我为人人。"在这样分分钟一个新世界的架构中，既定的姿势都是障碍。唯有一股强力源源不断地发挥着作用，这就是万物一体之仁，也就是源源不断的大爱。

世界潜能大师博恩·崔西说："潜意识所驾驭的能量要比人们后天所能学到知识驾驭的能量大三万倍。"那些能在紧急关头急中生智、随机应变的人，很明显拥有较高的灵商。譬如那位能在车祸即将发生、自己孩子就要被碾轧的时候，一手掀飞一辆卡车的母亲；那些能在战场的轰天炮火中急中生智第一时间找到隐蔽点的战士，都是潜意识力量发挥作用的表现。

当然前提是这些人自身的心理能量是在正常、健康的状态中，潜意识当中没有自我设限和瘫痪的状态，否则就是逢到再大的危难也发挥不出特异的力量。一个很简单的例子是青蛙蹦出开水的实验，同样是忽然用开水去泡，总有些青蛙可以第一时间跳出开水，也总有些青蛙无能为力，很快被煮死。那些能够第一时间蹦出去的青蛙无疑心态要更好一些，它们的潜意识里很少有认命的、不努力求生的意向。或者有人怀疑青蛙没有潜意识，甚至怀疑青蛙根本连意识都没有，这里无法深入辨析，但可以确定的是，万物有灵，生命有真。

鸠摩罗什大师小的时候，跟母亲去寺里拜佛，看见一个大铁鼎，他过去一举就举起来了。举过后，他觉得奇怪，心想：我小小年纪，怎么能举起这么重的铁鼎呢？再举，就举不动了。一旦有了这个想法，力量就不足了。

汉武帝时代的"飞将军"李广，武艺高强，勇猛善战，尤精骑射。有一天夜晚，他带着人马巡逻，巡到山麓，遥望有一只猛虎在草丛中蹲着。他急忙张弓搭箭，向老虎射去。谁知走近草丛，仔细一瞧，并不是虎，而是一块大石头。箭透石中，羽露石外，用手拔箭，竟拔不出来。

李广颇觉奇怪,再射这块石头,一点儿也射不进去了。心力不可思议,就像举鼎射石一样。若没有这分别心,潜在生命能量就爆发了,这不在话下。

人体蕴藏无穷的能量,能量大部分由脑部活动激发。一方面脑部活动会直接关涉体能、异能的发挥,另一方面,据现代科学手段测试得知,灵感、顿悟、直觉思维能量与抽象逻辑思维能量之比是 100∶1,说明产生创造性思维的能力有赖于脑部灵感、顿悟、直觉的激发涌现。即使是具有高度抽象思维能力的哲学家要在自己的领域有所突破,也需要将直觉顿悟与逻辑语言结合起来才能有成就。故此,人们称右脑是"创造脑",这绝不是臆造。

量子力学之父普朗克认为:"富有创造性的科学家必须具有鲜明的直觉想象力。"无论是阿基米德从洗澡中获得灵感最终发现了浮力定律,牛顿从掉下的苹果中得到启发而发现了万有引力定律,还是凯库勒关于蛇首尾相连的梦而导致苯环结构的发现,都是科学史上灵商飞跃的不朽例证。

爱因斯坦则更往前走了一步。他提出了相对论,以此推翻当时占统治地位的思想和意识。他把世界的第一推动力,归结为爱。爱因斯坦说:

> 当科学家们苦苦寻找一个未定义的宇宙统一理论的时候,他们已经忘了大部分充满力量的无形之力。爱是光,爱能够启示那些给予并得到它的人。爱是地心引力,因为爱能让人们互相吸引。爱就是最强大的力量,因为爱没有限制。爱的驱动力解释着一切,让我们的生命充满意义。如果我们想要自己的物种得以存活,如果我们发现了生命的意义,如果我们想拯救这个世界和每一个居住在世界上的生灵,爱是唯一的答案。

什么是爱因斯坦的"爱"?那是超越人伦之爱的一种充满力量的"无

形之力"，那是大仁不仁、大爱不爱的万物一体之仁，那是对居住在世界上的生灵的恻隐心、同理心与敬畏心。

爱因斯坦"无形之力"的源头，极大地拓展了我们关于爱的宽度。1915 年，爱因斯坦在广义相对论的基础上提出了引力波的存在，并预言强引力场事件可产生引力波，比如黑洞合并、脉冲星自转以及超新星爆发等。100 年后，美国科学家直接探测到了引力波。专家说，发现引力波意味着人类有了第六感，也就是通俗说的神通。爱因斯坦 100 年前已经揭示了这个"神通"秘密：无形之力的大爱。

在"无依则生，有一则活"这条生命法则的背后，我们看到了爱因斯坦揭示的"无形之力"，看到了"无形之力"背后源源不断的大爱。

老娘地头力的本源动力来自她的"无形之力"——对万物生灵的敬畏和爱。每当遇到有智慧的人和有启发的事情发生，老娘总善于从中汲取营养。遇到困难的事和有人打压、制造难题，老娘会抓住机会撑大自己灵魂的格局和心灵的包容力，而且还会激发她非比寻常的创造力。老娘有一种与众不同的意识能量，我越来越发觉，这是地头力意识的根。

地头力法则 9： 无依则生，有一则活。

"无依则生，有一则活。"无依无局限，有一生毅勇。这里的"一"是大爱，是每一个当下的目标。上苍要成就一个不凡的灵魂，给他撤掉可以依赖的肩膀，看他的担当和精神的拔节。同样的压力，有人被压垮了，有人绽放了。关键还是看你内在的爱的源头是不是足够强大和宽广。反过来说一样，只要内在万物一体之爱足够的宽广和强大，就可以有源源不断的自我超越的能量。在困顿无助的环境下，就看你是否可以回到天性的源头，回到事物本真的源头，回到时空交汇的当下源头，打开众妙之门，妙有妙用，绝活层出不穷。

道在低处。老娘,虚心柔弱,谦下温和,无智无虑,清静无为,毅勇担当,开放通达,代表了大多数中国母亲的生存之道。利他,为他人好,舍得牺牲自己。天下的老娘大都为别人活着,可到头来却发现人人都以她们为中心活着。任正非的母亲程远昭,也代表了中国母亲的生存之道。

母亲以生命撞醒了任正非的生命原力

> 人要经历一个不幸的抑郁症或自我崩溃的阶段。在本质上,这是一个昏暗的收缩点。每一个文化创造者都要经历这个转折点,他要通过这一个关卡,才能到达安全的境地,从而相信自己,确信一个更内在、更高贵的生活。
>
> ——黑格尔

机会窗在前,能量场在前,绝境横当下。中国企业正处于转型困难中,一时不知怎么个活法了。这让我记起了任正非当年所经历的磨难。一个历经抑郁症的自我差点崩溃的男人——任正非原力觉醒的真实历程,是否可以撞醒、激发、开启你的原力?

2000年IT(信息技术)行业泡沫破裂,欧美大公司纷纷陷于困境,华为也经历了史无前例的利润下降39%。那一年,任正非受到了太多的压力。再这样下去,发不出工资怎么办?如何向员工交代?自创业以来,任正非一直处于紧绷的状态,在客户、政府、行业、团队的平衡中踩着钢丝。

20世纪90年代兴起小灵通,许多公司赚了大钱,华为也有很强烈的愿望要上马这个项目,因为这是倾听客户的声音。而任正非等坚持认为，这是很快就会被淘汰的技术，上马小灵通是资源浪费，会坑最终的客户。而国内管理部门只给小灵通发牌照，不给2.5G和3G发牌照，别的公司赚了几十亿元，华为只好从零开始进行国际化，开始白送给人用人家都不要；美国市场正遭遇思科等美国势力不可理喻的拦截；国内也有一种议论，像通信设备这样重要的产业应该由民营收归国有……需要他抉择、思考的东西太多，身体有点造反。再青春、强健的身体也有不能承受之重的时候呀！那一年，皮肤癌第二次动手术，他的重度抑郁症第二次爆发。重度抑郁症，有时可以看作有大能量的人觉醒的前兆。

2000年年底，任正非抽身偷偷跑回贵州家里，跟母亲在一起待了整整一天。母子俩有说不完的话。母亲知道他的难处，还对妹妹说："哥哥经营公司全是负债，等哪一天经营不下去了，就把我存的那10万元给你哥，让他吃饭呀！"任正非听了很感动，给母亲解释了华为当时的发展情况，让母亲放心。他们还约好，春节全家一起去海南，带上弟弟妹妹和儿女们，跟老人家一起过年。

2001年年初，任正非跟随时任国家副主席的胡锦涛出访欧洲，1月8日在伊朗结束访问。任正非此次陪同出访有不少收获，本想给母亲打个电话，又怕母亲担心伊朗不安全，就耽搁了。那一天下午，一个惊人的消息从贵州飞到了欧洲："母亲被车撞了，伤势严重，快速回家！"

原来，那一天上午，母亲程远昭去买菜，一辆车呼啸而过，把她给撞倒了。司机逃逸了，不省人事的老太太被送到了医院，没带身份证，兜里只有40多元钱，又没有家里人可联系，抢救治疗给耽搁了。等到下午任正非的妹妹去菜市场找母亲，再找到医院时，已经晚了。

任正非以最快的速度回到家，看了母亲最后一眼。巨大的悲痛把强壮的汉子给击垮了。他惭愧！他后悔！那天早上如果及时打个电话给母亲，或许就会耽搁她去菜市场的时间，哪怕只有1分钟，或许就可以躲过一场灭顶之灾。还有他可敬可爱的父亲！1995年因为在街头买了一瓶过期的饮料喝，就因腹泻而死！父亲走后，他曾经发誓，一定要好好保护母亲，让父亲的在天之灵安心。可是，他整天忙，连世上最亲爱的父亲母亲都保护不了，他还算个儿子吗？他还算是个人吗？他还有资格活在世上吗？痛彻心扉！他悔恨！他惭愧！他把自己关起来，关了自己整整一个月！屏蔽掉外在的打扰，一幕幕回放着跟父母亲一起的时光。

生下他的时候，母亲还是一个17岁的贵州少女，清纯而热情。接着又一连生了6个孩子。小时候，最深切的记忆就是挨饿。一家9口人只有两床被子。母亲发誓，一家9口人一个也不能死！母亲干着所有繁重的家务活，却从来不多吃一口。从小就挺贤淑的母亲说："面子是给狗吃的！"知识分子的父亲任摩逊也被感染了，常说："面子是给狗吃的！"

"面子是给狗吃的！"那不简单是为一口吃的！那是说，人不能为一些虚头巴脑的脸面活！要务实，要头拱地一竿子扎到底！那是在强调做人的品质：处其厚，不居其薄；处其实，不居其华；实其腹，强其骨，不为面子活；敦厚笃朴，忠信诚恳等。华为后来聚焦活下去的总体战略，跟这段生命体验有很大关系。

父母亲从来不去追逐大道理。但是在他们活下去的倔强中，却充满着鼓舞人的力量！回想跟父母待在一起的日日夜夜，哪里有什么依赖？哪里有什么明确的指望？他们家没有人脉，没有收入增长，没有积攒的粮食，一家人就是在无指望的条件下，坚持活下去。艰难时世，反复给他的启示就是："无依则生，有一则活。"没有任何东西可以依赖，反而解放了人，反而让人找到了自性，找到了活下去的办法。再艰难，只要你坚持，就有路走！

回想自己43岁创业，又有什么可以依赖的人脉、可以依赖的资源、可以依赖的知识？没有！只有他自己掌握的、当时并没有市场开发价值的磁悬浮技术。他不就是从简单的商品买卖，开始了一条看不见前程的创业路吗？

地头力法则 10： 面子是给狗吃的！处其厚、处其实、强其骨，担当和敬畏等心性品质自然溢出。

任正非开始搞程控交换机时，直接面对的都是国际一流大公司，那时的华为什么也没有，只有活下去的倔强。母亲的生存之道给任正非打下了很深的烙印。20 世纪 60 年代初为了保证每个孩子都活下去，每顿饭都要过秤，以保证每个人的基本需求。母亲常常是称了 8 份，但忘了自己那一份。就是有了自己那一份，也不知什么时候就跑到孩子们的嘴巴里了。母亲"舍己从人"，以家人的心为心。任正非高中考大学时，母亲分得的那一份饭又常常跑到他的嘴里。

母亲告诉他的生存之道，就是"舍己从人，不为人治，便利从心"。母亲爱他们，愿意为他们承担一切，敬畏他们的天性，却从不迁就他们。母亲用无形的力量告诉他一个天大的道理：舍己从人是一面，不为人治是另一面。二者和合就是"便利从心"。无为无所不为。不舍有为，衡证无为。有为无为，融为一体。

老子纵观天地万物，发现了"舍己从人，便利从心"这个简单的生存之道。老子在《道德经》第 7 章就讲了这个生存之道：

> 天地所以能长且久者，以其不自生，故能长生。是以圣人后其身而身先，外其身而身存。非以其无私邪？故能成其私。

这是一个颠扑不破的生命生存的伟大法则。古往今来，多少人，多少事，多少物，多少生生不息，一直在证明着这样的生存法则。可惜，人们常常被私欲挡住了眼睛，没有看到这个法则。而天下的母亲们，却大多选择了这样一条道路。她们无私，为了家庭、为了孩子，可以奋不顾身做任何事，同时也不会失去对孩子的掌控权。如果一个母亲，守不住自己作为母亲的担当，一味溺爱纵容孩子的狂躁和私心野心，就会毁了孩子。母亲又让孩子谦虚无为,不毁坏孩子们的自性。

地头力法则 11: 舍己从人,不为人治,随顺自然,便利从心。

母亲的不自私,给任正非留下了最深刻的记忆。他说:"我的不自私也是从父母身上学到的,华为今天这么成功,与我不自私有一点儿关系。"任正非从母亲那里学来了"舍己从人,便利从心"的生存之道,已经被任正非用于华为公司的经营。他舍得给员工分钱,舍得给员工股份,他自己的股份已经不足 1.4%。

公司股份的事,任正非听了父亲的建议。公司刚成立时,任正非问了学经济的父亲,公司该咋管理?父亲说,民国年间,大老板投资,但是大掌柜和团队要五五或四六分红,这样才可以拢得住人。

"文革"时正在上大学的任正非,听说父亲要被关牛棚,他就偷着回家看父亲。还没坐稳,父亲就急着催促他快点走,别受连累。临别时,父亲曾反复叮嘱他:"你以后要承担起这个家!别人反'白专',你不能反'白专'!不要随大流!你要有绝活!艺高不压人!"这相当于父亲最后的嘱托。

任正非醒悟到,父亲说出了生命的至理。人不是为面子活,不是为功名利禄活,不是为他人的评价活,人要听到自己灵魂的声音,要展现自己无二的天赋,要拿出自己的绝活,而且自己要成为一个无二的绝活!拿出绝活,就是要不断超越自己创造!成为绝活,就是要对一草一木心存敬畏,有同理心,无二自尊。

地头力法则 12: 不要随大流,人要有绝活。无二绝活,无二自尊。

任正非在一个月的闭关中,实际上是清静回到了生命的源头。他打开门走出来时，带着一篇《我的父亲母亲》。这篇文章呈现了这一个月电闪雷鸣的一个又一个瞬间，同时也是任正非原力觉醒的真实路程。

这一个月的闭关，母亲用生命撞醒了任正非。任正非分明听到了母亲的声音：别整天往外看，别整天仅仅关注那些行业、国家、世界的大事件，要回到自己天性的源头，回到做人做事的源头，回到企业经营的源头，要在内心建立起一个强大的、屹立不倒的自己！信心和意志力是一切绝活的源头！这也是这个浮躁的世界最缺乏的绝活！任正非深深进入了母亲的灵魂，他听到了母亲灵魂的声音。一个更强大、更内在的原力开始苏醒了。

母亲的声音分外给力。犹如《星球大战：原力觉醒》的主人公卢克所说："强大的原力在我们家族一脉相承，我父亲有，我妹妹有，你也有！它已经苏醒了，你看到了吗？"

任正非家的生命之河，回荡着"回到真源，拿出绝活"的旋律。在艰难的岁月中，任家没有资源可依赖，全凭一家人坚忍顽强的意志自谋出路。华为当下最需要的就是回到华为创造绝活的源头：以客户为中心，以奋斗者为本，长期艰苦奋斗，坚持自我批判！一如毛泽东所说："群众是真正的英雄！""从群众中来，到群众中去！"

"群众是真正的英雄"，很切题，很现代。这实际上在说一家公司的顶层设计。华为公司的顶层设计，就是以奋斗者为本，以每个华为人的原力觉醒、自我超越为公司的顶层设计。

他最后写道："回顾我自己已走过的历史，扪心自问，我一生无愧于祖国、无愧于人民，无愧于事业与员工，无愧于朋友，唯一有愧的是对不起父母，没条件时没有照顾他们，有条件时也没有照顾他们。

"爸爸，妈妈，千声万声呼唤你们，千声万声唤不回。

"逝者已经逝去，活着的还要前行。"

父亲母亲在天之灵，关注着任正非如何迎接挑战创造绝活。想通了这一层，任正非豁然开朗，内心升腾起无穷的信心。华为一个活下去的总体战略已经成型："机会在前，原力觉醒，回到真源，拿出绝活。"

有一个细节，很打动我。那次任正非邀请我去他办公室聊天，他端着一个掉了瓷的大白搪瓷缸子喝水。那是在20世纪六七十年代比较流行的喝水杯子。

我问他：还用这样的大白瓷缸子喝水呀？

他回复：这是我母亲给我的。

传承不简单是一种精神，还要有一些不起眼的载体。这个喝水的大白瓷缸子，是任正非和母亲之间的无声连接。端着它心安。

生命的河流，生生世世向前流淌。从那以后，在任正非的讲话和文章中，不时会出现"生命河流""子在川上曰，逝者如斯夫"的意境。一代又一代人奔向以客户为中心的生命洪流中，而每个人都会有跳出来的那一天，看着生命的河流奔涌向前。从生生世世的生命河流中看待今天面临的困难，就有了一种整体观。闭关一个月，任正非不仅找回了初心，找回了统摄全军的"一"，带着华为脚踏实地一步步坐上了全球通信设备老大的位置，而且还以更加开放与包容的态度看待供应链和竞争对手，把自己和华为更大程度上汇入了人类奔腾不息的河流，华为进入了更为广阔的成长空间。

在移动互联时代，说以客户为中心，没有人会反对。可是有多少人又能明白"以客户为中心"的真实含义？那必须是一颗纯粹的心，那是以客户心为心，那是毫无保留地真诚付出，那是头拱地出绝活的坚韧和巨大喜悦。这种商业生存之道，就是千年以来中国母亲的生存之道，也是千年以来中国人的生存之道。中国母亲，爱和担当片刻不离，她们已经把自己的身体当成了家里人、天下人的身体；她已经把她对身体的爱转化成对家人、对地球人的爱。从那个利他的原点上，她们都有一颗赤子之心。

这其中的道理，犹如当年老子发出的天问：什么样的人可以托付天下呢？什么样的人可以托付终身呢？什么样的人可以被托付企业帝国呢？

唯有那些至诚的人，那些对客户和员工的诚信有宗教般虔诚的人，那些把客户、员工的生命跟自己的生命一样珍贵和爱惜的人，他们不以自己的眼睛看世界，而以万事万物的真看世界、感触世界和建设世界的人，就是可以托付天下的人！

人生三层楼的风景

> 中国母亲精神经历了三种变形：从骆驼到狮子，再到赤子。骆驼崇尚的价值是"你应"，狮子崇尚的价值是"我要"，赤子崇尚的价值是"我是"。

任正非的母亲和我老娘，代表着中国母亲的生存之道。中国母亲守得住"无名之朴"，低调谦下，而又毅勇担当。她们像骆驼，一刻也没有忘记责任——"你应"；她们又像狮子，勇于成为一家人生活的栋梁——"我要"；她们更像赤子，简单纯粹地活出了"我是"。中国母亲的这样三个状态，被尼采誉为"强者精神的三种变形"。

强者精神的三种变形

尼采说："强者的精神有三种变形：精神如何变成骆驼，骆驼如何变成狮子，最后狮子如何变成赤子。"

强者最初是背负最重的重负，一如在戈壁负重前行的骆驼，信奉的法则是"你应"，一切都是外在强加给它的；当手里有了绝活，就从骆驼变为占山为王的狮子，狮子信奉的法则是"我要"；狮子王危机环伺，要想生存必须蜕变为赤子，开放与接纳，赤子信奉的法则是"我是"。

奋斗者通过自己的双手，改变自己和家庭的命运。一如尼采所说："在强毅而能负载的精神里面，存在着尊严；在傲立着的尊严之中，存在着意志力；在意志力之中，存在着对最重的重负的内在渴求；在渴求之中，存在着欲望的爆发力。"

当强者经历了黑暗深处默默无闻的征服时，就会有一种强力在身上聚集，他所干的活变成了绝活，而在此过程中他自己也变成了绝活。这时，骆驼就蜕变成了狮子。这是崇敬而能负载精神的征服。

大部分企业家都经历了从骆驼到狮子的转化。他们多多少少都有专业上的绝活，有自己的意志，这样他们就可把自己的生存状态宣布为幸福，引无数奋斗者追逐。那些在奋斗着的匠人、士兵及管理者，也因各自有了绝活而拥有了狮子的主动，他们在金钱之外，找到了更为深切的动力：创造新价值。

成了大王的狮子也有一种被毁灭的危险。盛气凌人的自负与周边人的忽悠，让它们迷失了自我，很可能就会被干掉。要想活出新价值，狮子还必须超越自我蜕变为赤子，这样才会从一个绝活转化为干什么都是绝活。这一点，在互联网时代的混沌灰度中显得格外重要。

赤子，是舍弃与遗忘，是原始天性的复归。天真、素直、纯粹、好奇、喜悦、开放、接纳、活泼泼，这是一个心物一体、可连接天地万物、干什么都能出绝活的状态，可以有无穷尽的妙有。

强者或者中国母亲，精神经历了三种变形：从骆驼而狮子，从狮子而赤子。强者崇尚的三种价值，即从"你应"到"我要"再到"我是"，是一个自转的轮：一刹那接一刹那的极致，一刹那接一刹那的完美，一刹那接一刹那的磨砺。

强者三种变形的具体过程，像极了任正非的母亲和我老娘。老娘第一个化身是负重前行的骆驼，以她柔弱的肩膀，扛起了一个家庭的幸福，扛起了孩子们的未来；老娘的第二个化身是一身绝活的狮子，她声音爽朗，为人豪气，她本身就是个绝活，干什么都出绝活；老娘的第三个化身是纯粹的赤子，她素直、开放、妥协、接纳，可以融进任何一个她想融进的频道。

尼采强者精神的三种变形与马斯洛需求六层次论异曲同工。

马斯洛需求六层次论

马斯洛需求六层次论，实际上也是在说人生三层楼。在 1954 年出版的《动机与人格》中，马斯洛提出了人的需求五层次理论：生理需求、安全需求、社交需求、尊重的需求、自我实现需求。没想到，需求五层次论迅速被接纳和普及，却由此带来个人主义的膨胀，自我实现变成了不健全的以自我为中心，引人误入歧途，自爱变成自私，自由变成不负责任，自我接纳变成自我放纵……

马斯洛晚年接触了东方文明后认识到，需求理论以"自我实现"为人的终极目标错了！"缺乏个人超越的层面，我们会生病，会变得残暴、空虚，或无望，或冷漠。我们需要'比我们更大'的东西，激发出敬畏之情，找到生命的归属。"他在晚年发表的论文《Z 理论》（*Theory Z*）中，提出了人类需求的六层次论，增加了第六个需求维度——自我超越的需求（灵性成长、天人合一与高峰体验）。

马斯洛使用不同的字眼来描述新加的最高需求：超个人、超越、灵性、超人性、超越自我、神秘的、有道的、超人本（以宇宙为中心）、天人合一……马斯洛将"高峰经验"及"高原经验"放在这一层次上（见图 2–1）。

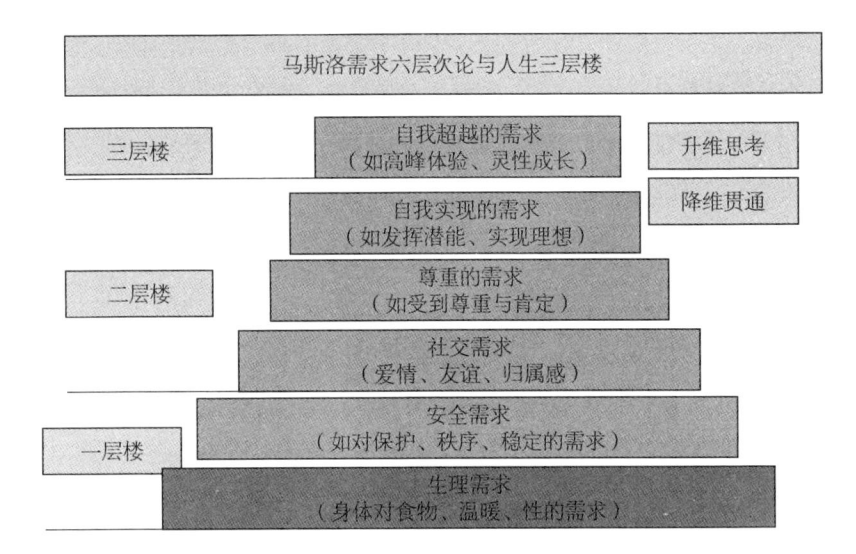

```
马斯洛需求六层次论与人生三层楼

三层楼    自我超越的需求           升维思考
         （如高峰体验、灵性成长）
                                降维贯通
         自我实现的需求
         （如发挥潜能、实现理想）

二层楼    尊重的需求
         （如受到尊重与肯定）

         社交需求
         （爱情、友谊、归属感）

         安全需求
一层楼    （如对保护、秩序、稳定的需求）

         生理需求
         （身体对食物、温暖、性的需求）
```

图 2-1　马斯洛需求六层次论与人生三层楼

需求六层次论之一、二两个维度"生理与安全需求"，是人生的第一层楼——私欲小我；需求六层次论之三、四、五三个维度，是人生的第二层楼——使命大我；需求六层次论之六自我超越需求，是人生的第三层楼——纯粹无我。人生三层楼，是一个人生命成长的全景图，也是生命智慧的三个始发站。遇到任何棘手的问题和挑战，只要你可以"升维思考，降维贯通"，一切就都会迎刃而解。

"升维思考，降维贯通"的说法很有互联网的味道。"弱小和无知不是生存最大的障碍，傲慢才是。""宇宙就是一座黑暗森林，每个文明都是在森林中带枪的猎人……任何暴露自己存在的生命都将很快被消灭。"而且，"毁灭你，与你何干?!"科幻小说《三体》中的这些名言，近来得到互联网"大侠"们的青睐。

雷军看完《三体》后感叹："这不仅仅是本科幻小说，本质上是部哲学书，讲宇宙社会学，其中提到的黑暗森林降维攻击，尤其深刻。"傅盛看完后说:"《三体》几乎帮我建立了一个更高维度的世界观和科学观。我总结为'升维思考,降维打击'。比别人更高的维度想清楚方向,执行的时候比别人更凶狠。"傅盛的"升维思考"与"降维打击",具体抓住了在灰度的世界里实施维度攻击的制胜点。可惜,这里的"维度"是空泛的,需要进一步明确"升维"和"降维"的实战意义。

我们提出的人生三层楼的理论,直接诠释了什么是升维思考。其实,任何一个事件,任何一个行为,关键点在于你是从哪个维度看以及从哪个维度着手做。

大音希声。马斯洛晚年有了高峰体验,是对东方智慧的一种顶礼。这是种子画面,反复看,反复观自己,反复起疑情,经过千万次的重复,潜意识中有了画面感,圆融无我就自然明觉生成了,不需要你的思维和意识插手。这也就是王阳明说的致良知了。这也就是升维思考,降维贯通!

当我们遇到任何难以排解的问题时,只要我们升维思考,到人生第三层楼上看一下万物一体之真、万物一体之善、万物一体之美,就会有一种贯通的清明,同时还必须降维贯通,脚踏实地、头拱地拿出绝活。

当子弹袭来,唯一重要的就是肉体躲避子弹;当企业濒临倒闭,你需要知白守黑去保住企业的根基为客户带来有价值的产品;当你长期纠结郁闷,抉择不下而深陷抑郁时,你最需要的是登上第三层楼"升维思考"。同时,你还必须"降维贯通",所谓降维贯通,就是虽然你站在第三层楼上可以看清楚所有的事,但你必须下降到一层楼甚至地下室去干最苦、最累、最脏的活。一如洁白的荷花,需要往下深深地扎入污泥中,需要深入黑暗的深处去……污泥越脏越臭,荷花越清丽可人。

丰子恺:从人生三层楼透视弘一大师

民国初年李叔同遁入空门,一时李叔同破产说、遁世说、幻灭说、失恋说、政界失意说等此起彼伏。他的学生丰子恺曾经这样解释：

> 李先生怎么由艺术升华到宗教呢？当时人都诧异，以为李先生受了什么刺激，忽然"遁入空门"了。我却能理解他的心，我认为他的出家是当然的。我以为人的生活，可以分作三层：一是物质生活，二是精神生活，三是灵魂生活。物质生活就是衣食，精神生活就是学术文艺，灵魂生活就是宗教。
>
> "人生"就是这样的一个三层楼。懒得（或无力）走楼梯的，就住在第一层，即把物质生活弄得很好，锦衣玉食，尊荣富贵，孝子慈孙，这样就满足了。这也是一种人生观。抱这样的人生观的人，在世间占大多数。
>
> 其次，高兴（或有力）走楼梯的，就爬上二层楼去玩玩，或者久居在里头。这就是专心学术文艺的人。他们把全力贡献于学问的研究，把全心寄托于文艺的创作和欣赏。这样的人，在世间也很多，即所谓"知识分子""学者""艺术家"。
>
> 还有一种人，"人生欲"很强，脚力很大，对二层楼还不满足，就再爬楼梯，爬上三层楼去。这就是宗教徒了。他们做人很认真，满足了"物质欲"还不够，满足了"精神欲"还不够，必须探求人生的究竟。他们以为财产子孙都是身外之物，学术文艺都是暂时的美景，连自己的身体都是虚幻的存在。他们不肯做本能的奴隶，必须追究灵魂的来源，宇宙的根本，这才能满足他们的"人生欲"。这就是宗教徒。世间就不过这三种人。
>
> 我虽用三层楼为比喻，但并非必须从第一层到第二层，然后得到第三层。有很多人，从第一层直上第三层，并不需要在第二层勾留。还有许多人连第一层也不住，一口气跑上三层楼。不过我们的弘一法师，是一层一层地走上去的。

弘一法师的"人生欲"非常强！他的做人，一定要做得彻底。他早年对母尽孝，对妻子尽爱，安住在第一层楼中。中年专心研究艺术，发挥多方面的天才，便是迁居在二层楼了。强大的"人生欲"不能使他满足于二层楼，于是爬上三层楼去，做和尚，修净土，研戒律，这是当然的事，毫不足怪的。

做人好比喝酒：酒量小的，喝一杯花雕酒已经醉了，酒量大的，喝花雕嫌淡，必须喝高粱酒才能过瘾。文艺好比是花雕，宗教好比是高粱。弘一法师酒量很大，喝花雕不能过瘾，必须喝高粱。我酒量很小，只能喝花雕，难得喝一口高粱而已。但喝花雕的人，颇能理解喝高粱者的心。故我对于弘一法师的由艺术升华到宗教，一向认为当然，毫不足怪的。

艺术的最高点与宗教相接近。二层楼的扶梯的最后顶点就是三层楼，所以弘一法师由艺术升华到宗教，是必然的事。

生命每天充满抉择：见好就收还是勇猛精进？按下哪个确认键，就进入哪个生命轨道。弘一法师有着超强意志力，立志做一个极致透彻的人。

弟子丰子恺独辟蹊径，用人生三层楼透视老师：第一层楼，物质生活；第二层楼，精神生活；第三层楼，灵魂生活。

世间大部分人懒得走楼梯，物质生活过得很好就可以了，高兴或有力的就爬上二层楼精神生活去玩玩。意志力超强的李叔同，做人一定要做得彻底。他要登上三层楼，探求人生的究竟，追究灵魂的来源，探索宇宙的根本。

弘一法师把三层楼的风景贯通了。抱素守朴，一篙到底，慈悲无边。临终嘱咐弟子在火化遗体之后，记得在骨灰坛的架子下面放一钵清水，以免将路过的虫蚁烫死。临去还惦记勿伤第一层楼上的生灵，这份同体大悲，感天动地。诚可谓万物一体之仁，通透圆融的人生。

怠惰是人生的天敌，怠惰是公司的天敌。

生命转瞬即逝。勇猛精进，才可以品味丰富极致的人生。向世间的苦处行，回到真源拿出绝活，才可以与天地精神共往来，汇入浩荡的历史长河。

一个饱满而圆融的人生，是身体小我、使命大我、纯粹无我人生三层楼具足的人生。一如马斯洛需求六层次论，灵性成长是与其他两层楼贯通的。没有贯通，就没有真正的灵性成长。

"言有宗，事有君。"万物有宗，万事有君。任何一个事物，无论多么宏大和微小，都有一个总体观。每每具体到一个事物上的总体观，可以有千言万语，但是内在的宗旨，就是充盈在这个事物上的道。

地头力法则13：升维思考，降维贯通。志向，活泼泼大生命；俯瞰，万物一体的总体观；深耕，用赤子精神脚踏实地出绝活。

这也就是说，头拱地的人，一定会贯通人生三层楼：私欲小我、使命大我、纯粹无我。懒得或无力登楼梯的人，可能待在一层楼舒服；喜爱挑战一下走楼梯的人，就上二层楼做做事业；唯有生命欲望强劲或意志力极强的人，才可以登上第三层楼，并贯通三层楼，过一个饱满而圆融的人生。遇到难题抉择不下时，"升维思考"一览全景，同时还必须"降维贯通"，把三层楼的能量贯通整合。知雄守雌，知荣守辱，知白守黑。即使看到第三层楼的风景连接万有，也必须干好第一层楼的活。

灵性再高，也需要脚踏实地做人做事。老娘一句简单的"你自己把它拨拉过来"，很简单，也很霸气。那是在说：当所有困难、压力、危机找到你的时候，你必须安心头拱地往前走，静心找到事物的真主，不回头，不纠结，不后悔，不恐惧，用更多尝试和更多错误去找到解决之道。

喜爱即初心，是发愿，是目标，是立志。立志比喜爱更骨感。把立志说透的，是王阳明。

正德九年（1514）秋，王阳明之弟王守文来南京师从于王阳明，于次年夏季返乡之时，王阳明特作《示弟立志说》相赠。字里行间尽显骨肉至亲之厚意，其言辞恳切，令人动容。该文章也显示出王阳明对于立志的深刻认识。其中写道：

> 夫志，气之帅也，人之命也，木之根也，水之源也。源不濬则流息，根不植则木枯，命不续则人死，志不立则气昏。是以君子之学，无时无处而不以立志为事。正目而视之，无他见也；倾耳而听之，无他闻也。如猫捕鼠，如鸡覆卵，精神心思凝聚融结，而不复知有其他，然后此志长立，神气精明，义理昭著。

> 一有私欲，即便知觉，自然容住不得矣。故凡一毫私欲之萌，只责此志不立，即私欲便退；听一毫客气之动，只责此志不立，即客气便消除。或怠心生，责此志，即不怠；忽心生，责此志，即不忽；燥心生，责此志，即不燥；妒心生，责此志，即不妒；忿心生，责此志，即不忿；贪心生，责此志，即不贪；傲心生，责此志，即不傲；吝心生，责此志，即不吝。盖无一息而非立志责志之时，无一事而非立志责志之地。故责志之功，其于去人欲，有如烈火之燎毛，太阳一出，而魍魉潜消也。

初心、发愿和立志，这是一个人透视一个事物的总体观。而这个总体观，在每个当下都会有不一样的呈现。所以每临事端，都要反复叩问：你究竟有什么初发心？你究竟发了什么大愿？你灵魂的旨意到底是什么？这些是一个人是否找到了属于自己的地头，是否有了地头力开发之总体观的重要标志。一如阳明先生所说，志乃气之帅、人之命、木之根、水之源。地头力，"无时无处而不以立志为事……如猫捕鼠，如鸡覆卵，精神心思凝聚融结，而不复知有其他，然后此志长立，神气精明，义理昭著"。

立志实乃培根之学。王阳明在这里说了很重要的修行法门——省察克治的功夫。功夫是需要在事上磨的。一个人的欲望 1 秒钟内就会有 1000 个。一碰到具体事，你的七情六欲自然就会出来发威，让你防不胜防。而阳明先生教的方法就是，你要在事中让它们统统出来，你立刻念叨你的志向，凝神定志于你的志向，那些私欲就会如同"太阳一出而魍魉潜消"一般没有了踪影。但是，你若不用省察克治工夫，认贼作父，甘当私欲的奴仆，你就会变得没有人形。

立志、立诚、致知，这是阳明知行合一心学发展的三个阶段的核心思想。地头力作为培根之学，重在立志、立诚和致知。一个人最难的是认识自己，最难体认自己的天赋和天命，最难找到自己灵魂的旨意。在混沌中跌跌撞撞总有出路。而一抹灵明一旦闪过，如能制心一处，个人、组织乃至万千宇宙的整体之力，会聚焦倾注在一个终点上爆发。许多不可能的事可以实现，就是这样一个窍门。

厚德之于志向，犹如土壤水分之于嫩芽

现实世界诱惑太多，而且不是地震就是海啸飓风，一个嫩芽般的志向，很容易被摧枯拉朽抹掉，一点儿痕迹也不留。嫩芽说到底要靠厚德的土壤来蓄养。成为土壤的品德，是还没有散开来的厚德，那里面有素直、意诚、慈悲、谦虚、敬畏、感恩、包容等品德。正是这样一些品德，才能守护住一个人的志向。一个未来领袖，必须有抱元守一、抱素守朴、制心一处、一以贯之的功夫。

立志并非一定要足够宏大，就是一件微末小事，比如做一餐饭，泡一壶茶，整理书橱等，有了志与诚，就没有什么做不好的了。我老娘的

志和愿不怎么宏大，就是让孩子吃饱饭读书，让孩子有个未来。因为她足够诚，足够一以贯之，千难万险都是来帮助她的，都是来印证她的一个信念："头拱地没有过不去的火焰山！"

老娘实践了王阳明的致良知。如同一个庞大的体系要有一个出口，阳明心学需要"力出一孔"，要"针尖刺破天"。否则，就是毫无意义的空转。国学、圣学亦需要一个出口，需要一个众矢之的。而这个"众矢之的"，就是每一个当下的志向目标。王阳明说："致知二字，是千古圣学之秘。此是孔门正眼法藏，从前儒者多不曾悟到，故其说卒入于支离。"

学以致用。这是重要的法眼，这是被学者忽视的千古之谜。你去修规矩，修厚德，却没有一个切实的出口，你让这些学问道德干什么去？它们如果不在实际中开花结果，就会被一阵风吹走。或者，它们就会成为堆积物的大山，把修学的人压扁、压死。"为学日益，为道日损"，就在于锁定最终目标，做透彻的减法，没有一丁点儿多余的东西，就是简单极致的极之道。为此，不能不素直，不能不分分钟放下已经取得的成就，不能不在当下的场域中勇猛精进致良知。

头拱地的人，一个重要的标志就是凝神定志、制心一处的功夫。老娘一个弱女子，当她安心做事时，做什么像什么。这也是我们家虽工分不高，也能分上口粮的重要原因。当然，村里邻人的关照也是必不可少的。人家为什么关照你？你干活有干活样，干啥都让人安心，这是一个重要的依据。当今有些人做事只求自己安逸，不求他人安心，总是让人提心吊胆，还在那里一个劲儿地算计工钱。这就是没有致良知呀。做人做事每一个当下，都有每一个当下的良知。你不清空自己，确实没办法找到北。

地头力开发重在立志、立诚、致知。省察、克治功夫需要在当下事上磨，一刻接一刻致知。制心一处，汇聚广域能量造物出绝活。

运势三要素：立志、厚德、深耕

位列日本经营之圣首席的松下幸之助，父亲早逝，他9岁外出打工学艺养活家庭。那份无依无靠的孤独，开始几乎要吞噬了他。做学徒时，师父根本不教你什么，稍一走神就是一巴掌，干得不好就是一棍子。巴掌和棍子都让他长记性。时间久了，松下幸之助凡事打眼一瞄，立刻心中有数。这个本事如同走钢丝，没有任何人能教你。刹那间的平衡点拿捏全凭你一个人。松下幸之助所以能够坚持下来，是因为他知道母亲和一家人都在指望着他，他始终知道一个男人要撑起一个家。这个人生目标，让他在无依无靠的漂泊之中活出了不一样的自己。

当年有记者问松下幸之助："你为什么成功？"松下幸之助回答："我的成功有三个因素：一是贫穷，我9岁时父亲的企业垮了，我只好一个人出外漂泊打工；二是没有知识，我刚上四年级就辍学了；三是我体弱多病。"

这三个厄运，常人说是成功的拦路虎，松下却把它们看成助推器。没有任何东西依靠，他也就成了一个素直的人了。他必须直接面对真实，他必须向着一切可能性开放，他必须坚韧而且敏锐地捕捉机会。他对素直是如此看重，以至晚年创立松下政经塾时，他把"素直"确立为最核心的灵魂和理念，确定为培养未来领袖的重要基石。

晚年感叹于日本的政治领袖匮缺，一个决策偏差就会把一个国家带向灾难。松下幸之助对日本的现行教育体制很失望。于是，他决心成立松下政经塾，要把政经塾办成一个磨炼心性、锤炼意志的道场，让"政界的宫本武藏不久将从这里诞生！"日本剑圣宫本武藏没有老师，没有课程，没有教室，却成了一代剑圣；松下幸之助自己没有老师，没有课程，没有教室，也成了经营之圣。

于是，松下幸之助确立了松下政经塾的教育总则：自修自得。他说：

"不会自修自得，学多少年也不能成大器。"什么是自修自得？自修自得就是要无条件贯彻三无原则：无老师、无课程、无教室。

没有老师？天下人人都可以是你的老师；没有课程？一事一物皆是你的课程；没有教室？广阔天地到处皆是教室。松下幸之助就是这样走过来的，宫本武藏就是这样走过来的，未来日本的政商领袖也将会是这样走过来。

松下幸之助坚信，一个有目标的人，要勇于向没有答案的问题挑战。不是通过别人过度灌输知识，而是自己主动挑战。他要把他成长和培养员工的做法——"自修自得"——移植到培养日本政商领袖上来。

当年松下政经塾开始几期招生，松下幸之助亲自面试。他说一个人走近他，不用开口他就能把这个人说个七七八八，他会知道这个人在想什么，底蕴有多厚。在松下幸之助看来，运势是由三个要素组成的：一是立志，即大义名分和生命的方向；二是厚德，即素直、利他心、足够的敬畏和谦卑；三是深耕，即制心一处，头拱地拿出与众不同的绝活。有了这样三个层面，就有了一个独一无二的能量场。

一个未来领袖，当他充满了素直、敬畏、谦虚、慈悲、感恩、恭敬、深耕、包容的时候，他的思想、语言、行为、习惯、性格、命运就会全然不一样。道为本，德为基，用为靶。这是松下政经塾一直坚持的自修自得的重要内容。

地头力法则 14： 自修自得，以自己为师。人人是老师，事事是课程，处处是教室。道为本，德为基，用为靶。

一个领袖人物，有一份清明的觉知是能够分分钟把知识转化成见识、把见识转化成胆识的人。这两个转化是一个大课题。我们曾经说过，每个人都有一个内能量场和外能量场。大千世界有无穷多的能量场。关键是如何利用这些能量场。我们要看电视，插根天线就可以了。天线就是转换器。那么启用大千世界内外能量场的转换器又是什么呢？要利用能量场的天线，首先要有高意识能量。这又会是一个由意识、语言、行动、习惯、性格等一系列媒介所构成的"天线"，一如特雷莎修女所说：

> 当心你的思想，它们有一天会成为你的语言；
> 当心你的语言，它们有一天会成为你的行动；
> 当心你的行动，它们有一天会成为你的习惯；
> 当心你的习惯，它们有一天会成为你的性格；
> 当心你的性格，它们有一天会成为你的命运。

松下幸之助对这个转换天线做了更为系统的阐释。他提出人才培育需要原力觉醒、自修自得。切忌重本轻末，也不能重末轻本，而是要本末一体：道为本，德为基，用为靶。这与阳明心学的"致良知"一脉相承。松下还提出人的修为，不看你说的和做的，而看你的能量场。一个人能量场主要看三个东西：立志、厚德、深耕。立志、立诚、立德，只能在事上磨。制心一处头拱地，脚踏实地，就会催动现场神灵。往往一个意外发生的"事件"会改变一个人甚至一个国家的命运。只有在"事件"中，才可以回归本源，回到地头，地头发力以创造新的可能与机遇。这是一个动态的过程，反者道之动。

世界万事万物都在这样两个极端中震荡。想学会在动态中保持生命，唯有保持每个当下的平衡。而这个平衡术，犹如走钢丝，没有任何人可以教你。唯有抱元守一，在每一个当下拿捏那个平衡点。不执两端而居其中，这个平衡点的拿捏功夫，就是修道。是以《中庸》说："天命之谓性，率性之谓道，修道之谓教。"

地头力的整体观：言有宗，事有君

> 万物有宗旨，万事有真君。在无常混沌中，真常应物，真常得性。专注于做好一件事，坚持从头到尾做好一件事，持续坚持做好一件事。

万物有宗旨，万事有真君。地头力有重要的整体观。老子说："言有宗，事有君。"在无常混沌中，头拱地往前走如何把握"言有宗，事有君"呢？

老娘碰到混沌无常时，就喜欢"拨拉"。想想还真是这么回事儿。许多想不清楚的事，意识一转就化解了。同一件事，会有"天堂思维"和"地狱思维"两个维度，这两个维度带给人的视野和能量全然不同。而地头力的意识转换背景，是混沌和灰度。当下发力，重要的是在错综复杂的环境里能够抓住一事一物的总体观。这个总体观不是摆在那里让你去遵守，而是在颤抖意识、整体意识和良性意识的相互作用转化中，让你去把握事物的整体方向。

鬼斧神工的梓庆木匠是如何把握"言有宗，事有君"的？庄子在《达生》篇里，讲了一个梓庆木匠的故事。梓庆是春秋时期鲁国的一位木匠，他擅长砍削木头制造一种乐器，那时人们称这种乐器为"鐻"。梓庆做的鐻，看到的人们都惊叹"鬼斧神工"！"鬼斧神工"这个词，就是由梓庆木匠而起。

鲁国的君王召见梓庆问："你是用了什么奇妙法术制作出如此精良的鐻的？"梓庆回答说："哪里哪里，我只是个小木匠，哪里会什么法术！不过，我准备做这个的时候，有些跟常人不一样的地方。接到活以后，都要先斋戒七天。我不敢损耗自己丝毫的力气，而要用心去斋戒。斋戒的目的，是为了'静心'。

"斋戒到第三天的时候,我就忘了是给你大王干活,忘记是在为朝廷做事了。大家知道,为朝廷做事心有惴惴,有杂念就做不好了。忘记了丰厚的奖赏了,鐻就开始在我心里活起来了。

"斋戒到第五天的时候,我就可以忘记我的手艺了,心里开始活跃着木头、质料和最后要成为的器具。大家说好也罢,说不好也罢,我都已经忘记名声了。

"到第七天的时候,达到忘我之境,我已经不是一个木匠了,我已经开始与最后成的器具、木头、质地融为一体了。"

梓庆在把外界的干扰全部排除之后,进入山林中,他打眼一望,看到虎形树木,砍回来就做虎头鐻。看到豹形的树木,砍回来就做豹形的鐻。依照树木自然形态,选择合乎制鐻的材料。直到一个完整的鐻已经在脑子里成形,这个时候才开始动手加工制作。

梓庆继续说:"以上的方法,就是用我的天性和木材的天性结合起来,也就是以天和天。我的鐻制成后之所以能被人誉为鬼斧神工,大概就是这个缘故。"

"以天和天",这就是万事万物的宗君。这是中国工匠精神具有宏大整体观的最好写照。工匠有着独具慧眼的造型能力。他们之所以能创造不朽的美,就是因为他们那种清静无为、不带成见的心怀,那种寻找物我一体自然而然的感觉,那种物的天性与人的天性的美妙契合。大自然为所有的事物抹上了欢乐的色彩,那些敏感的匠人们眼睛里充满喜悦,带着这种喜悦他们又把自然的美设计、制作、呈现出来。

梓庆斋戒七天,其实是进入了三个境界:忘记了利益,忘记了名声,忘记了自己。当人心处于这样的纯粹,就达到了"以天和天"的状态,这时很容易把木匠的天赋本真与树木自然的天赋本真结合在一起。两个本真的结合,有三个不可或缺的条件:言有宗,即以天和天的信仰;事有君,即万物一体之仁的总体观;深耕,即不同凡响的入微技能绝活。

梓庆木匠的精神，可以说是中国人的根性基因。创造美，就是最大的善行。只要工匠的振动频率能合上自然万物的频率，凡是顺乎万物自然的作品都是优美的。一件器皿、一件衣服、一栋房子等，都是艺术作品，都是这个世界的一种抽象或缩影。一个有匠心、匠魂的人，就是一个有德行的人，就是一个脱离了低级趣味的人，他们不仅与自然的造化合为一体，而且成为自然美的使者，他们因此也有了驾驭自然万物的能力。可惜，这样的精神与我们渐行渐远。

以天和天是中国人的一种信仰。梓庆木匠在出精品时，是要舍掉各种情绪的。那是一个孤独而喜悦的时刻。唯有以天和天的信仰，唯有充分敞开自己，不留一丝一毫的名利，才能把心放空，道法自然。只有把自己仅仅当作管道，才会接收到天籁的信息，才会成为造物主的管道，才能打开众妙之门。

管理大师彼得·德鲁克深知一个人根上的支撑是信仰。他说："只有通过绝望，通过苦难，通过痛苦和无尽的磨炼，才能达至信仰。信仰不是非理性的、伤感的、情绪化的、自生自发的。信仰是经历严肃的思考和学习、严格的训练、完全的清醒和节制、谦卑、将自我服从于一个更高的绝对意愿的结果……每个人都可能获得信仰。"

梓庆木匠是一个有生命觉醒的人。德鲁克的话，诠释了梓庆木匠以天和天信仰的源头。确实，生命的觉醒需要经历三重意识一刻接一刻地转化，即颤抖意识、整体意识和良性意识的相互作用和转化。

颤抖意识

老子说："天地之间，其犹橐龠[①]乎？"天地犹如一个大风箱，人在

---

① 橐龠（tuó yuè）：用手操作的鼓风工具，即古代的风箱。——编者注

其中颠来倒去受着震荡或颤抖。这就是"颤抖意识"。

颤抖意识，指一种无常、混沌的不确定性，一种自性绽放的无限可能性。万事万物都有着极大的无穷性，这种无穷性就发源于颤抖意识。颤抖意识，是不执着的状态，是苟日新、日日新、时时新的状态。身体或组织的每个细胞都是鲜活的，也就是整个系统的末梢被充盈着，最远端的信息畅通无阻，整体循环饱满，时刻洋溢着鲜活与生动。充盈组织末梢的势能来源于"节奏"，这个震颤的节奏，是一切生命生生不息的源头。一切都在转化中，一切都在变动过程中。颤抖意识就体现了这种转化和变动。

生命每时每刻都在震荡着。每一个人都会感受到这种震荡，常常有人还会为这种震荡所迷茫。人们常常会有一种无力感，只能受其摆布。其实，所有这些都是不可避免的生命的存在形式。"清者浊之源，动者静之基。人能常清静，天地悉皆归。"《清静经》的这几句话，一下子把宇宙万事万物运行的道理说清楚了。清、浊、动、静，乃相依相生，相互转化，才有生生不息的生命，才有了大道运行。头拱地"在事上磨"，可以有活泼泼的生命，常常可以进入一种常清静的状态，天地和同就会呈现，甚至会出现一种"天地悉皆归"的景象。

王阳明最怕空转，推崇"在事上磨"。阳明心学的一个要点是知行合一。"未有知而不行者，知而不行只是未知，如'好好色'，如'恶恶臭'。见好色属知，好好色属行；闻恶臭属知，恶恶臭属行。"王阳明的思想很接现代社会的地气。知行合一在事上磨，是共通的道理。

一个千年组织筛选接班人的法则

一个千年传承的组织，有一种筛选接班人的独一无二的法门。在初步筛选接班人种子的时候，他们不会看重你的出身，不会看重你背后的人脉，不会看重你受过的教育，不会看重你的智慧，他们首先看重的是，你是否可以脚踏实地做好一件事。如果你能专心致志做好一件事，你就有可能入选种子，就可能得到提升。

这让我想起任正非的一段往事。一个新毕业的大学生，一到华为就拿出了万言书畅谈华为战略，任正非的反应是赶快把这个人辞退。他要么是疯子，要么是好高骛远之徒，不适合华为脚踏实地的文化。任正非的思想与这个千年传承的组织信条是一致的：先脚踏实地做好一件事！

从头到尾做好一件事。当一个人从马仔提升到领头，就有了一种危险。这时你身边会围绕着许许多多想表现得醒目的小弟，他们察言观色捕捉机会把你想做的事做好。起初你会感到很舒畅惬意。一个眼色，就会有无数人响应。然而人的天性就是怠惰。当你对此习以为常了，危险就在向你逼近：你现在已经没有机会去从头到尾做好一件事了！而这个组织要提拔人，要提拔你到核心层，首先看的不是你带领的团队有多威猛，而是看你这个人是否还有一种静气，可以从头到尾做好一件事。这一条做不到，你就从接班人的名单中被永远排除了。

当一个人当了领头，还能从头到尾做好一件事，这个人就会得到提升，到了三五个人的备选小圈子里。这就如同进了董事会，就等着下一步当董事长了。这时候，真正的考验来临了。你要参与一些大事的战略决策，你要在关键点分寸的拿捏上不出任何偏差，要独立应对一些重要的挑战，要能够把大家集合在一个旗帜下群策群力……通常我们接触到的领导力考评的重要层面还有很多，但是，有一条是最重要的，是秘而不宣的。这就是，当你已经是重要的几个头头之一了，你是不是还能够坚持从头到尾做好一件事。组织认为，这个品质最重要。只要这一条有了，其他的品质就都是自然而然的了。

这个组织选接班人，牢牢建立在继承人的生存能力上。如果这个人没有了实际生存能力,找这种人接班,组织不就没有生命力了吗?现在有一种虚头巴脑的"国学热""心发热"。大家在比着提高境界。可是,如果不脚踏实地实干,就没有了地头。所以绵延千年不断的组织,与坚持这种地头力的选拔原则很有关系。

地头力法则 15: 真常应物,真常得性。知行合一在事上磨。做好一件事,从头到尾做好一件事,持续做好一件事。

对一个人来说,重要的是在事上磨,而对于组织来说,就是锁定公司的最终目的,做出极致的产品,把能量充盈组织末梢,充盈每一个地头,充盈组织每一个地头上的人,发挥每一个组织成员的积极性和主动性。如何让每个人成为自己的主人,而不是一系列杂念的奴隶,还需要整体意识和良性意识的帮助。

整体意识

"整体意识"强调的是"知"的完整性,是"知足"的状态。这个"知足"不是平常人们说的"小富即安"的知足,而是清楚、完整、全然地了解事物运动变化的实相,了然最终结果的知足。用现代的话说,好比是启动内心导航系统,精细地觉知到周围事物及环境的变化,整体把握预示变化的蛛丝马迹。

整体意识并不那么高远。只要你回归人的本性,一下子就可以通达。2008 年 5 月 12 日汶川发生地震,一个下岗工人王远平所表现出来的整体意识深深地震撼了我。王远平在地震之前买了几箱三鹿牛奶,小孩喝奶后得了重病,家里人也都有不良反应,尤其在汶川地震后,当他看到三鹿又捐牛奶给灾区人民，他更坐不住了。一股极大的愤慨、承担和无我的责任促使他提起笔写了一个博客："难道这种牛奶就能捐到灾区去吗?!"这样小小的帖子在网上流传，结果迅速揭开了中国奶业的一个巨大的黑幕。谁能想到，揭开这个黑幕的因素之一就是一个下岗工人刹那间表现出来的无我的整体意识。

一个人和一家企业如何才能有整体意识呢？如何才能把握实相？王远平显示了无我、无功、无名的状态。在汶川地震的那一刻，全国人民的心都被紧紧系在了灾区。当看到支援灾区的牛奶有问题，亿万人民不答应！王远平一个利他的发心，撞醒、激发了无数中国人，于是形成了一个大合奏。

人类不断追求自身的利益，不断破坏自然，甚至威胁到人们赖以生存的水源和空气，这都是整体意识淡薄的表现。但是中国人骨髓里都有整体意识。整体意识的核心就是天人合一，这是中国传统文化区别于西方文化的一个重要分界点。以人为本、人定胜天、强力意志，一直是西方的主旋律。而追求人与自然的和谐，是根植于中国文化土壤里的精灵，也是最重要的良性意识。人类一旦从整体意识过渡到良性意识，那么人类也应该学着从"以人为本"过渡到"以人与自然和谐为本"。头拱地的人都有一种整体观，从以人为本过渡到以人与自然和谐为本，从人定胜天过渡到敬畏天地法则，敬畏地球上的所有生灵。

良性意识

我们除了稍纵即逝的当下别无所有。一个活着的人，是一个已经从未来前进到当下的人。他有了未来的蓝图，就不再沉醉于蓝图。他不会花精力在未来的诸多可能性的比较中浪费时间和生命。他敢作敢当，勇于冒险，敢于倾全力头拱地克服当下困难。无论情况是最坏还是最好，我们反正会失去它。除非我们在头拱地往前走的过程中，获得心性的锤炼和提升。只要头拱地了，无穷多的可能性就敞开了大门。

"90后"北大硕士张天一，毕业以后创立了"伏牛堂"，专门卖湖南牛肉米粉。年收入达到几千万元了。在《青年中国说》电视节目上，张天一的行为被董明珠以及著名教授群起而攻之。

董明珠认为，国家培养一个北大硕士生，花了太多的资源。而张天一竟然只安于卖米粉，而不能选择更大的舞台报效国家，简直就是浪费资源。

而张天一则淡定地反击："您作为长辈枷锁太重了！您对年轻人试错这事的容忍度太低了。"

董明珠强调："你难道只能想去赚钱吗？你们要对报效国家有更好的选择，不能掉进钱眼儿里。你的人生不能陷进米粉里。"

张天一说："……年轻人想不服输就要有一股劲儿，就是要经历痛苦磨砺。这也就是我们湖南的土话：'吃得苦，耐得烦，不怕死，霸得蛮！'"

张天一就是一个已经从未来前进到当下的年轻人。他知道他是上帝的一个限量精品，现在最需要的就是头拱地做事，积累最真切的体认，找到自己自立于天地的感觉。其他都是虚耗！

一如尼采所说："世上有一条唯一的路，除你之外无人能走。它通往何方？不要问，走便是了。当一个人不知道他的路会把他引向何方的时候，他已经攀登得比任何时候更高了。"尼采说这话时，立在了空性的高度上。

张天一就是一个有着很强"良性意识"的"90后"。"良性意识"是一种"知止"的状态，也就是面对正在发生的任何缘起，都全然接受，不排斥，不拒绝，不选择。"知止"的要点在"知"而不是在"止"，"知止"是一种修为，而"止"则是自动的或者说是自然而然的。

《庄子》讲:"吾生也有涯,而知也无涯,以有涯随无涯,殆矣。""知止"是倒过来,要以无涯随有涯,那就没有"殆矣"。"无涯之知"止了,止在哪里?止于至善!至善就是恰当其"时",恰当其"位",至善是无量因缘和谐于某个时空交汇点的当下。这里的和谐是动态的、随时随地的。

地头力法则 16: 吃得苦,耐得烦,不怕死,霸得蛮。

世界本来很宽阔,人们硬是要画地为牢。好的东西总是与坏的东西相伴,坏的东西总是有好的东西相随。这不是我们喜爱还是不喜爱的问题,而是发生了之后你怎么去看、怎么去处理的问题。任何一场危难甚至疾病,都能让你更深一层地证悟生命,更高一层地升华你的生命。

普方母亲以德报怨

2000 年 4 月 1 日深夜,来自江苏北部沭阳县的 4 个 18~21 岁的失业青年潜入南京一栋别墅行窃,被发现后,惊惧之中,持刀杀害了屋主德国人普方及其妻子、儿子和女儿。案发后,4 名凶手随即被捕,后被法院判处死刑。

在法庭上,普方母亲和亲友们见到了那 4 个刚成年不久的疑凶。凶手不是看起来很强壮、很凶悍的人,跟你在马路上碰到的普通人没有区别。普方先生的母亲了解到那 4 个来自苏北农村的年轻人都没有受过良好的教育,也没有正式工作,其中有一个做过短暂的厨师,有一个摆摊配过钥匙。在详细了解了案情后,老人做出一个让中国人觉得很陌生的决定——写信给地方法院,表示不希望判 4 个年轻人死刑。老人的逻辑很简单,"我们会觉得,他们的死不能改变现实"。最终,江苏省高级人民法院没有考虑普方家属希望宽恕被告的愿望，维持死刑判决。

几个月后，普方家人和朋友成立了普方协助会，筹集善款积极去改变苏北贫困地区的教育现状。按照普方协助会的要求，孤儿、单亲家庭、父母患重病者和女孩被列为优先资助的对象。女孩将来是要当妈妈的，妈妈在孩子成长中有举足轻重的影响。普方的家人和朋友们深信，只要能有良好的教育，"有机会的话，人就不会想去做坏事，他会做好事，这对自己，对别人都有好处"。

当地的教育工作者听说有人愿意资助孩子上学都很高兴，表示"一定要推选品学兼优的学生"。然而这并不是普方协助会设立助学金的初衷，他们只希望"人人都能享受均等的受教育权利"。

转眼 15 个年头过去了，普方协助会依然接纳、组织着世界各地来的志愿者，对改变贫困地区的教育，做着扎实的努力。许多他们资助的穷孩子，已经大学毕业，走上了很不错的岗位。他们资助的一批女孩，也已当上了妈妈，养育着自己的宝宝。

德国人在那不可思议的"瞬"间做出的选择，让我侧目。他们有理由仇恨，有理由离弃，有理由发泄，有理由冷漠，有理由断绝，这些在常人看来合理的选择，他们都没有做。他们选择了社会自省，他们选择了善的教育，他们选择了义务，他们选择了将慈善作为生活方式，他们选择了相信中国人的精神力量，他们选择了扎扎实实的行动，他们选择了积极地推进中国落后地区的教育。

在普方妈妈等德国人面前，我觉得自己很渺小。普方的亲友，对我们而言是一面硕大的镜子，在镜子里我们可以反观自己。

德国很强大。德国人看人、看事都有整体哲学观。普方一家被害，法庭上普方的母亲却为罪犯求情。他们置身仇恨，却能看到并选择了慈悲。德国人的哲学传承与老子的"反者道之动"一脉相承。他们知道在混沌的世界里，是非、善恶、高下、前后、长短等分分钟在转化。一切都处于否定之否定的旋转之中。

看看今天的社会，有人活得不安心，有人怨气冲天，还有些人麻木不仁。我们被这一瞬冲天的戾气推动着，无力逃出这种惯性！普方妈妈他们为什么不受戾气冲天的"瞬"作用呢？他们为什么能够清醒地活出自己的价值来呢？

普方妈妈他们已跳出个人、家庭、民族的视野来看人类的悲剧了。在悲剧面前，他们看到了自己可以使劲的地方，于是义无反顾地去积极改变杀害自己亲人的凶手家乡的教育。他们已不受情欲的左右。他们没有仇恨，他们充盈着灵魂的觉醒与救赎。那种人性的光辉与温暖，那种对生灵的尊重从语言、行为、气息中散发出来。他们远离了语言与是非，放下情绪回归一个空空的管道，才看得清楚，人和人的界限是很渺小的。

普方的亲人们是强者。德国哲学家尼采提出了"强者说"：

> 这仅仅是力的事业：具有本世纪的一切病态特征，但要以充盈的、弹性的、再造的力来调整。

普方的亲人们，以德报怨，呈现了德国人面对无常的整体观，那是一种真切的活下去的倔强。如果他们沉浸在悲苦和仇恨中，悲苦和仇恨将会吞噬他们。而他们一下子跳出情绪来，以充盈的、弹性的、再造的力来调整困境，他们成了名副其实的强者。

普方的亲人们尝试用生命唤醒中国人的大爱和毅勇，唤醒沉睡在每个中国人内心深处的慈悲。普方基金会在一点一滴地改变着中国的现实。那我们自己呢？面对严峻现实，德国人能够找到自己的使命和责任，每个中国人更应该找到自己的使命与责任。这毕竟是我们的家呀！

增冈范夫到华为

20 世纪 50 年代，大野耐一在丰田喜一郎的领导下创立了丰田生产方式，一时风靡世界，成为各国公司学习的典范。当然，这也吸引了华为的目光。21 世纪初，华为重金请大野耐一的嫡传弟子增冈范夫到华为辅导精益生产。笔者有幸与当时陪同增冈先生的华为员工王万翎交流，受到非同寻常的启发。

年轻知性的王万翎说，十几年前，丰田方式的创立者大野耐一的弟子增冈范夫带领一个后生毛吕俊郎到华为，由她接待陪同。老人家到了华为，华为举行了隆重的欢迎仪式，介绍完增冈后，主持人请他讲话。通常这是个做广告以抓住现场人心的好时机，可是他却说："好吧，我们现在去现场吧！"

到了现场，增冈和毛吕俊郎便具体指点操作台要摆放整洁，提出要求让操作员站起来操作。大家不习惯，认为高薪聘请的顾问不是指挥操作工的吧？而老人不管你心里想什么。他的魂在操作岗位的摆布上。他微笑着请一个年轻一点儿的员工先站起来操作试试。说理没用！只有行动！那个员工站起来干了一会儿，感觉挺舒展。几个月下去，大家都可以站起来了。增冈老先生露出了满意的微笑。王万翎应我的要求，翻开当时的笔记，发现老先生讲得句句在理，只是当时的她还太年轻不理解罢了。让王万翎印象深刻的有两点：

（1）不要用笔写建议，不要用想法做决定，亲自去做。你在现场一用头脑思考就错了，要学会直面事实用直觉拿出办法。

（2）不要等到完美，行动最重要。你工作时一定要有个最终成果最完美的画面，如果达不到最好的，也可以有个次好的画面，你就冲着这个画面去努力。

大野耐一创立的丰田方式驰名世界,核心就是"答案永远在现场""现在的做法是最坏的"!我曾经专赴丰田汽车考察一周,回来后写了一本专著《答案永远在现场》[①],由稻盛和夫作序。大野耐一的哲学基础很扎实。他的弟子增冈说的这两点很有深意:

第一,基于对现场真问题的直觉第一念做出判断,需要你放下所执,变成一个活人,而不是一个拿着既定的知见去框死活泼泼新发生的事情的"活死人"。让知见死,让空性活,这是生命觉性的试金石。

第二,要有一个清晰的未来画面,必须由未来前进到当下,安于头拱地往前走,你所有内在品质才有一个量化的出口,你内在的价值才会找到载体,你的尊严才得以确立。

未来的梦想,未来的图画,未来的果,那是一个发端,那是你立志要去的地方,那是你发愿要取得的成果。你必须有清晰的未来的画面,同时不能停在那里,你必须从未来的画面前进到当下,从未来前进到当下该做的事。当下该做的事有成功的也有不成功的,你为了要做好当下的事,还必须从当下前进到过去,前进到导致今天结果的因。于是,你才是一个可以把颤抖意识、整体意识、良性意识三重意识贯通的人,才可以做好当下的绝活。

增冈范夫,78岁时身患两种癌症,但乐观开朗,抓紧一切时间培养年轻人,生怕自己一生所学跟着自己进了棺材。

在 2014 年颁发"蓝血十杰大奖"的时候,华为还邀请增冈范夫到了现场,它没有忘记一个曾经帮过华为的老人。增冈范夫,确实代表了日本匠人的传承渴望。他们有着共通性的绝活,要传承给所有有需要的公司。真正的匠人,是不分国界、不分种族的。这也是我接触日本老人的

---

① 本书由中信出版社于 2009 年出版。——编者注

深切感受。河田信老教授,就曾经手把手地教我,该怎样去拓展地头力理论的诠释。巨匠内心深处,一直想着如何传承他们的绝活。

据王万翎说,后期华为精益辅导,多是年轻的毛吕俊郎在华为现场活动。毛吕俊郎可以说是增冈范夫先生带出来的弟子,他在现场反复强调,"无人、无钱、无场地、无理由"地去开展精益生产!

很多企业在开展精益改善时,总是提出"再加几个人就怎样,再购置设备就怎样,再扩充场地就怎样,找各种各样的理由"。而精益改善是不增加人、不增加资金、不增加场地、不讲理由且要效率提升一倍、周期缩短一半、不良降低为零。所以,要"无人、无钱、无场地、无理由地"去干!

这是一种无人、无钱、无场地、无理由、无条件的勇猛精进!

回到地头,头拱地拿出绝活,才是现场管理的魂。增冈范夫在华为第一次亮相,不说任何理念就直接去现场。这个行为本身就有着很深的奥妙。增冈范夫找到了丰田生产方式的地头。只有在地头上,才可以头拱地拿出与众不同的绝活。企者不立,跨者不行。增冈先生提出的现场管理的精髓,也是地头力的一条法则:

地头力法则 17: 现场一用头脑思考就错了!让知见死,让空性活。启用直觉力,答案永远在现场。

可视化的愿景是精益生产回到真源、调动潜能的路径。

宁静时牢牢记住可视化未来的愿景。行动时用那颗未来之心牢牢钉在现场,调动所有的潜能,想尽一切办法实现、回到愿景的家。不要被当下的种种现实的困难、滋生的情绪欲望、过往的经验、知识、框架所羁绊。如果那愿景真的是你的家,就算痛苦得一次次流泪,就算没有一件行李,你也要带上那颗心,迈开腿,不顾一切地回到家的怀抱……

把愿景转化为可视化画面，那是你的家，是你的生命，拿着命入股你的愿景，激发起你的英雄基因，勇猛精进出绝活。当下的绝活，就是你全部的生命。

需要冲出概念的藩篱，回归不受束缚的纯朴之心，最为重要。那颗如如不动的纯朴之心，是可以连接天地万物能量场的心。当然，精益生产是个专业活，不仅要理念，更需要体系和方法。流程与过程的严格化、精益化，是达成目标的方法，关键还要抬头看路，要看到客户的最终需求。

乔布斯、稻盛和夫、任正非、孙正义、马云、马化腾、李东生、聂圣哲、周新平、傅盛、雷军、邱浩群等企业家，对行业的未来有一种穿透力的直觉，有一种与众不同的偏爱。以至无论眼前有多少困难，他们都无所顾忌。在头拱地往前走的过程中，新的可能性不断涌现，未来的画面日渐清晰。在人们日后盛赞他们洞彻未来的先见之明时，却少有人注意他们默默无闻、被人嘲讽为愚蠢傻子的尴尬经历。所幸，他们无视那些嘲讽，他们无视公众舆论，他们不通过周围人的视角看世界。他们凝神定志带着爱去工作，在一些人们不在意的小事上花费心思，倾注全部的注意力，谁知道这反而连接到未来的一幅大画面。

微信就是这样一个产品。谁知道它未来会怎么样？当初腾讯收购张小龙，并不是因为他有微信产品，而是因为他们这个团队在其他方面有些影响。于是马化腾就拍板花了4000万元把张小龙团队收购过来。可是，买过来后才发现，那些产品的知识产权并不在张小龙的手上。腾讯团队内部有一种被骗了的感觉。谁知道，不出面解释的张小龙只醉心于他的微信研发。没有人知道微信是什么，张小龙自己也说不清楚微信未来的趋势是什么。但是他确信："哥做的不是产品，哥做的是发挥潜力的自由。"他在日记中还写道：

人要成功很难，比成功更难的是，知道自己的成功是偶然的。

Think different! 非同凡想！我经常用这句话来提醒自己，我没有乔老爷的才，一定不能因为要"think different"而走火入魔。

张小龙的日记充盈着觉性。那是潜意识无拘无束的流淌，而又分分钟有深刻的自省。有魂的人铸造有魂的产品。微信一出世，整个互联网几乎都被颠覆了，被颠覆的还有各种各样的实体产业和全方位的经营管理。以致后来马化腾都吓出了一身冷汗：如果微信是其他公司开发出来的，现在腾讯还有存在的价值吗？

人的一生是由很多点构成的。这些点先是零零散散、互不相连。这些跳跃似乎没什么逻辑。但是，随着岁月和经历的积淀，这些离散的点渐渐连成了线，最后成了片，成了一个人能走到今天的一部分。有句话说，任何经历都是可贵的，就是这个原因。所以，不管是学业还是职业，在生涯刚开始的时候，跳跃性地发展，从一个离散点到另一个，从一个专业进入另一个，不见得是件坏事。

用乔布斯在斯坦福大学毕业典礼上的演讲来说，就是"你不可能面向未来把散乱的点组合成一个整体画面，你只能在事情过后把这些散乱的点串在一起"（You can't connect the dots looking forwards, you can only connect them looking backwards）。我们能做的就是基于已经有的，做喜欢做的事，努力做下去，每一天都勇猛精进，把每一天都当作最后一天，这样我们就不会拖延，把该完成的都完成。日有所知，日有所进。时间长了，我们就会脱颖而出。

"当下难，意识牵，究竟苦。"这9个字，刻画了每个人、每家公司或多或少都面临着的窘况。未来的不确定性，当下不可战胜的困难，百般情绪的牵扯，完美与凑合的苦斗，几乎让人丧失生存的勇气。乔布斯摆脱危机的做法是，勇猛精进每一个当下，那些不经意的小事有可能连接着未来的大画面。

犹太人面向机会窗，原力觉醒的简单法门

有 1000 条摆脱困境的路，犹太人无疑掌握了最简单的方法。

绝境和危地，是原力觉醒的最佳时机。以色列弹丸之地四面环敌资源枯竭，却成为名副其实的创新大国。犹太人在一定程度上掌控着美国的经济、文化和政治，甚至还操控着世界。为什么？怀着深深的好奇，2012 年，我作为随队导师跟一批企业家一起去以色列考察。

给我印象最深的是我们拜访了 2005 年诺贝尔经济学奖金获得者罗伯特·奥曼教授。我向希伯来大学 81 岁的奥曼教授请教，犹太人是如何保持创新的生命力的。一个上午的交流意犹未尽，我又恳请教授在几天后的一个下午和我单独交流一个小时。教授慨然应允。

教授用两个圆的交汇来比喻犹太人的创新。每一个当下的人生，都是两个圆的交汇，一个是过去的圆，一个是未来的圆。对大多数人来说，因为过去的圆成就了你——里面有太多的经验、习惯、知识、技术、矛盾、纠结、理论、理念、教条、利益、身份、名望等——它会形成强大的惯性，一直拽着你沿着旧有的轨道下坠。而每个以色列人心目中，同时还有一个未来的圆，那是他们最初关于未来的梦想，是未来的一幅大画面。如果时时处处想着这个未来的大画面，分分钟与未来建立连接关系，分分钟从未来思考当下的做法，那就注定会有创新冒出来（见图 2-2）。

如果你已经满足于现状，满足于你已经取得的成就，满足于你的做法，你自以为是了，那么你就会进入一种稳定的惯性，就会不可救药地顺着过去的圆下滑。而假如你在那个点上，依然能够保持着饥饿的状态，保持着与生俱来的好奇心，与未来的一幅画面保持连接，你就会从未来前进到当下，思考当下面临的问题与纠结，就不会被框住，就不会迷失

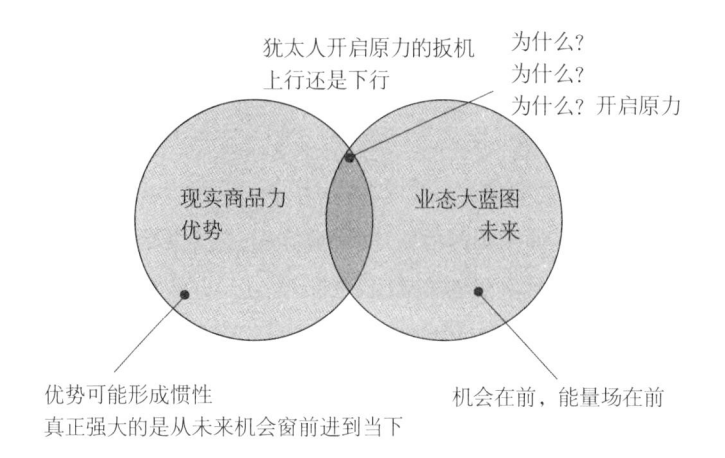

犹太人开启原力的扳机
上行还是下行

为什么？
为什么？
为什么？开启原力

现实商品力
优势

业态大蓝图
未来

优势可能形成惯性
真正强大的是从未来机会窗前进到当下

机会在前，能量场在前

图 2-2　犹太人创新模式图

在黑暗中，就会分分钟产生跃迁的驱动力。

这个扳机很奇妙。现在世界出问题了，美国有金融危机，欧洲深陷欧债危机，人们一再为了手段忘了目的，正在踏上一条毁灭自然、毁灭自己的道路。带着这样的关切和忧虑，我向奥曼教授请教："您的博弈理论，说是一种共生的决策，您从哪里出发来观察人的博弈？在那个致命的拐点上，如何能够让人类保持上行？"

奥曼教授说，这也是他非常担心的问题。由于人类的各种活动，导致每年超过 3000 个物种灭绝。这是非常不幸的事情，他认为这件事非常重要，比世界上其他任何问题都值得我们去关注。他说人们做每件事都有自己的动机，而且大多是根据自己的意愿去行事，大多时候都是出于非常自私的意愿，是在满足自我需求。既然人们做事情是出于某种动机，那么我们关注的焦点就应该是如何激励人们去做值得做的事，而不是让人们去破坏地球。所有经典的经济学理论都是基于激励机制的，奥曼教授认为是激励机制出了偏差，导致了金融危机。

比如，在金融危机初期，各国就开始通过救助银行来救市，包括美国,而这加剧了金融危机,这是非常错误的决策。在救市政策的引导下,人们会去冒风险,因为他们认为一旦冒险成功了,他们将赚到钱;即便失败了,政府也会采取救市措施救他们。所以,从这个方面讲救市政策的效果都是短期的,也许因为政府救市,人们暂时保住了工作,但从远期来看,这是一种不健康的机制,它所引发的种种问题不但没有终止金融危机,反而导致并加剧了危机。

一切悲剧都始于激励机制。奥曼教授的结论高屋建瓴。一场博弈的结果,与激励有着莫大的关系。上市公司的激励是错误的,经理人不对长期发展负责,只对近期收入和利润负责,这就激励了那些没有良知的经理人,只去提高市场收入,而不问这种收入是不是给客户、社会带来长久的利益。这种只着眼于眼前利益的激励,是体制设计上的大问题。公司如此,国家如此,世界也如此。所以,无论是一个公司的架构师,还是一个国家的架构师,关注点都应该在激励结构的指向和设计上。

奥曼教授,一个诺贝尔经济学奖获得者,办公室面积不足10平方米。在这个斗室里,演绎着世界风云。20世纪30年代,他们一家曾为躲避纳粹的迫害,逃到了美国。

1955年,奥曼从麻省理工学院毕业后,就像千千万万的犹太人一样,决然地回到一片荒芜的以色列国。他的博弈理论突出了"合理性"(rationality)。合理性,对于一个亲历纳粹迫害的犹太人来说,是一件很恐怖的事。他却看到了其中的合理性,从而能跳过所有的灾难,看到事物背后的合理性。不从善恶角度出发来判断事物,这是一种极大的勇敢与无畏。

奥曼教授指出,激励对于把握那个创新的扳机很重要。激励最重要的两个问题是:谁来激励?激励什么?

领导者在设计激励结构和激励机制时,必须反复问:为什么要采用这样的激励方式?为什么这样的激励方式能够激励人?这两个"为什么"会把激励方式的核心凸显出来,那是团队成员的心之所向。一个好的激励机制无非是抓住了民心的走向,而民心所向是激励的本源。

我频频点头,但还是追着问:"奥曼教授,您给出了激励问题的'本',很能说明问题。但是怎么把这个'本'落到实处呢?这里面有太多复杂的人性问题,让我们一筹莫展。到了这个拐点,到底是不可救药地下滑,还是艰难地上行?到底是什么让犹太人保持向上的求索?到底是什么把犹太人的好奇心给激发了出来?"

他笑道:"你这个人抓住微观不放。这很简单,就是一直追问'为什么'。比如,给下属布置任务时,通常的做法是跟他说'你把这事做了'。而犹太人则不会,犹太人认为每个人都是具足的,每个人都是有他的完整性,你只要帮他打开天窗,问他'为什么'——为什么这事要给你做?为什么是你不是别人?你会怎么去做?连着问几个'为什么',接收方就会拿出与众不同的解决方案。如果他也养成了这个习惯,那么他就会一刻接一刻地让你惊喜。你不在他关注的那个焦点中,你不像他那样心无旁骛地去关注要运作的事,他就会比你有更多的发现。你相信这一点,这一点就会自然呈现。"

原来这样简单!犹太人坚信人都是一样的,每个人都是具足的,每个人都是自在的。只有释放每个人身上的创造力,才会有一个强大的以色列。创新的源头是打开每一个人内心的闸门,全然打开,去到那个可以跟任何远近场域的智慧相连接的自在境地,连接之后,创新必至。而所有这些玄而又玄的东西,用犹太人的话说,就是时时处处追问"为什么"。

以色列有一个传统,在孩童启蒙时,父亲会把孩子带到河边看溪流,父亲会对孩子说:"孩子,这是你人生中最重要的学习。你看到那水在流动吗?它就像你一生中对世界的学习,你看到了吗?为什么生命是流动的?为什么世界是流动的?为什么学习是流动的?为什么一切都是流动的?"

在孩子烂漫的、心性蓬勃的时候,植入探索"为什么"的基因太重要了。以对世界的探寻作为人生最初也是最终的探寻。问的时候,人开始变空,这就是认识世界真相的开始。犹太孩子放学回家,家长不是关心他们学了什么,老师留了什么作业,而是关心孩子今天问了个什么好问题,或是听到同学问了个什么好问题,为什么好,以及为什么这个问题你没有问。犹太人的文明是让孩子从小学习跟这个世界相处的态度,那就是问"为什么"。犹太民族掌握的不是技巧,而是人类学习的精髓!

巨大的好奇心让犹太人离开强大的已知,离开自以为是,分分钟活在觉性的世界里。"为什么"是一条溪流,是一刹那接一刹那的好奇,是犹太人活泼泼的源头活水。这是人类生命中最智慧的学习!它不是让人活在"知"的自以为是里,而是让人分分秒秒活在未知的"觉"里。

有些中国人活在知道里,就是不知道也要装知道,因为不知道是没面子的,是可耻的。为了顾全面子,我们很少问问题。在我们中国人的教育里,问问题这个指向也不太明确,我们每个人都要变得知道,都要明明白白。在这样的教育里,我们从小就失去了好奇心,从小就被已经知道的东西所掌控,而当脑子里空荡荡时,是问不出问题的。当我们活在自以为是的状态里时,生命还会有什么新的可能性呢?

犹太民族与中华民族文字记载的历史都绵延了5000多年。这两个民族都曾经创造了人类历史上最灿烂的文明。犹太人的信仰和宗教派生出了基督教文明。犹太教笃信上帝至高无上,没有任何一个个体可以代替上帝行使权杖。在上帝之下,人人平等自由。在很长的历史过程中,犹太民族没有君王,即使是带领犹太人出埃及的摩西,也只不过是个先知,传递的是上帝的旨意。人人生而平等,人人本自具足,人人具有整体性,人人具有创造性,这是犹太民族根深蒂固的价值观。可以说,犹太教是现代西方文明的源头。

而中国文明同样源远流长，同样生生不息。天人合一的大道，融合进源自印度的佛教、西方的文明，产生了新的张力，形成了东亚文明圈的源头。在出访以色列的过程中，我最强烈的感受就是：中国企业家或者说中国商界对于中国古典哲学的消化程度远远不够。如果我们在与西方打交道的过程中，能够不卑不亢地呈现出左右当今中国人思维和行为的中国传承价值体系，同样可以产生致命的吸引力。中国历来传承着工匠精神，历史上很早就有炼丹师，那是人类最早的物理学家、化学家、医学家和科学家。中国人充满着创造绝活的源源动力和机制。

罗伯特·奥曼教授的两个圆，很能说明问题，但是没有涉及当事者的意愿力或意志力。考虑这个因素，可以把奥曼教授给我画的两个圆拓展为以下三个圆（见图2–3）。

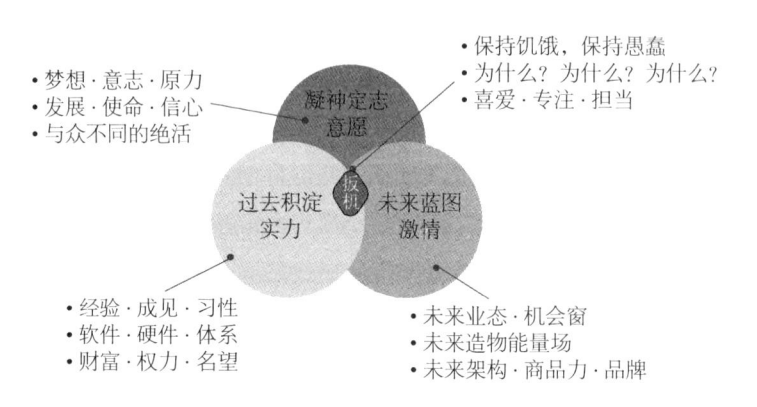

- 梦想·意志·原力
- 发展·使命·信心
- 与众不同的绝活

凝神定志
意愿

- 保持饥饿，保持愚蠢
- 为什么？为什么？为什么？
- 喜爱·专注·担当

过去积淀
实力

未来蓝图
激情

- 经验·成见·习性
- 软件·硬件·体系
- 财富·权力·名望

- 未来业态·机会窗
- 未来造物能量场
- 未来架构·商品力·品牌

图 2–3　经过完善的创新模式图

这个开启地头力的瞬之道，处于过去、未来、意愿三个圆圈的交叉区。从一个点到一个小区间，是现实的折射，而且这也有点场域的意味。过去，这只能呈现在现实能力或实力中，一个人或一家企业的现实能力，呈现着过去诸多缘由产生的果。未来蓝图，只有想看的人才可以看到。想看的人需要有足够的激情，才能调动自己的情绪能量，看到未来的大画面。而意愿，则是你在众多情绪与现实诱惑中最愿意聚焦的那一个。所有的新发生，无论多么精彩你都可能熟视无睹，因为你不聚焦。然而，一旦聚焦在一个意愿上，你将发现世界万物都跟你这个聚焦有关联，这时你将发现，"心生种种法生，心灭种种法灭"。连接世界，创造未来，关键在于你的意念是否足够正向和强烈！

地头力法则 18： 在惯性中停下来，一连串问几个"为什么"，会把问题引向新的可能性，答案甚至可以自己蹦出来，从而开启一个人的觉性。

犹太人创新的扳机对我们有着直接的启发。我们面对任何危机，问一连串"为什么"，答案就自动浮现了。比如，针对中国当下面临的生态危机，我们就可以直截了当地问：为什么?!

地球母亲在召唤，未来的一切都由此而生发！

大自然需要人类，人类也需要大自然。

2015 年美国有人拍摄了一部纪录片，提出了"人类需要大自然，大自然不需要人类"的说法。我们对这个说法不考究，但真相是，"人类需要大自然，大自然也需要人类"。戈壁荒凉，但是土地母亲并没有抱怨，没有仇恨，没有排斥。她依然包容着万物，其中也包括我们人类。

每每想到环境恶化之现状，我就倍感难堪和沉重。我国部分地区，甚至江南的鱼米之乡都呈现出了环境恶化之势。

为此我请教了专家。专家说主要有两个原因：一是我们掠夺式经营土地，土壤遭到了化肥、农药的极大破坏，土壤开始板结；二是地下水系遭到了令人发指的破坏，几十年砍大树、烧荒向荒山要耕地，把大树连根拔起，使得地下水没了保护网。

对于山东胶东半岛，我小时候的记忆是，使用一个扁担，挂着一个水桶，俯下身在水井里一摆，水就能打上来，拔凉拔凉的甘甜。可是现在的胶东半岛，打地下水要下挖 150~180 米，取上来的水还不敢直接喝。生养我们的土地母亲都遭了难，哪里还有我们的好日子？专家还说，城市人深恶痛绝的雾霾，很大程度上就是板结化的土地蒸发的结果。此外，土地焦化也是一个污染源。土地焦化，实际上是由于在欲望的烧烤下，人们的心灵板结了。这种心灵板结一天不松动，生养我们的土地母亲就会在那里悲号！如何既赚钱又能积德？在如火如荼、做大做强的惯性中，你或无意或有意为了发展而伤害了这片土地的生态。现在土地已不堪折腾，国计民生将不堪折腾。

每年中国人花上万亿元去国外抢购大米、食品、牛奶、马桶盖等日用品，甚至感冒药。这是中国企业的耻辱，中国人热切盼望让人安心的商品。万亿狂购海外，那是愤怒的吼声。

2015 年，《江苏一养猪场地下被指埋毒万吨环保部介入调查》的新闻在网上热传，养猪场的前身是侯河石油化工厂，经营者在十余年间，接收农药类企业的废渣废液。隐情曝光后，环保部于 2015 年 9 月 28 日召开专题会并成立调查组，联合江苏省环保厅督办此案。有化工专家担忧，如果"埋毒万吨"的情况属实，土壤修复将会付出高昂代价。

是的，现在土地危机深重，但也正是我们的历史性机遇。未来 50 年，凡是有利于这片土地多层次生态修复的，都将有巨大的成长空间；凡是继续坑害这片土地的，都将受到清算。土地板结，心灵板结，这就是中国企业当下的现实。从未来前进到当下，中华民族要生存传承下去，就必须对当下的双重板结拿出办法。

我曾经见到华西希望集团创始人陈育新和首席执行官王德根,在人们普遍对农产品不放心的当下,他们却坚信:"未来 10 年,中国顶级市值的公司一定出现在食品行业!"在中国食品业的危机中,他们却看到了机会。

陈育新:土地上的生命每天都在拔节

> 陈育新不仅是在为自己培土,他在为华西希望集团培土,为家乡培土,为中国培土。土地和土地上的生命,牵住了他的神和魂。

2016 年 6 月 27、28 日,我到华西希望集团学习,被安排住在国家 4A 景区"花舞人间",它与迪士尼乐园一起被联合国评为全球顶级的低碳自然公园。三年前,我第一次踏进这里时就被它征服了。这回又能住在景区,深夜和清早都可以在山坡上散步,好惬意!在这里,我跟花舞人间董事长陈育新有了将近 7 个小时的交流。

陈育新的两个绝活:王德根与花舞人间

三年前第一次到访华西希望集团,我被陈育新的两个绝活深深震撼了:一个是接班人王德根,一个是花舞人间。

王德根本来是个经销商,被陈育新发现并招聘到公司来。2006 年以王德根为董事长的特驱集团成立,承担了华西希望集团的主要业务,陈育新把经营上的事就全托付给了王德根和他的团队。这是中国民营企业少有的壮举。在陈育新年富力强的时候,就顺利解决了传承问题。

王德根不负所托。几年前他就给我画了一幅很壮美的图画：未来10年，中国市值最大的公司，一定出现在食品行业。当时，可以说是中国食品安全性较低的时候。几年过去了，王德根为此做了什么样的努力呢？他跟我说，从土地、饲料、养殖到食品，这是一个产业链，这些年他们在每个层面都做出了努力。华西希望集团这些年已经积累了不少核心技术，可以使饲料更健康、更安全。王德根知道，食品行业必须立足全球土地资源和食材，必须找到两条交相辉映的路线，形成自己的长期战略，才不会被一些眼前的机会拖着走。

王德根在延续陈育新的英雄梦，一往无前追求更好、更快。而陈育新却静下来，收敛再收敛，深深地拥抱土地，潜心打造另外一个绝活——花舞人间。可以说，是陈育新的土地梦想，让他找到了更重要的生命价值。

所以，一提王德根，陈育新满眼喜悦："这两件事，是一体两面。找到了王德根，我才可以沉静下来，由他去延续我的企业家梦想。我可以专心研究保护生我养我的土地。当初建花舞人间，就是为了保护我家乡的这片土地。我国不缺乏千亿级、万亿级的公司，但缺乏对保护土地扎扎实实的努力。这片土地养育着我和我的家人，我对它是有很深的情感的。"

我说："听说，您当年办花舞人间，没有一个人真心赞成。公司和朋友圈里，口头上赞成的只有两个人：一个是您的夫人，一个是您的姐姐。而这两个人赞成，并不是对这个事业看好，而是因为这是您做的，她们相信您。未见一人与你同心，你说多孤独！"

陈育新笑笑说："我不孤独。我与土地上的生命在一起，生命每天都在拔节，每天都生机勃勃。我很充实！土地宽阔无私，它生养万物而不指望报偿。你对它好，它包容你；你对它不好，它依然包容你。土地低调内敛，它从来不为自己，它敬畏生命，呵护生命，一心一意只为生命。所有的生命都生长于土地，最后都回归于土地。土地有灵性，它与所有的生命是一体的。"

山上树的根基最深。这话让我想起了尼采的《山上的树》："人与树其实是相同的。他越是想上升到光明的高度，他的根就越是坚定地伸向泥土中，向下深入，进入那黑暗的深处去，进入那罪恶中去。"陈育新看到，英雄梦的一极必须向上、向着太阳伸展，而经久的英雄梦，同时必须回归土地，呵护土地。这是一体两面，这是阴阳冲和。失掉一个层面，就不可能有圆融的局面。基于对土地深厚、宽阔、包容的秉性，华西希望集团早早在全球布局。没有对土地的依恋和深深的爱，异国他乡凭什么相信你会对他们国家的土地有深深的爱？！对土地没有深深的爱，人家的土地凭什么让你来经营？这或许是陈育新另外一个层次的一体两面：看上去他是如此收敛低调，十几年如一日制心一处研究土地的撂荒、养护和丰富性，而这反而锻造了华西希望集团走向未来最强大的核心竞争力。我问："听说当初您在回想希望集团'30 年 30 人'时，第一个想到的就是您的养母。她像土地一样默默无私地支持着你，奉献给你！"陈育新眼睛一下子泪光闪烁。他两岁半便被送给了养母。养父母对他和两个姐姐倾注了无限的爱。养父去世早，养母一个人含辛茹苦带大三个孩子。回想起创业初期的日日夜夜，刘氏四兄弟在养母的房子里捣鼓试验，养母默默地给他们做饭，倾其所有支持他们。他一度哽咽说，母亲太伟大了。

他说："今年是我养母 100 岁诞辰，母亲身体很健康，思维意识很敏锐。母亲与土地一样的无私、包容、厚重、慈悲和博爱。生母也很爱我，也是无条件地支持我们创业。每次进城看到母亲，我从她的眼神和灵魂中就知道我这个儿子在母亲心中的位置。在创业时，生母也常常过来帮着做饭。我拥有两个伟大母亲的爱，理当奉献更多。"

土地上的生命是最丰富的教科书。我们在房间里聊了一会儿，陈育新又带着我在花舞人间公园里漫步。这个公园，在节假日一天就可以有

600多万元的门票收入。票是一张一张卖出去的，人们喜欢在这里拥抱自然和生命。这是十几年积累与沉淀的结果。

陈育新给我解说："农业这个版块是需要积累的。积累才可以讨生活。不积累，赚快钱，就别想在农业扎下根来。这里生命力最旺盛的花，都是最'贱'的花。四川人说一个生命'贱'，就是说生命力旺盛。这里的许多花很贱，都可以维持4~9个月的花期。"

我笑着说："董事长，你是在说人吧！人贱，生命力也强大！"

他笑了说："生命都是一个理儿。"

陈育新带我走到一棵大树旁边。他说："这棵树，我就是把它放在一块大石头上，一开始在大石头上撒上一些土，树根就开始蔓延生长。你看这些树根很有趣。它们伸展着超出这块石头，就可以往下、往土里扎根了。你注意看它们的形状，它们在扎根的时候，是往黑暗里、往里长。这个对我也有不少启示。要扎根，就必须耐得住寂寞，就必须往里、往深处、往黑暗里长。"

陈育新被土地和生命滋养着，已经成为一位哲学家了。他跟古代先贤一样，不是从书本，而是从大自然的生命中，直接悟出了宇宙的根本规律。

那一瞬间我在想，陈育新不仅在为自己培土，而且在为王德根培土，为华西希望集团培土，为家乡培土，为中国培土。土地和土地上的生命，牵住了他的神和魂。他喜欢面对土地上的生命。

陈育新，这是对土地最有情感的企业家，这是最想保护生养我们的土地的中国男人，这是一个深谙天地运行规律的智者。

治人事天莫若啬，一啬到底

恪守啬道，一啬到底。简单、节俭、空杯，可以连接天地能量场。

2014年，我两次拜访了台湾企业半亩塘。与半亩塘的创始人江文渊深度交流后，感慨万千。

半亩塘由江文渊于1997年创办于台中市，它尝试不走市场既有的道路，建立一个新的建筑模式：一体化开发经营管理的建筑与环境整合。半亩塘的定位是心灵居所的建设与维护者！在僵硬的砖瓦石块背后，它找到了柔软入心的触点；在充溢着物质财富光环的土地开发业，找到了把建筑与环境连接起来的灵魂！江文渊的作品引发了我们极大的好奇心。

在半亩塘的这些作品里，家屋是自然与人之间的平台，一处能与土地相沟通、和自然相连接的生活场域，让人身处其中身心安歇的场所。江文渊尝试着把东方哲学的终极关怀——天人合一，真真切切地落到实处，做人与自然融合的事业，使建筑成就人们与环境"天人共好"的接口平台。这个藏风纳气的感觉和氛围，就是半亩塘刻意营造的"心灵居所"。

江文渊找到了把建筑与环境连接起来的灵魂。江文渊是悟后起修的人。这是一个在初发心上特别纯粹的企业家。他不会为钱、为名、为自己去选择一个生命的方向。他放下名利欲望，站在300年、500年的时间跨度上，选择对的事。他深谙"以天和天"的法力。他选择了"天人共好"的核心价值：开发一块地，就要几倍地归还土地绿色。江文渊与半亩塘同仁，聚精会神把对的事做细、做透，成就了房地产企业的根深蒂固长生久视之道。

江文渊创业时发现，仅仅是作为建筑设计公司，想在建筑中注入"天人共好"的理念，再与开发商讨价还价是没法做成的。而凡不合他的理念的，他就不接单。为了活下去，他不得不从头到尾做房地产的一体开发。拿地、设计、建筑、销售、不动产物业管理，他不借外力，全是自己来。因为在每个环节，只要不是他的团队全面控制，"天人共好"的理念就可能有名无实，真可谓差之毫厘谬之千里。

江文渊不求快而求慢，不求大而求精，不求巧而求拙。这种方式曾使他们举步维艰，甚至一度连工资都发不出来。江文渊恪守"治人事天莫若啬"的信念，一直坚持下来。台中菩萨寺、优人神鼓山、耕读村、若山公寓等几个项目下来，公司有了生机，而江文渊依然把 2014 年定为"一啬到底年"。

开始逆转大势的人，必定要死几回才可以生存。因为，市场只承认当下的商品力，而不会为你未来的商品力埋单。尤其是，不能为一个玄虚的大画面买单。没办法，平庸者的好恶成了市场的标准。发宏愿为地球母亲做点事的先知先觉者，没有办法不碰个头破血流。

江文渊有着生命意识的觉醒。他定位自己是在做教育，每个项目运作都是生命教育的过程，因而他坚持用自己的生命撞醒年轻人的生命。第一，他会与公司同仁厘定"天人共好"的运作目标。第二，他们会定义所有环节的工作标准。一般老板做到这个部分已是出类拔萃了，他还要坚持做第三步：那些新的、难做的环节，他都要深入一线现场做出不可挑剔的样本来。正是由于这样义无反顾地勇猛精进，带动出一批勇猛精进的半亩塘人。

我问："众人察察，我独闷闷。您是如何守得住自己的？"

江文渊说："我是想要终身贡献的人。很快赚很多钱，是没有办法长远的。生命太有限了，我不能去做荒年头的事。我愿意造些种子，种些树，一棵一棵长。做半天没人看见，没关系；影响几百年，这是我想做的。我的生命意义是活在当下，在路上的人，为天地道义，我这一生都在追寻，在路上走。"

我问："你的团队中醒着的和没醒的都有，你如何带领他们走在康庄大道上？"

他说："你先把能量饱满起来。你只要安静、收啬，就能把自己做到饱满。一旦饱满了，人就开始改变。宇宙的道理就是这样，中心点逐渐改变周边的世界，包括每个人的中心点。先让自己饱满起来，再往外发散，到团队，到客户。让他知道'脉'，你就很省力，你若做起来非常用力那是不啬，没有收敛，会跌到半死，后面很累。所以，我天天反省，有没有足够啬？哪里还可更啬一点儿？学佛没用看成佛，学道无用看行道。佛门道门就是笨，一个道理干到底，一啬到底！"

地头力法则 19：恪守啬道，一啬到底，简单、节俭、空杯，可以连接天地能量场。

从梓庆木匠到陈育新、江文渊，他们都是我们中华民族弥足珍贵的善知识。他们向我们展示了：原来做生意既可以赚钱，又可以积德！原来做生意可以改变世界！

我们回到老娘大白话的语境："哪有那么多顺心事？哪有那么多说道？你自己把它拨拉过来，头拱地做好就是了。"这句充满觉性的话，就包含着把觉性呈现出来的具体通道：喜爱，专注，做好。

喜爱、专注、做好，这是一个闭环。当我们循环往复，把每一个通道打通，我们就会接收到源源不断的大能。而且，一旦天人合一成为我们的信仰，我们甚至可以接收到天地宇宙的能量。每一个通道或维度，都包含着很具体的体认和感知修持。开发地头力，开启每个人的生命之门，我们还必须更深入地进入"喜爱、专注、做好"更为具体的层面。以后各章由此展开。

第三章 喜爱的功课一：他心通的智慧

头拱地的人，大多有赤子情怀，听得见孩童的心声，听得见活泼泼的新发生，听得见灵魂的声音。

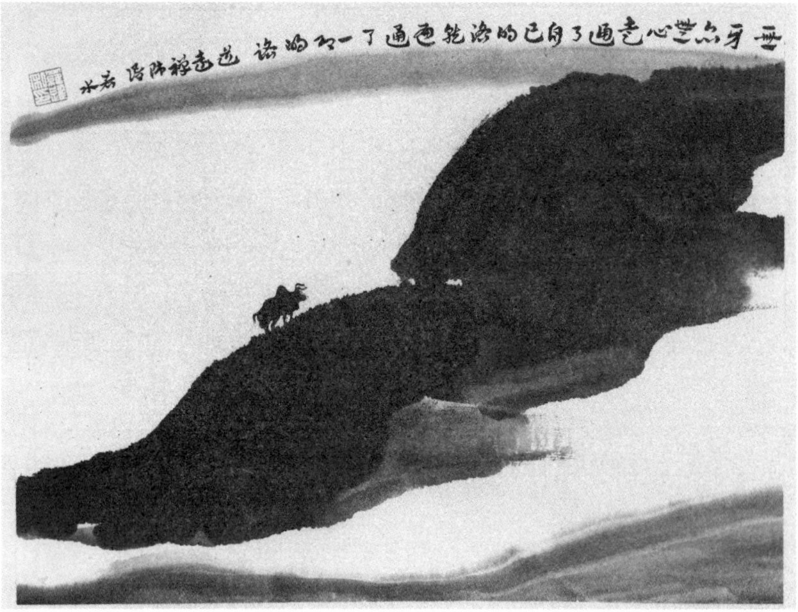

大人都自闭!

"大人听不见孩子的声音!大人听不见自然的声音!大人听不见灵魂的声音!"女儿的三个惊叹号让我震惊。

10岁那年,一次,女儿很神秘地跟我说:"老爸,我有一个问题,从3岁开始就常常想,到现在也没有想明白。我明天会问你。"

我说:"给点儿剧透?我得好好准备呀。"她说:"是关于'我'的问题,你百度去吧。"第二天,女儿一见我就把问题甩了出来:"老爸,当老师和爸爸妈妈批评我的时候,我很纠结。在纠结中的我,很不爽,就是在最别扭的时候,常常会有另外一个'我'从那个纠结中的'我'中分离出来,站在高处,看着那个纠结的'我'笑,看着正在批评我的爸爸妈妈或者老师笑。老爸,我为什么会有两个'我'?"

女儿的问题让我一愣,既让我喜悦,也让我一时语塞。女儿能有意识地抽离纠结的"我",这样的高度让我喜悦,她以后不管表面上是如何纠结,都有办法渡过难关了。如何回应她呢?我不想说些大道理。我就拉起她的手说:

"啊哦,我终于知道了。有时爸爸说你越说越上火,你在那里静静地不出声,我还以为我的话进入你灵魂深处了。闹了半天,你一边煽风点火,一边在看着老爸跳大神玩呢!"

我把女儿逗笑了:就是!就是!她显然对这个答案比较满意。于是就给我透露了一个天大的秘密:

"爸爸,你们大人都自闭!爸爸妈妈和老师都自闭!"我一愣,问:"怎么就自闭了?"她说:"你们听不见孩子的声音!你们听不见自然的声音!"我问:"听不见孩子的声音还好理解,我们大人在跟你们交流时,常常以为你们什么都不懂,就自以为是了。可是,爸爸喜爱自然,喜爱登山,最喜爱听自然的天籁。怎么爸爸就听不见自然的声音了?"

她说:"我不是说这个。比如,你们认为乌鸦晦气,一见到乌鸦你们转身不理睬了。你可知道乌鸦是益鸟,一年能吃多少虫子?又能保护多少树木?"

女儿的话真真切切把我给镇住了!女儿说的这个现象很复杂,她一时还找不到最恰当的表达。她是在说,我们成年人有太多的知识和经验。一个新发生来了,我们随手就扔过去一个从过去知见来的判断,那个活泼泼的新发生一旦被贴上标签,我们就不会再去观察、再去深究了。因为我们有太多重要的事要去忙了。用一个死板的概念和判断,把一个活泼泼的事物给拘死了。这就是我们这些有成就的成年人所做的事!因此我们听不到自然的声音!

"大人自闭","听不见孩子的声音,听不见自然的声音"!确实,大人都在按照自己的耳朵和分别心接触事物,遇到不合自己心意的就立刻关门。看上去,我们在听人说话,实际上我们早早地就用知见遮蔽了眼睛,捂上了耳朵。说起来,这可不就是自闭吗!

过了一段时间,女儿又一次找我聊天。她说:"一草一木都有灵魂,都住着一个灵魂。老爸,你们大人听得到灵魂的声音吗?"

乖乖!这不正是大人自闭的第三种状态吗?听不见一草一木灵魂的

声音，听不见他人灵魂的声音，听不见自己灵魂的声音！女儿真是老天爷送给我的老师！她纯粹通透，我起初还以为是受了我的影响，经过观察，我发现她醉心日本动漫以及她爱不释手的《兽王》系列，而这些动漫对人性揭示的深度甚至超越了我们所能认知的程度。女儿的话是片段的，不是连接在一起的，但我们依然可以连接成一个整体：头拱地的人，要勇于突破自闭困境，要用赤子情怀，听得见孩童的心声，听得见活泼泼新发生，听得见灵魂的声音。

女儿这话还有更深刻的指向。我们过来人，凭借一身的经验和理论，对于事物的判断常常不是出自新鲜的第一眼，而是出自头脑中那些知识的堆积物，对事情反而不怎么深入了解了。听女儿说"大人都自闭"时，我的脸就腾地红了起来。那一刻，我想起了老娘的话：

"惭愧！我怎么就没有看到你的难处！我怎么就没看到你的心！"

老娘这句话，包含着丰富的大道品质。"大人都自闭"，老娘不自闭。一声"惭愧"，常常会熄灭一场战争，会让人从自负的频道，跳转进他人的频道。惭愧的背后是敬畏、感恩、谦卑、包容、恻隐心和同理心。

老娘大字不认识一个，把所有人都高看一眼。她一直认为她不识字，就是见识短，所以总喜爱把自己的难题给人说，总爱听别人剖析事理。她常说，"鼻子底下有黄金，张张嘴黄金就进来"，"三个臭裨匠赛过诸葛亮"。她总是站在低洼处，所有人的智慧也都会向她那里流。不知不觉，老娘的智慧就丰盈起来了。老娘的口头禅很丰富，怕也是长久为"天下谷"的习惯积累起来的。

老娘与人相处最拿手的就是惭愧和感恩。孩子们之间闹了别扭，街坊邻里间通常都是她认错。"惭愧！看看我没有管好孩子！""对不起，这事我们不对。"一声"惭愧"，常常就能熄灭一场争斗。老娘不懂政治，当着人说，她就当着人打孩子。她的理论是，"孩子不打不骂不成人"，"人敬我一尺，我要敬人一丈"。

老娘过门后，上面有我奶奶还有奶奶的婆婆，后来又有6个孩子。在村里没有男人出面干活，就是弱势家庭，故此她一贯低姿态。以至我从小就要管跟我差不多岁数的玩伴叫"叔叔""姑姑"，叫跟我爹差不多岁数的"奶奶""爷爷"。长大了，邻居家的奶奶告诉我，都是我娘刚过门时逢人就低头，就把人喊高了。

老娘出了名的实诚。她认为："以心换心永远不会亏待你！"有时看上去傻傻的逗人乐，可是人人心里有杆秤。老娘是大智若愚。我们家只有老娘一个人挣工分，张嘴吃饭的多，工分挣得不够，每次分粮食都要等别人分完了，还要看着队长、保管、会计的脸色，才可以分给我们可以糊口的粮食。这个现实让谁都得低头、态度好。在队里，我们这些孩子也必须好好干活，不能跟人争长短。有时在地里干活时，有的人故意欺负我，我也只能忍着，告诉娘也讨不了好，她会说："干活没有累死的！多干点儿不吃亏！"

从表象上看，你在很低的位置上，你在被人俯视，你穷困得没有办法。可是，另一种相反的力量也在酝酿生成、壮大，这正是生命扩大自己的方式，是生命力积蓄的方式。相反，表面看上去高亢、陶醉、跋扈而能量高的时候，实际上另外一种力量——消解的力量也在积蓄，它会挖空一个人的心智，使生命力急速衰减，这也是原力觉醒落为空壳浮萍的一种方式。人的时间是有限的，你的时间花在了这样一件事上，你花在另一件事上的时间就会减少。花天酒地多了，韧性、意志、慈悲锤炼的机会就少了。

常听到"以心相交"的说法，但是如何以心相交？回答千差万别。老娘谦虚静朴，听进去别人的声音，能够站在说话人的角度理会别人的话，能够站在别人的视角上看这个世界。随着岁月的积淀，我越来越能领会老娘的以心相交。她是以他人的心为心呀！老娘抱素守朴，谦下、感恩、敬畏的生命状态，撞醒、激发和塑造了我的许多东西。这些东西朴散开来就会成就各种各样的事业。

1959年年初，母亲没白没黑地劳累，还被批斗消极怠工，曾经一度想自杀。因为惦着还邻居5角钱而叫醒大哥嘱咐还钱，才避免了一个悲剧。后来发现，是队长有意找茬。这件事发生后，大哥每天晚上九点半从学校下自习回家后，总是问问母亲今天遇到什么麻烦了没有。有一天回家后，母亲没在家，奶奶躺在病床上说母亲又到队里干活去了。大哥感到奇怪，晚上还干什么活？急得到处找，后来在牲口棚里找到了母亲，原来她一个人在单手给牲口铡草。铡草，是两个人的活。一个人站着手按铡刀，另一个人蹲着送草。一个人干就很麻烦，站起来蹲下很累人。

大哥问："为什么这么晚了还干活？"母亲说："是队长安排的。"大哥赶紧接过铡刀，由母亲送草，他来铡，这样很快就铡完了。他知道这是队长故意找茬，很想去理论。

老娘淡淡地说："惭愧呀！活总得有人干。我们家劳力不足，这些活都得干呀。队长也是给我们一个尽力的机会。他得把一碗水端平了。咱吃亏是福呀。"

这就是老娘。在她那里，没有好人坏人，只不过一刹那有了一个念头。老娘教导我们："人都是看自己的风景好。你也得看看他人的风景！"她希望我们做个好人。看不到他人风景的人，就理解不了他人的情绪，就会针尖对麦芒，就不是好人。老娘不只是常常站到对方的立场和角度看看人家的风景，也能时常从我们孩子的角度看我们的风景。"20后"老娘的话与现在"00后"女儿的话交集，会出现不一样的逻辑和魅力：一声惭愧，升起了敬畏、谦下、感恩的心，突破了自闭。可听得见孩子的声音，听得见自然的声音，听得见灵魂的声音。

地头力法则20： 一声惭愧，升起了敬畏、谦下、感恩的心，突破了自闭。可听得见孩子的声音，听得见自然的声音，听得见灵魂的声音。

"要拿着人当人，拿着事当事"

> 拿着人当人，拿着事当事。做通、做透一件事，就会做事了；走通了自己的路，就走通了一切的路。一即一切，一切即一。

日本曹洞宗的创始人道远禅师悟道的过程，可以给我们很多启示。道远禅师儿时母亲去世，他悲痛欲绝。他时常待在母亲的灵堂，看着香火缕缕上升，感悟生命的无常：人都会这样，都会成为一缕青烟。一种巨大的无助感和孤独，一种不知归处的飘逸，不正是他这个生命的去向吗……渐渐地，一种极端的孤独感向他压下来，这种孤独感越来越强烈，终于使他28岁那年开悟。在开悟的一刹那，他欢呼："无身亦无心！"

"无身亦无心"出口的刹那间，他的存在变成了浩瀚宇宙的一个电闪——"包含一切、覆盖一切"的一个电闪。这其中包含着巨大的空性，整个表象世界都被包含在里面，成为一个绝对独立的存在，这就是他的开悟。脱落了身与心，直接与万有一体了，直接活在了空性中！

因为你有身，贵大患若身！如果你没有身，你把你的身，当成了天地万物的身，把你对自身的爱，转换成对天地万物的爱，大患从何而来？那一刻，他知道了宇宙的秘密，他把那一道闪电，做出了空性的火种，燃烧自己，点亮这个世界！当那一刻把自己与树叶等同，把一天与一万年等同，那是一种包含一切、覆盖一切的一下空性，一个人由此会变得无比坚强。道远禅师不通《道德经》，但开悟的那一刻，却真真切切是进入了老子所描绘的境界："吾所以有大患者，为吾有身。及吾无身，吾有何患？故贵以身为天下，若可寄天下；爱以身为天下，若可托天下。"

道远禅师的开悟验证了放下实体或实有的观念。素直，就可以参悟大道，就可以建立虚空生万有的信念。对生命的一般见解都是深植于实有的观念。大多数人都相信一切都是实有的，并且认为他们看到或听到的都是实有的。老子却说："天下万物生于有，有生于无。"归根结底，生命生于虚无或空性，而且会归复于虚无或空性。要想了解真实的存在，我们必须穿过空性之门。

老娘没有道远禅师那么高的悟性。老娘素直，她懂得头拱地！她会以他人心为心！她会以事的心为心，以家庭的心为心，以生产队的心为心！她做什么都上心。用她自己的话说就是："做一件事要把心搁进去。要拿着人当人，拿着事当事。"

老娘的这份头拱地的心思，也暗合了道远禅师"身心脱落"的意境。她通过不同的路，实现了"身心脱落"，达成了生命的觉醒。

我们常说："这件事情我明天再做吧！"我们说这样的话，是因为相信存在于今天的东西会继续存在于明天，而那是不真实的。所以当下不做，你就总有拖延的新发生和新理由。每一个当下都把心搁进去。推延，是没有出路的！

我们常常想："只要随既定的道路向前走，结果自然就会来到。"但根本没有某条固定的道路是永远存在的。一刹那接一刹那，你都得找出自己的道路。某些由别人设定的完美理想或完美道路，并不是我们自己的真正的道路。一切都在变动之中，往东一里地，往西一里地。就是这样在彷徨中前进。

我们每一个人都必须找到自己的道路。一旦我们开拓出了道路，我们也就找到了贯通一切的道路。当你把一件事情彻底弄明白之后，你就会了解一切。但如果你试图了解一切，这样反而什么都不会了解。最好的方法是先了解你自己，了解自己之后，你就会了解一切。开拓出自己的道路之前，你帮不上任何人的忙，也没有任何人可以帮得上你的忙。唯有头拱地，把心放进当下的活计里才是正道。

想要获得这种真正的独立，我们必须忘掉一切既有想法，一刹那接一刹那去发现一些相当新颖而且不同的东西。这是我们活在世间应有的方式，这就是纯粹，这就是相对的空性与自由。如果你刻意去追寻自由，就不会找得到自由。在得到绝对的自由之前，你必须先拥有绝对的自由。自由不在别的地方，自由在你纯粹的心里！那里不垢不净、一尘不染而又包罗万象。

老娘跟着自己的心走，做什么就要琢磨什么，干啥都让人挑不出个不是来。她剪一手好窗花，还常常送给邻居。对新的活计，她从来不挑拣。去做、去行动、去一点一滴改善，就是一个响当当的多面手。老娘干啥爱啥，干啥就与啥活在一起。一如她那朴实的大白话："拿着事当事，拿着人当人。"老娘是在说，爱所有你可以触及的人，爱所有你可以触及的事。如果我们用道远禅师悟道的经历去透视这句大白话，就会得到做人做事千万条法门和道路，实则就是这一条：一即一切，一切即一。

地头力法则 21：拿着人当人，拿着事当事。一件事做透了，一透一切透；一条路走通了，一通一切通。

稻盛和夫也有这样"无名之朴"的德行。有一次他接下一个活——制作"水冷复式水管"。各种办法他都试过了，但都不管用。最后他决定抱着产品睡觉，用自己躯体的温度，使产品既可以干燥又可以温润不变形。他在炉窑附近温度适当的地方躺下，把水管小心翼翼地抱在胸前，整个通宵都慢慢转动着水管，最终顺利地完成了"水冷复式水管"的制造任务。他说：

"对产品倾注爱，首先要迈开双腿走进现场，然后，要带着爱，用谦虚的目光，对产品进行仔细地审视和观察。如果你真的能仔细倾听，产品的问题或机器的故障就会自觉地呈现在你面前。这就像高明的医生只要听到心跳声和心搏数有异，立即就能感知患者身体的异常。当你把一个个产品完全当作自己的孩子，满怀爱、细心观察时，就会听到产品的'哭泣声'。向工作倾注的爱，就是最好的老师。当工作遭遇困境、迷失方向时，它能让你倾听到产品发出的'窃窃私语'，帮你找到解决问题的线索，使你的事业开始新的起飞。"

头拱地的人纯粹，干啥都不怵，聚精会神一点一滴去做、一刻接一刻地去改善，最终成为一个响当当的多面手。

第四章 喜爱的功课二：受的四重智慧

老娘用生命教我忍受、接受、享受、自在之受的四重智慧。在中国农民最朴实的根性中，有着最高的心智转化法门。

地頭力變個智慧了
達摩祖師入定四行
觀不謀而合多珍重茶水

受的四重智慧

头拱地的人，有着受的四重境界：忍受，这是有因果的；接受，这是无常随缘的；享受，磨难中的新生；自在，随顺自然的喜悦。

女儿的"两个我"是理解老娘的钥匙

我在第三章一开始提到过女儿10岁时问我："老爸，我从3岁半开始就有个问题一直在想，没想明白。当爸爸冲着我吼，妈妈冲着我叫，老师批评我的时候，我很纠结、很尴尬，难受得想找个地缝钻进去。但就在我最难受的时候突然有另外一个我飞出来，高高在上地看着眼前的一切。一个'我'在纠结，另外一个'我'在看着纠结的'我'笑。老爸，我怎么会有两个'我'？"

在第三章，因为要扣准"大人都自闭"的话题，我对女儿的两个我，没有做过多的诠释。其实，女儿的"两个我"很强大。

女儿的话很有画面感：很像我们处在一个危机中，处在磨难中，处在巨大的挑战中，巨大的陷阱就在我们面前展开，企业马上要倒闭了，人生已走到尽头了：就在这种最纠结、最难受时……

所有这一切，其实都是你情绪和利得心的小我编制的妄想和欺骗。它在引诱着你一步一步陷入它的圈套，它要全然奴役你，要让你跟着它走向它预设好的深渊！你已经被情绪、贪婪和恐惧紧紧地拘押住，你马上就要"死"了！

而就在这个最难受的节点上，你的自性，你那个纯粹的、如如不动的自性，会跳出来看待这个让你生命活出质感的痛点，它甚至还带着喜悦，带着狂笑，根本不把"小我"的阴谋诡计当回事，甚至还"喜悦"地观赏着"小我"的勾当。它在满怀慈悲地看一部活剧，在看打你的人、骂你的人、折磨你的"小我"在徒然蹦跳……

女儿说的这两个"我"，一个是自信喜悦的"大我"，一个那种纠结有私欲的"小我"，在面对同一件事的时候，一个人往往有不同的思维。当我们陷入困难时，不管是老板，还是那些想自杀的抑郁症青年，往往忘了另外一个"大我"。我们被猖狂的"小我"编织的谎言欺骗，被不可一世的情绪编织的牢笼拘押了。这些已完全占满了我们的心脑，以为世界就是这么一些事组成的，而我们被那个"小我"的谎言、被那个妄想生生地拘押了。没想到我女儿从3岁开始就有了不被"小我"和情绪拘押的一种能力。

女儿的"两个我"，让我理解了很多事，让我理解一个伟大生命的钥匙，让我理解了老娘教我地头力的钥匙。

上天要成就一个生命，一定会让他经历磨难。而关键是你在每一个当下，如何看待苦难。苦难、磨难、坚强、坚韧不拔，这些都是相通的品质。但是仅仅这样还不够！你还必须有跳出在苦难中纠结的我，能怀着更高境界的巨大喜悦，来看待眼前的苦难。"喜悦"或"喜爱"是打开天性源泉的钥匙，它会发自你的天性，同时也会让你尝遍苦难，经历煎熬，然后苦尽甘来。

忍受

当你做一件事，千难万险压向你的时候，你没有退路。每当这时，我老娘就会念叨："这是我的命呀！""这是我的报应呀！""这是我上一辈子欠下的！"

小时候，我最怕老娘说这句话。老娘一说这句话，就意味着一个天大的难题又降临在我们家，又压到了老娘的肩膀上。小时候，我也最欣慰老娘说这句话，这就意味着，老娘认命了，忍受下来了。她会咬着牙头拱地往前走。

老娘一边干活吃苦，一边因为家庭出身还要挨批斗。肉体上的磨难可受，精神上的委屈难熬，曾经想一死了之。但是，她睁开眼看看6个孩子，没有娘他们怎么活！就只有忍受了。每每听老娘说："这是我的命呀！"心里就有一丝安心。

接受

忍受时还有点反弹、妥协的味道，特殊情况还要强力忍受。接受，就进了一个境界。苦都忍受了，乐还有什么不能接受的？接受，有点儿苦乐同受的味道，那是对世界真相的接纳。你接纳也是过，不接纳也是过。老娘常说："人得用事缠着！""只有闲死的，没有累死的。"她晚年时给我打电话，每当听我说忙，娘就说："人忙好！忙就充实。"

老娘一生没有闲着的时候。我在深圳时，曾接她过去。第一趟她还有点儿新鲜感，住了20天。第二趟，没过两天，老娘就求我让她早点儿回家。因为在深圳她什么活儿也不会干，闷得慌，老家一草一木都在召唤她。一直到88岁，她还每天早晨3点半就起床，拿着扫把，前院、后院、街门口慢慢地扫。那是她的运动，那是她的心跳。想给她在老家请个保姆，她就是不要。

享受

岁月艰难,却没有给老娘留下一张沧桑的脸。老娘一直到 80 多岁,皮肤光滑细嫩。这跟老娘的心态有关。再苦再累的事,众人只看表面,看到了痛苦和忍受。而老娘却看内里,看到孩子们可以安心上学,看到孩子们个个都可以像老大那样出去上大学。她甚至还能看到孩子们未来的幸福生活。

她常说:"只要你们好就行了!""你们学习好,是我最大的享受!"最悲催的时候,总是有最亮丽的画面陪着她。老娘没有自己的私心,她也不想立什么样的功,也不想有多大名声。这样一种乐观的强力意志让老娘苦乐同受。

我脑海里总有那么一幅画。那是 2006 年我们兄妹几家一起回老家。下午我们哥几个就坐在堂屋里海阔天空,聊国事谈兴正浓。老娘坐在靠门口的位置,还能晒着太阳,她的腿似乎在有节奏地动着,把两只小脚伸向前方比着长短,一脸的轻松自在。她陶醉于那个儿女们在身边其乐融融的午后。这就是老娘!

老娘像一个拼命压弯自己的良弓,以便能使儿女生命的箭矢迅速地远飞。她折弯了腰,白了头,走到了生命的尽头,但是她依然满溢着幸福。她的生命在儿孙们身上得到了延续。

自在

老娘低调,跟什么人都可以交流。她大嗓门说话,老远就能听到她爽朗的笑声。"是人不要管,用管不是人。"这是一种大自在。她解放了孩子,也就解放了自己。她自己的生活写照,也是她给孩子们的最重要的教育。

看看今天富裕起来的父母,却很可怜。他们整天为孩子的学习伤脑筋。他们为孩子的升学恐惧，为孩子的未来恐惧。为了免除恐惧，他们就给孩子套上了枷锁，同时也锁住了自己。老娘却没有这样的恐惧。她给每个孩子空间，让他们按照自己的本性自在成长。如此，她也就解放了自己。

老娘老了，却很好玩。我最喜爱的动作，就是在她不经意的时候，一个鼻子就刮下去了。老娘会用手来遮挡。一挡一攻，正好成一台戏。这样也能玩个 10 分钟。有时候老娘高兴，还会冷不丁刮我一个鼻子。老娘晚年喜爱自己睡一个大炕，我回家晚上睡觉常常就钻进老娘的被窝里。那是我记忆中最温暖的地方。

入道四行观

老娘亲身传给我的四重智慧，还让我真实体验到了达摩祖师的入道四行观。达摩祖师是佛陀的第 28 代传人，不远万里来到中国创立禅宗。他与梁武帝会面，感受到了一种浮夸和一种功德交换的迷茫。他再三尝试点拨，无奈对方看不到、听不到，他只好去嵩山面壁 10 年。其后收徒传道，他以心传心、传道，第一课就是入道四行观。

达摩祖师说，你真想入道吗？真想成佛吗？我告诉你，只有两个法门。一个是"理入"。你坚信佛陀，那么你就割舍掉所有家庭、社会关系，直接去面壁 10 年。这样你一准能够成佛。如果你做不到，那么你就不是上根性的人，就不会是"理入"的人，你就只能该干吗干吗，去谋生计了。在谋生计过程中，你真就可能入道了，这就是"行入"了。

"行入"有四行：一是报冤行，二是随缘行，三是无所求行，四是承法行。达摩祖师的这四行，也就是老娘以身传给我的四重智慧。

报冤行是说，修行人不管降临什么样的厄运，不管受到什么样的欺凌，不管受到什么样的冲击，不会受到惊吓，不会气愤，不会恐惧。他会去想，这其中一定有原因。生生世世的生命轮回，生生世世的缘起缘灭，其中多少事应在了今天！逢苦不忧，心胸自然豁达。以这种报冤的行为进入修行之路，所以称之为报冤行。一如我老娘一声轻叹："这都是我的命呀！""这就是我的报应！"就硬生生给忍受下来了。

随缘行是指在生命的真相里，凡所有相皆是虚妄。我们今天看到的一切，都是在过去经历的善恶缘流转到今天的结果，形成今天所看到的剧本。我们只不过是其中的一个角色而已。念头一转，愤怒、惊吓、恐惧的情绪就会平息下来。一切也都可以欣然接受了。乐同受，苦难、胜报、荣誉等一切皆缘。得失随缘，心无增减，宠辱不惊，一切都以平常心来对待，这样做就于道暗合了，所以叫作随缘行。

无所求行，就是世人常常迷失自我的本性，以身体为我，贪嗔痴不断。有大智慧的人悟解生命的真相，扭转这种颠倒妄想的做法，安心无为，生活中的时时处处一平常心、无分别心、随缘。宇宙的规律和生命的规律一样白天接着黑夜、波峰连着波谷、好事接着坏事；连接不断如环无端、如影随形。"有求皆苦，无求即乐。"老娘从来不认为自己是大智慧的人，但是她把她的身体和心都交托给这一家人了。凡是可以给一家人带来安康的，吃再大的苦，她都是心甘情愿的。她是无求即乐。

承法行指自性清净的本体无形无相、无染无着、无此无彼，有大智慧的人都按自我的本质而活，身体、性命、财帛等一切东西全部布施，心不存在半点儿怜惜。奉行布施、持戒、忍辱、精进、禅定、般若六项精进不懈怠，叫作承法行。老娘不懂六项精进，但是她深谙"是人不要管，用管不是人"的道理。当每个人把自己的灵魂放在他所干的事中，他自己就跟着心走了，不需要任何人插手其间。

地头力法则 22： 受的四重智慧：忍受，因果报应；接受，苦乐同受；享受，无求即乐；自在，随顺自然。

老娘用自己的生命，传承给我受的四重智慧，告诉我入道四行观。还有许多老娘，有着同样的智慧。让我们来说一个《读者》杂志转载的《母亲罗瑛的故事》。

母亲罗瑛的超凡定力

母亲罗瑛的无名之朴，是可以镇住这个时代的本。有这样的气度、胸襟、格局，假如做企业，那就是一位伟大的企业家。

独生子湘儿被车祸夺走了生命，母亲罗瑛被请去大连善后。罗瑛不认字，从没走出过大山。村里、乡里的亲朋要陪她去，力争严惩肇事司机。怕人多嘴杂难以安心，她谢绝了亲朋的好意。她一个人从高明村到安化县城，再到长沙，东打听西打听，终于坐上了去大连的火车。上了车，罗瑛体会到两年前儿子一个人走出大山上大学的艰难，禁不住泪流满面。

一天一夜火车到了大连，罗瑛的泪也流干了。湘儿学校师生和律师，公交集团领导、肇事司机小付还有公交集团的律师团，都到车站来接罗瑛。她不断念叨着："添乱了！添乱了！"看到肇事司机小付，她执意要去他家看看。

看着小付一家5口，住在50平方米的房子里，罗瑛不禁为城里人叹惜。她看小付一家人挺和善，坚持在小付家吃了碗面条，饭后出门回了湘儿的学校。她把湘儿的系主任拉到一边说，马上把湘儿火化了，别给学校添乱了。火化后，她抱着湘儿的骨灰，默默地走到湘儿的宿舍、教室、图书馆、运动场、饭堂等地去告别。

第二天罗瑛请求湘儿的同学陪伴她去大连的海边、旅顺口等地转一天。她知道儿子怕花钱两年都没出去玩玩。每走到一个地方,她都给湘儿解说着风景。陪同的学生泣不成声,罗瑛没掉一滴泪。她说:"在大连掉泪,湘儿会心疼的。"

第三天一早,罗瑛一个人就抱着湘儿的骨灰到了公交集团。公交集团领导和律师团如临大敌,意识到最后交锋的时刻来了。

罗瑛说:"对不起,添乱了。"她坐下后郑重地把她关心的两件事说了:"第一,不要处理司机小付了,把小付的赔款退回去,开车很不容易。第二,小付常常失眠,我这里有一个偏方,请转告。"说完了,5分钟没到,她就要走了。公交集团给她一大笔赔偿金,她一分钱也没要,坚持让公交集团领导把她送到火车站,她要回家,湘儿要早日入土为安。

公交集团领导带着复杂的心情送罗瑛上了火车。几天后,他们开着两辆满载的卡车,去湖南安化县高明村。破败的房屋与校舍,无言地述说着山区的贫穷,孩子们连火腿肠都没见过。之后的几年间,公交集团以及知道了罗瑛故事的人们,不断去高明村,帮助建校舍、建房屋、修马路、开拓生产经营,高明村有了全然不一样的景象。

罗瑛的故事感天动地。天塌了,太多的人会没了主见,会像浮萍一样被旋涡裹挟着走。而罗瑛却能够虚静归根,不受一点儿外在因素的干扰,默默坚守着一个母亲的初发心:守护儿子的灵魂。儿子去天国了,他的灵魂已经跟物质没了关系。这段路不能被人世间的欲望拖拽。罗瑛从接获噩耗的第一时间起,就没有一丝个人的贪欲,心里只有儿子灵魂的走向。这样的初发心和终极目的,让她有了不一样的淡定。

罗瑛很静。她只身前往大连,就是要维持一个心静。她一下车,就直接面对学校、公交集团、肇事司机的真实,走进了最细微的真相。她没有利得心,没有框框,顺其自然做了最简单的选择。她所呈现出的无名之朴,是繁衍了几千年的中华民族不成文的生命法则,是光和爱,是可以镇住这个时代的本。不客气地说，有这样的气度、胸襟、格局，假如做企业，那就是一位伟大的企业家。丧子之痛没有淹没她的慈悲之光，淹没她的爱。而她的爱，可以融化这个世界！

美言可以市尊，美行可以佳人。罗瑛不会说话。她的行动简洁明快，很有得道抱一、和合自然、清静无为的味道。做人最怕有私我当家，看事情就不客观了；最怕沉迷在功利中，居功就开始往失败走了；最怕在乎虚名，虚名会让自己离开大地。人一旦不能法地，也就完了。私我、功利、虚名，是领袖的三大拦路虎。在这个焦点问题上，罗瑛一样不沾。"后其身而身先，外其身而身存。"事情自始至终她就没想到私我、功利和虚名。她压根儿就没有这样的意识。

罗瑛没有把自己看得有那么重。在她的意识里，她只是一粒尘埃！在她这粒尘埃中，有着广袤的宇宙。她是一束不耀眼的强光，直接穿透了当今被雾霾遮蔽着的国人的心；她是一面奇大无比的镜子，映照出一幅幅或丑陋或光鲜的脸。我们还要紧跟着罗瑛，去发现她更多平凡的无名之朴。下面四点尤其让我动容。

不随意评论

行动简单、清晰。只身赴大连，一下火车就想着去看肇事司机的家，去了解一段缘。她抱着爱子的骨灰游大连，分分钟谨记"不添乱"，第三天就踏上返程路。她不跟关心她的人去聊天。闲聊是滋生诅咒的祸首。她让语言没有罪过。多言数穷，不如守中。

不受他人影响

不受亲朋影响，不受舆论影响，不受关心自己的人们影响，不受对手影响。她的心如如不动，而又随机而动。不流泪，不让湘儿心痛。她不离开本真找意义，不离开实相找借口。一切都顺着生命的圆满去思索，去行动，去使劲。她的心是无善无恶的透明体。这样一种超凡的定力，是中国人根性上的传承。

不妄加猜测

她直接进入事实，直接面对学校、公交集团、肇事司机的真实。她的心只跟着爱而行。看上去恍恍惚惚，呈现出来的却是大道之光。而在这不耀眼的光芒中，又有着切实的内涵。再往里看，还有着精神的坚守，而那种精神就是对老天的爱和敬畏。

尽力做到极致

她为儿子，心里只有儿子，她要守护住儿子的前程。湘儿横遭不测，罗瑛则把后半段做到了完美：给儿子的生生世世，画上了一个最光亮的标点。"信言不美，美言不信。"诚可谓："天之道，利而不害。圣人之道，为而不争。"

无声胜有声

罗瑛在整个过程中，没有说什么高调的话，甚至没有一句可以让人记住的话。她只是默默地简单行动。她的行动，把她所有内在的深层意识都呈现了出来。从那里，我们看到了感天动地无私的爱。爱，是无须语言的。

罗瑛有深深的爱。她所有的意识都在湘儿的灵魂上。那个灵魂，吃了那么多苦，早早地走了，他需要安静，需要干净。

地头力法则 23：多言数穷，不如守中。不随意评论，不受他人影响，不妄加猜测，尽力做到极致。无为无不为，无声胜有声。

罗瑛的故事，特别使我感动。有一次在课堂上讲罗瑛的故事，我泣不成声。就连最后一遍校对本书，看到这里泪水一下子就涌出来了。罗瑛的无名之朴，是可以镇住这个时代的本。这是引领中国乃至世界走出迷茫和蹉跎最需要的品质。一个民族的核心价值，在这个民族的朴实的传说里；一种根深蒂固、长生久视之道的精神，恒存在无名之朴而又朗朗上口的故事里。

第五章 专注功课一：匠心匠魂的七种大道品质

敬畏、谨慎、恭敬、精进、素直、广大、包容等七种大道品质已经形成了巨匠们的意识体，一言一行随时随地量化品质。

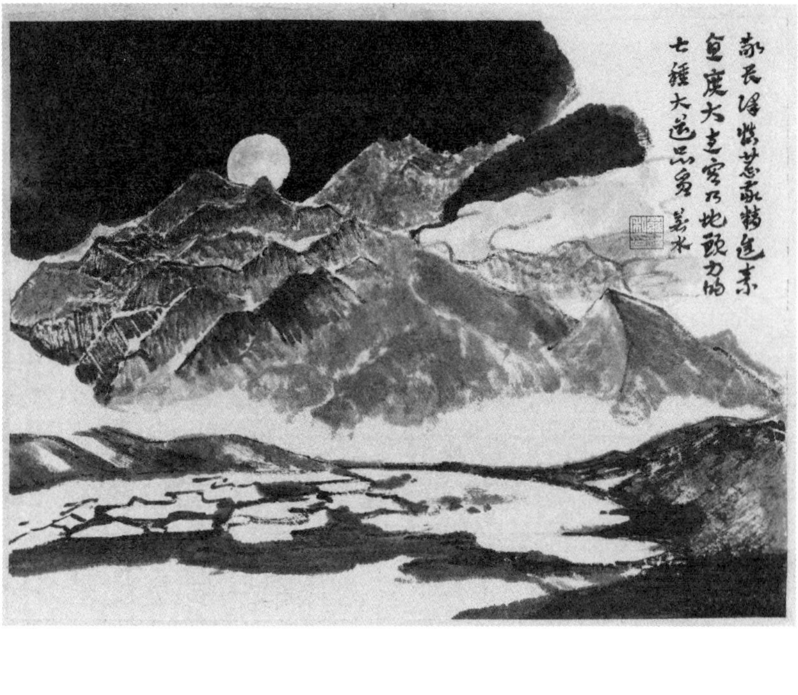

庖丁解牛呈现了七种大道品质

"头拱地",是凝神定志、制心一处、聚精会神、全力以赴去做事的一种状态。

专注是一种无比强大的力量。当你制心一处了,就能把身上所有的细胞都调动起来,有时还能调动起你的潜意识。而且,还会形成一个能量场吸引周边人,把组织内外的整体力量,都吸引到你的这个点上。这样你就不仅仅是倾个人的力量在做事了,还会倾组织和社会的整体力量来做一件事。

地头力由我老娘而生,却不能停留在我老娘生命体验的圈子里。地头力是可以由人类所有的文明所佐证的本真。本章用庖丁解牛的故事和任正非领导的华为团队全面呈现了地头力所需要的七种大道品质。

庖丁为文惠王解牛,每一个动作都有一个节奏;每一个旋转都似一个音节。他跟牛合二为一,他顺着天然的节理和纹理,一刀而下,井然有序。当整头牛解开了,他才松一口气。他提刀而立,把刀顺下来,从容自得,轻轻松一口气,享受一下满足感,从紧张中松弛下来。他再把刀收拾好、整理好,把刀放入套中,把自己的心神重新安顿、收藏、收敛起来，再回到自己的本身。

旁观的文惠王说："好啊！你的技术出神入化呀！"庖丁拱手回答说："大王，我这不是什么技艺，是大道通过我来呈现而已。我跟牛合一了，不再对立了。我开始杀牛时，看到的是整头牛。牛和我是分开的。三个月之后，我就看不到整头牛了，我面前的牛有许多间隙和空间架构。现在我不用眼看，我的心神一下子就把牛的里里外外梳理得特别清晰。这样，用刀就浑然一体了。我这把刀19年杀了上万头牛，好像还是刚磨完一样。可以说是物我一体顺势而行。"文惠王说："好啊！听了你的话，我学到了养生之道。"

这个故事意味深长。牛的筋骨和经络，相当于复杂的社会。现实社会的利得冲突，使人人活在各自生存奋斗和恐惧之中，活在利害关系中，活在权力的撕扯之中。庖丁解牛却呈现了另外一种可能性：不必卷入是非利害，只要我们清明地观察，随顺自然，就会合上万事万物运行之大道，当然也就合上养生之道了。

庄子用超然的心态俯瞰众生的是是非非。宇宙自然本来就是一个整体。这样，在冲突最炽烈的地方，还会看到油然而生的内在联络。我们只要了解一个事物的来龙去脉，不去掺和错综复杂的是是非非，而是随顺自然脉络任由发展。一如刀运行在牛的肩胛空隙之中，就会随时随地活在一种愉悦、饱满的状态之中。

地头力法则24： 混沌灰度中蕴含着无限商机。心空灵然，从整体上把握当下事相，捕捉机会窗，顺势而为。

仔细揣摩，庖丁有一种修之身的功夫，是一种生命觉醒的状态。成就这种生命状态的是七种大道品质，即谨慎、敬畏、恭敬、精进、素直、广大、包容。

谨慎

庖丁杀了 19 年牛，每次都如同第一天站在牛面前一样。因为这可不是件小事。天下大道存在于每一个当下的微细事物中。做事很需要点儿如履薄冰的谨慎心。庖丁解牛已经纯熟到如此地步，但依然不会想当然。他清楚地知道，容不得任何一点儿掉以轻心的地方。人必须全神贯注于每一个当下，才能捕捉到牛的内场域与天气氛围等外场域所给出的特定空隙和脉络。这是一种很重要的工作状态。一如登山家王静说："登顶珠峰，心中只感觉悲哀和敬畏，当时唯一的想法，是如何鼠目寸光走好下山的每一步。"

而现实中的人们，都活在自己的惯性中，都在用自己的习性排除新的发生，安住在以前形成的套子里。在套子里很舒服，轻车熟路，没有不知道的了。经验成了标准，标准成了枷锁，枷锁拘押了天性，天性反弹注定会产生烦恼和恐惧。烦恼产生后，第一个冲动是排斥这个新发生，干脆说这是不可能的！当我们有太多不可能的时候，要警醒，你说不可能的根据是什么？第二个冲动是不屑一顾，我大风大浪都走过来了，就你这水沟里一点儿涟漪还能挡住我？第三个冲动是找出一大堆更为紧迫的事情把眼前这个事推掉。这些道理我们很容易懂，但一到现实又很容易被习性拘押着走了。用卢梭的话来说就是："人生而自由，却往往无不在枷锁中。"

地头力法则 25： 做人做事不掉以轻心，保持一种如履薄冰的谨慎。功亏一篑，在于不能慎终如始、制心一处、全神贯注。

当一直梦寐以求的画面就在眼前时，任正非诚惶诚恐。他首先想到的是，过度自信会毁了华为！一个从公司创立之初就设定的目标一旦实现了，一种倒下去的危险就立刻抓住了他。他立刻思谋摆脱这种命运的路径和方法。这种潜意识的条件反射，几乎成了他的特质。2015 年开年，他发表了著名的讲话——《大道至简》。本章的解读，大多源于此讲话。

在今天的数码生态时代，一切都在变动不居之中。任正非对这样一幅画面，心存敬畏。他生怕他的团队，因为成功而自信，因为自信而自豪，因为自豪而自负，因为自负而怠惰，因为怠惰而自闭，因为自闭而合不上数码时代的旋律。任正非深知，一切好的做法、坏的做法都分分钟经历两个极端的转化，必须让自己和团队敬畏灰度的无穷性。

他说："我们要接受'瓦萨'号战舰沉没的教训。战舰的目的就是为了作战，任何装饰都是多余的。我们在变革中，要避免画蛇添足，使流程烦琐。变革的目的要始终围绕为客户创造价值，不能为客户直接或间接创造价值的部门是多余的部门、流程是多余的流程、人是多余的人。我们要紧紧围绕价值创造，来简化我们的组织与流程。"

任正非深知，天性的自由需要谨慎来护持。现实中的人们，常常事情就要成功了，却不可挽回地失败了。关键就是缺乏这份谨慎，缺乏抱素守朴和慎终如始。一如老子所说："慎终如始，则无败事。"

敬畏

牛，比喻天生的气质、性格、性命之理；刀，则是人的心神。如果横冲直撞，不把牛的天然脉络视为神明，敬畏有加，牛刀早就被毁了。哪里还能 19 年如一日！敬畏一个事物的本真和天性，敬畏自然形成的条理，随顺客体的天性，根据我们的身体特质去活、去发展，就不会伤害我们的天性，不会伤害我们的身心，而且还会使我们随时随地活在一种愉悦饱满的状态之中。

"为善无近名，为恶无近刑。"这是为人处世的底线，守住这个底线就是敬畏。在人的天性中，有迸发和创造的可能，有行善的可能，也有怠惰的可能，也具备毁灭和摧毁的可能。善和恶没有明确区分，都是瞬间转化。善行施予者，如果是借功德名声壮大自己的私，善行就变了味道，就会沦为恶；如果一味顺着自己的喜好，不顾惜周边人的利益和感受，看上去是顺应个人天性，实际上是为恶了！为恶已经到了受社会法律惩罚的程度，就是害群之马了。

得过两次抑郁症的任正非，头脑中有一幅恐怖的画面：绳索捆绑住了自己的天性，循规蹈矩浑浑噩噩一生。他生怕在数码时代的大变革中，因为满脑子的标准尺度，把生命中许多创造性的力量束缚住了。

任正非有自己的灵魂旨意，他相信每一个人都有灵魂旨意。他在华为所做的一项最重要的工作，就是唤醒每个人的生命意识，绽放自我超越的天性。一次任正非私下里跟我聊天说："华为不怕员工出错，就怕员工憋着。骂华为、批评华为好！你骂出来，就等于你提了个假说，有人会反驳，就会把你的心胸给扩展开，你就成长了。你如果怕出错闷着不说，那就永远没有机会提升。华为不用这样的人。当然如果一味顺着自己的喜好，不顾惜公司整体，侵害了周边人的利益，看上去是顺应欲望，实际上是纵欲为恶。"

"人在做，天在看。"当今在强烈的贪欲激荡下，人们忘了敬畏。起心动念周边的人都知道。不可以不用心，更不可以用坏心！敬畏一个事物的本真和天性，敬畏自然形成的条理，就不会伤害到我们的身心。一切事败，多出于轻慢，一切轻慢，皆是少了敬畏。

地头力法则 26：人在做，天在看。敬畏生命，敬畏良知，敬畏天性，敬畏潜能，敬畏事物昙花一现的本质，敬畏天道。

人有人的理，事有事的理，天有天的理，地有地的理，心有心的理。

王阳明说："天理即人心。"这个天理也就是动态中的致良知,也就是天、地、人、物、场分分钟合一的理。每一个当下,你的起心动念,你对事物的灵然觉知,天地万物都知道!这不仅仅是提醒你注意因果报应无形的手,还提醒着你要敬畏人、物、场的天性。做任何一件事,都保持着对天理的敬畏,也就是对良知的敬畏。

任正非用灰度整体观,把华为团队的意识推到了很高的程度,使他们在移动互联时代不为一时的起伏所驾驭。任正非的灰度意识,犹如世界文学史上莎士比亚所创立的高峰。在莎士比亚之前,好就是好,坏就是坏,善恶分明,大义与卑贱两分。而莎士比亚之后,文学史上出现了复杂的人性,奸恶中有情义,大义中有算计。场域与人性互为因果,从而演绎出一幕幕跌宕起伏的话剧。任正非知白守黑,给商业团队植入一种灰度意识,最紧要的地方,就是让团队充满了敬畏,不为一时的变化所制,而又能随顺驾驭和引导变化。灰度意识之于管理,不亚于莎士比亚之于戏剧的变革。

恭敬

一个好厨子,一年也要换把刀;一般的厨子,一个月要换一把刀;庖丁的刀用了19年,没有换过,而且锋利如初。恭敬,可以避免让自己纠缠于现实的是是非非,保持自己一以贯之的清明,没有一点儿掉以轻心的地方。一整头牛都全然解开了,庖丁清澈的自然明觉并没有消除。他会轻松地松一口气,让自己沉浸在舒畅的感觉之中。这是一个生命的完成,也是一份生命的享有。他再一丝不苟地把一切都收拾好,把刀收拾好,实际上是把自己收拾好,重新获得氧气的补充。使自己的身心灵不会因过度紧张而被过度使用。这种自始至终的恭敬状态,成就了庖丁技艺的重要节点。

庖丁解牛就是一个合规的寓言。一整头严丝合缝的牛立在那里，庖丁甚至不用眼睛就能对牛的天然组织和纹理了然于心。这就是合规，合上事物本然的自然秩序，合上那些不可言传的复杂纹理和经络。庖丁用刀不是去砍、去切，而是顺着牛的纹理进行。所有那些难缠的筋脉，都不会妨碍刀子的行走。别人用战争、冲突才能解决的问题，他却只是以恭敬心顺着牛的天然组织纹理走就成了。"善为士者不武。善战者不怒。善胜敌者不与。善用人者为之下。是谓不争之德。是谓用人之力。是谓配天之极。"

恭敬，是一种对人、对事心存敬意的生命状态。一头狮子闯进瓷器店的做法肯定不行。犹如到人家做客，合乎人家成文、不成文的要求。合规意识是一种恭敬心，渗透到行动的方方面面，也是诸多关系的润滑油。

地头力法则 27： 恭敬，是一种居敬合宜的生命状态，是一种合规意识。削足适履，就是要合上自己的良知，合上事物的律动，合上混沌灰度无常的法则。

对于全球化经营的公司，合规意识尤其重要。华为前十年是放任不管，各路英雄竞折腰。快速增长也造成了混沌。如何走出混沌？任正非发起了起草《华为基本法》，过程中密集地召开各层次的、各种各样的听证会或征求意见会，使得华为上下思想意识统一。可是，当《华为基本法》草成时，一种巨大的无意义感袭来。

任正非发现面对被激发出来的欲望，意识价值上的一致性是软弱无力的，必须有严格的流程、明晰的制度，剥离掉一些泛滥的私欲。任正非决心，按照万物自然的客观道理来做事，根据事物本然的规律很好地完成事情。任正非转向了美国 IBM、埃森哲等公司。他要"全盘西化"，要来个"削足适履"的变革，形成一个一体化的平台。

他对这场变革的最终期待很具有其个人特色:"变革成功后,起到的作用是什么?不是拥有资源的人通过 IT 来指挥前线,而是在前线指挥战争的指挥手要通过 IT 来调配后方的资源。应该是前线指挥后方,而不是后方指挥前线,打不打仗,后方决定;怎么打仗,前方说了算。"

在移动互联时代,任何一个节点都可能是能量场总体产出的决定性力量。内外场域不停地交叉旋转,任何一个节点,都可能恰恰是这个旋转体对外的针尖。这个整体可能随着这个节点的起伏而起伏,有时甚至毁灭。任正非不能不重视,他既要给一线员工灌能,又要给予他们合理的约束。

为引进西方大公司的管理流程和制度,华为迄今已经花了 100 多亿美元。任正非下了最大的决心:"IBM 的管理也许不是全世界最好的,我们员工也有可能冒出来一些超过 IBM 的人物,但是我只要 IBM。高于 IBM 的把头砍掉,低于 IBM 的把腿砍掉。只有谦虚、认真、扎实、开放地向 IBM 学习,这个变革才能成功。"

"好好学习,学明白了你就伟大了,靠自己去创新、自己去悟,是悟不出大道理的。""决心要穿一双美国鞋,那我们就不能摇摆,如果我们今天摇摆这样、明天摇摆那样,我们将会一事无成。所以要坚定不移地向 IBM 学习,集中精力向 IBM 学习不摇摆。"

适应数码时代的大变局,适应今天的"班长战争",华为要做一个根本性的变革:"让听到炮声的人呼唤炮火!"这背后传递出的是一种深切的合规意识,即合上数码时代混沌灰度的法则,也合得上"90 后"新新人类刻骨铭心地绽放自己、实现自己的真实律动。

精进

庖丁解牛,实际上也是庖丁生命的精进。拿着刀挥舞,他认为这就是道的运行。因为在那个迷人的弧线中，有天人合一的灵魂的歌咏。每一刹那都有不同的感受，每一刹那都有不同的呈现，那一刹那接一刹那生命的美，是不可以用语言描述的。犹如激流中的浪花，欢快地精进。生命在不断创造、创生中丰盈。生命从物质到身体，到心智，到灵魂，再到灵性，每一个阶段都在超越与包容，每一个阶段都是深度更深、意识更高、涵摄更广。

"生也有涯，知也无涯。"人生其实就一个瞬间。未知的东西太多了。以有限的生命去探索无限的生命，"殆矣"！当你把名利当目标，名利就会捆绑了你鲜活的生命。渐渐地，你就会失去喜悦和安宁。翻转过来，聚焦当下，聚焦有限生命的瞬间，聚精会神于当下现场，无限的可能性就出现了，甚至无穷宇宙的奥秘，都在当下呈现了。这样你也就拥有了勇猛精进无限的驱动力。

勇猛精进，是在现实有效性工作中一点一滴的进步。专注于当下的改进，当下的意义就在于摈弃过去未来的一切虚幻，只对当下场域负责、承担到底。只有在没有目的心和计较心的情况下，才能真正地做事。

2015年我有幸观摩任正非的一个现场办公会，当时他71岁了，依然思想宏阔敏锐、反应敏捷、一语中的。他活在一种赤子状态。战略战术语境不停地变换，而他富有弹性的思维，始终可以精准地抓住问题的要点，并予以恰当地拓展。聚焦当下，聚焦有限生命的瞬间，聚精会神于当下现场，无限的可能性就出现了。甚至无穷宇宙的奥秘，都在当下精进了。这样你也就拥有了勇猛精进无限的驱动力。任正非要给他的团队注入这样一种勇猛精进的力量。他说：

"面对着未来网络的变化，我们要持续创新。为世界进步而创造，为价值贡献而创新。创新要有边界，我们要继续发扬针尖战略，用'大压强原则'，在大数据时代领先突破。要坚持不在非战略机会点消耗太多的战略竞争力量。成功的美国公司，大多数是非常聚焦的。难道它们就不能堆出个蚂蚁包？为什么它们不去堆呢？当前，不是我们超越了时代需求，而是我们赶不上！尽管我们已经走在队伍的前面，还是不能真正满怀信心地说，我们是可以引领潮流的。但是，只要我们聚焦力量，就有希望做到不可替代。"

精进只在当下。在这个毫无保留地投入当下的过程中，你会体会到一种奇妙的力量在你身体上集聚和汇涌。那是一种美妙的体验，那是一种一个个极限的突破所带来的爽朗。原来，你是没有极限的，原来有着无穷多的可能性！原来，只要跟随你的天性，你就会到一个让自己瞠目结舌的场景中！但是，一旦离开这个场景，一旦进入未来的画面，你的能量已然超群，你如果还只是把事情办好而已，还是按先前的标准，那就失去意义了，失去了突破的意义。生成、平衡和创造，这是一个连续的过程。失去了一个，就不是当下圆满。圆满只在当下。

每一个失败之处，都有着一种独特的意义呈现。那是一份生命的厚礼。你抱怨失败，你就一无所得。你接纳失败，并且内观自省、品味失败的意义，你就收到了生命的大礼。这也就是精进。精进不是平面拓展，而是纵向前进。纵向前进包含了两个过程：消解与超越。原本完美的东西，突然消解，注定会给人失败感与挫败感，而就在这个地方，意义也就呈现了。撕裂了，破碎了，必有另外一番意义，是你之前不曾领略到的。

为着灵魂的提升，必须消解一些你一直珍视的东西，比如财富、地位、权力等堆积物。消解掉这些东西，就是精进最大的功课。消解和创造是分分钟的事。如果你消解得不通畅，创造就出不来，你的精气神就会慢慢被陈腐的东西罩住，没有了生命力。勇猛精进，从一个角度看是不断超越，从另外一个角度看是不断消解。这是生命的欢歌所必备的两个纵向维度。

地头力法则28：勇猛精进，卸掉堆积物，超越自我。全然投入当下的生成、平衡和创造中，一刻接一刻地极致，一刻接一刻地喜悦。

头拱地最需要的就是勇猛精进。不要活在未来的玄想中，不要活在未来的恐惧中，头拱地，是你唯一可以做的事。精进是欢快的！犹如冰川融化了，清新的水顺势而下，欢快地往前奔。"生也有涯，知也无涯。"以有限的生命去探索无限的生命，"殆矣"！翻转过来，聚焦当下，聚焦有限生命的瞬间，聚精会神于当下现场，无限的可能性就出现了。

素直

庖丁素直。起初，一头结结实实的牛在他面前，他感觉像对着一块大石头，不知道从哪里用力。三个月之后，他在那些复杂多样的牛筋、经络中，看出了清晰的纹路，看到了巨大的空间。半年以后，他就不用眼、耳、鼻、舌、身、意去感触牛了。他的心神已经对任何一头在他面前站着的牛都有了一个整体的把握。他的心神已经可以跟踪牛的天然纹路，自然而然画出一条行刀路线图。这个时候，他已经与牛合一了。物我一体，让他拥有了一颗素直之心——抱素守朴，灵然明觉。

松下幸之助父亲早亡，家庭困难，他9岁就辍学出去漂泊打工。那时的他干活多，吃得差，体弱多病。松下先生认为自己没有人脉、没有技术、没有学问而又少不更事，于是养成了总是向他人请教的习惯。即便是后来被尊为"经营之神"几近被神化后，他也一直不忘贯彻"终生学徒"的素直之心。这是松下幸之助真正伟大之处。

松下幸之助说："所谓素直，不是让往右就往右，让往左就往左，一味顺从。所谓素直之心，是指勇于承认自身不足，并不遗余力保持谦虚态度；素直是善听他人意见的大耳、审视自我的真挚的双眼，并把它们常备于心。素直的态度是进步之母。即使是刺耳的话也以谦虚的态度聆听，当改之事就在今日立即改正，不拖到明日。这种素直的心态能提高我们的能力，改善我们的心智。"

大自然没有两片相同的树叶，每一个生命都有独一无二的特质。

可是，人们往往被幻象迷惑，一心追求财权名堆积物压扁了自己。

自以为是、自负、自傲、自矜、自闭，把一个个活泼泼的生命弄成了一堆堆腐朽之物。

回归吧，回到先天真源，清静、素朴、简约，这是上天赋予一个生命的珍宝，这是连接天地万物的根本通道。生命就是连接，连接才有生命。

素直之心就是抱素守朴，可以连接万物一体的心。只有当你在头拱地一步步往前走的时候，你才能真正接地气，你的心才会纯粹起来，你的心才能渐渐广阔起来，你才会连接上虚空生生不息的振动频率，天长地久。天地所以能长且久者以其不自生，故能长生。生而不有，为而不恃，功成而弗居。素直、无执、虚空，这是创生的源泉。现实中人们偏偏会忘了这个源泉，切断了根脉。一旦创生成形，就会攫为己有，会成为堆积物，把自己压扁。这个世界之所以有诸多问题，原因就在于此。

素直之心，是一颗做人做事没有弯弯绕的纯粹之心。我们做事，常常带有许多结论、框框和假设，常常是落进框框里的。

素直之心，是一颗与事物机理相通的心，是一颗随顺自然的包容心，是一颗柔软的心，空阔灵然，可以看到真实的风景，可以听到天籁。一般人都用自己的眼、耳、鼻、舌、身、意六识来辨别事物。而至人的心却像个孩子，分分钟打开自己，纯然以他人之心为心，以万事万物之心为心。每一个事物里都住着一个灵魂和旨意。在孩童的素直之中，渗透着天人合一的绝学。"百姓皆注其耳目，圣人皆孩之。"

地头力法则 29：素直、抱素守朴、干净纯粹空灵、没有弯弯绕的本真。善于学习，勇于醒觉，保持一个活泼泼的大生命。

作为华为的领导集团，必须具备开放、妥协、灰度的品质，必须勇于开展自我批判！人们用自己观察到的和听到的了解世界、判断世界时，许多预设的判断已经像筛网一样插手其间，已经不是事实真相了。而得道高人却能保持素直，像天真无邪的孩童那样打开心扉拥抱世界真相。一如老子说："百姓皆注其耳目，圣人皆孩子。"

凡是一心一意头拱地的人，都是善于学习的人，都是得道高人。还是老娘的那句大白话直接："车到山前必有路，出水才看两腿泥。"老娘有一颗如如不动的素直之心。最拿手的，就是全心全意做一件事。纯粹，需要洞彻真相。人如果没有一丝执念，就会开朗自在，就会坚强无比。这正是老娘头拱地的魂魄所在。

广大

庖丁的纯粹，让他跟复杂的牛筋骨架连通，让他与复杂的社会相通连。以至他敢宣告，我这里不是术，我这里就是大道。同样，在老娘坚不可摧的性格中，有一颗纯粹的心，因为纯粹从而广大。不纯，不广；广大，必纯。

推究起来，广大的心须得对世界真相了然于心。一切都在迅速变化中，一切都在高度振动中。故有无相生，难易相成，长短相形，高下相倾，音声相和、前后相随，恒也。知道宇宙万物转化的实相，老子就把收敛、低调作为生命的一种基本方式。这是一种领导艺术。道德不是狡诈，而是一种修之身的功夫。道德修养愈深，言行愈是谦逊，愈是以百姓心为心，以百姓利益为先，把自己放在百姓的后面，才会使百姓敬佩，会受到百姓衷心拥戴，这样当然不会处在权力的不安和惊恐之中了！

头拱地最需要的品质就是纯粹。心纯粹了，简单而节俭，路就广大了。不俭不广，俭约而广大，是一种自然而然的事。那是在这片土地上世世代代的祖先们传承下来的一种生活基本心态。有一颗广大的心，就可以看到自然美的壮丽。

任正非已经站在了行业之外看行业，有了不一样的生命自觉。内部有一种担忧，放开一些专利技术，会让成千上万的小公司都能与华为在一个水平上竞争了。对此任正非说：

"我们一定不要用在高速公路上扔一个小石子的办法形成自己的独特优势。要像大禹治水一样，胸怀宽广地疏导。我们不能光关注竞争能力以及盈利增长，更要关注合作创造，共建一个世界统一标准的网络。要接受 20 世纪火车所谓宽轨、米轨、标准轨距的教训，要使信息列车在全球快速、无碍流动。我们一定要坚信信息化应是一个全球统一的标准，网络的核心价值是互联互通，信息的核心价值在于有序的流通和共享。而且，这也不是一两家公司能创造的，必须与全球的优势企业合作来贡献。"

在任正非话语的背后，有一种自然的美。寡头习惯于维系垄断。维系垄断传统的手法是掌握一大批"know-how"专利，给通行的管道设置一些别人无法拆解的障碍。任正非素直，他看到的是在一片混沌之中的实相：共融与共享。除了共融与共享，没有人可以垄断。

任正非有一颗广大的心，他可以跳出华为、行业、国家的视野，俯瞰数码时代大系统的演化，那是一幅涉及文化、哲学等领域深刻变革的大画面。

地头力法则 30：慈而勇，俭而广。虚心谦下成百谷王。心中有敌，举世皆敌；心中无敌，天下无敌。

一如老子所说："江海所以能为百谷王者，以其善下之，故能为百谷王。是以圣人欲上民，必以言下之；欲先民，必以身后之。是以圣人处上而民不重，处前而民不害。是以天下乐推而不厌。以其不争，故天下莫能与之争。"

包容

生而为人就难免会有许多烦恼，但是这些烦恼是被我们以自我为中心的观念创造出来的。实际上，我们没有必要强调任何特定的东西。庖丁就没有这样的烦恼。

庖丁有一颗包容心，那是已经洞悉了刹那间生灭流转的实相，不迎、不送、不留、不住、不捆绑，一切随顺，放开一切执着。包容心，是一颗很大很大的心。这颗心就是一切你看得到的东西。你的真心总是与你看到的任何东西同在，尽管你不自觉，尽管你没有听到、看到、感觉到，但是你知道你的心就在每个当下所要从事的具体事务之中。

企业经营犹如走钢丝的平衡，那不是按照既定的模式或套路完成的，而是在混沌、颤抖中把握节律和平衡的实际体验，是很多尝试和失败的精华。你或许会感觉到某些东西在那里，但它是难以捉摸的，更无法指出或描述它。一个走钢丝者，他一方面要自觉到前方的大画面，另一方面要"鼠目寸光"对千分之一秒的抖动有应对办法。这样两个极端同时收在意识中的状态，任正非把它叫作"灰度"：

"坚定不移的正确方向来自灰度、妥协与宽容。一个清晰的方向，是在混沌中产生的，是从灰度中脱颖而出，方向是随时间与空间而变的，它常常又会变得不清晰，并不是非白即黑、非此即彼。合理地掌握合适的灰度，是使各种影响发展的要素，在一段时间和谐，这种和谐的过程叫妥协，这种和谐的结果叫灰度。"

哲学家尼采很认同灰度理论。尼采这样描绘混沌："假如一位科学家相信无限宇宙中所有的星星都在自己心中的数学轨道上有规律地运行，那么我们就有理由怀疑他并不是一位真正的科学家。洞察无限宇宙就像洞察自己的内心世界一样，这样的人一定会知道，即使在一个银河系中，也肯定存在着迷宫般的混沌状态。"

灰度、混沌、空性、无常，这些更是中国文化对万事万物的整体观。灰度，是需要时间和失败教训才能感悟到的。那是无数次的心惊肉跳，无数次生不如死的颤抖，终于有了一种整体观。从灰度那个高点看下来，宇宙无边界，人的潜能无边界。而人们却往往不妥协，不接受灰度，非要来个黑白分明！结果，自己把自己活活拘死。妥协，是管理实践中最讲究的艺术。年轻人知道但很难做到。因为他们充满活力，他们还有足够的时间来承担失败。

与灰度接近的词是混沌和无常。究竟什么是灰度？什么是混沌？什么是无常？难道就是指变化万方？变化万方的背后到底是什么在起作用？其实，在灰度背后起作用的就是万物自性的无穷可能性，就是人的潜能的无穷可能性。因为万物无穷的可能性，在每一个当下，就都不是一个确定的函数，而是无穷多的组合。如果没有这份敬畏，只想到简单照搬过去的做法，你就死定了。万物皆是独一无二的存在。宇宙中没有两片树叶是一样的。做任何事，都没有现成的东西可以套用，你必须把你的意志、你的专注、你的汗水、你的血液等倾注当下，方可出绝活！

灰度混沌是一种世界观，灰度混沌是一种信念，灰度混沌是一条生命法则。

地头力法则 31：灰度是万事万物的总体观。阴阳冲和呈现事物的无穷性。灰度中的开放、妥协和包容，为事物的无穷性敞开了大门。

独特的生长环境让任正非有了一颗"柔软的中心",苦难和资源,恐惧和喜悦,危险和契机,都可以被觉察、包容和接纳。常人只看到任正非火爆的性格,偏执狂似的创生,刻骨铭心的超越,却不知道,偏离只是表象。真正活在他内心的,是一刻接一刻的回归,一刻接一刻的平衡。做人、办企业,绝对不会是沿着一条既定的坦途大道走就行的。

大字不认识一个的老娘,经历了无尽止的磨砺,才有了深层潜意识与潜能的积蓄,从而有了极强的直觉判断力。

"车到山前必有路,出水才看两腿泥",老娘这句话有着一种独特的魅力,也是包容心的一种呈现。所谓包容心,在某种程度上讲,是对不确定性的接纳程度。越是倾向于接纳不确定性,接纳世界是混沌的本源,不去区分好坏善恶,容得下那一时显现是坏和恶的东西,这样的心才是包容心。世界无时无刻不在转化,包容心是对宇宙本质的一种彻底尊重,它还有更为丰富的内容。

每一个生命,都秉承了上天的一个"旨意"。你可以把这个"旨意"称为自性,也可以称为佛性,还可以把它说成圣灵。如果说"众生皆是佛性",则意味着众生皆是合一的。不合一就无法生存。而这个合一性,就是人的真实性,就是人的自性。

以上从庖丁解牛入手,我们探讨了开发地头力需要修炼的七种大道品质——如履薄冰,慎终如始的谨慎;如登高峰,刻骨铭心的敬畏;如做贵客,进退合度的恭敬;如泄瀑布,积极向前的精进;如大草原,抱素守朴的素直;如旷山谷,空虚无边的广大;如初混沌,无所不容的包容。这七种大道品质,实际上是老子在《道德经》第15章对得道高人的描述。能够安心头拱地的人,都是得道高人。老子说:

古之善为士者,微妙玄通,深不可识。夫唯不可识,故强为之容:豫兮若冬涉川;犹兮若畏四邻;俨兮其若容;涣兮若冰之释;敦兮其若朴;旷兮其若谷;混兮其若浊……孰能浊以止静之徐清。孰能安以久动之徐生。保此道者不欲盈。夫唯不盈故能蔽而新成。

老子在这一章提出了圣人需要修持七种大道品质与两种能力：谨慎、敬畏、恭敬、精进、素直、广大、包容，以及化浊为清的沉静力和破惰通变的创生力。这七颗心与两种能力，也就是地头力之强化专注力的功课。

第六章 专注功课二：地头力的两种基本能力

老娘说：『静下来，天底下事都怕一点儿一点儿挪！』

仁青平措七十年登顶珠峰的心法："慢慢走，慢慢走，慢慢走……"

渐进是这个世界的主宰。慢慢走，改变就会发生。

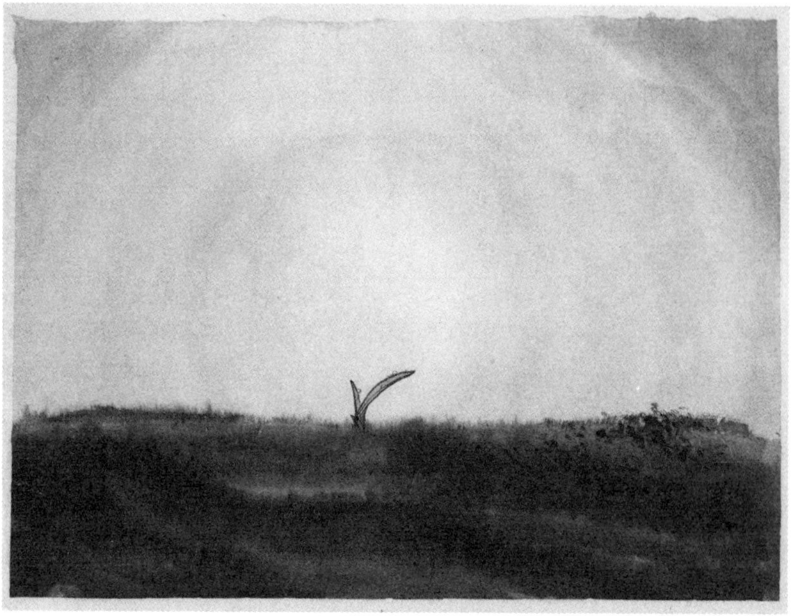

老娘到我北京的家里来,最吸引她的不是北京的美景和丰富多彩的饮食,吸引她的是阳台上堆积如山的杂物。那是我到北京十几年所积攒下来的"家底"。那艰巨的工作量让我几次望而却步。老娘笑着让我去上班。她哪里也不想去玩,在家里肃静肃静。我晚上回家一看,大吃一惊:阳台上的杂物全部都被清理出来了!该扔掉的归置到一边,该留下的也归置到一边。那个山堆,让我这个年轻人望而却步,却让老娘喜从心生。我问她怎么做到的。她说:"这算什么!我不就坐在那里,一点儿一点儿挪。静下来,天底下的事都怕一点儿一点儿挪!"

"静下来,天底下的事都怕一点儿一点儿挪"!我们去西藏登启孜峰,登顶珠峰冻掉五个手指的老教练仁青平措,传授给我们的登顶珠峰最重要的心法就是"慢慢走,慢慢走,慢慢走"。大道相通。慢慢走,改变就会发生!面对这份心生欢喜的意趣,不躁不急的淡定,有条不紊的韧劲,什么难题都要让路。而我们这些可怜可恨的人,被太多概念捕获了、奴役了!醒觉吧!抖落掉那些盔甲和锁链吧!老娘和老教练仁青平措,无形中给我们现场展示了两种最基本的能力:化浊为清的沉静力,破惰通变的创生力。这两种能力，实乃地头力之根本。

化浊为清的沉静力

在移动互联极速时空中，人的心绪像龙卷风似地狂飙，受各种各样情绪的绑架与贪欲的驱使。情执与物执，常常平地浊浪滔天，各种各样的情绪或心贼相互搏杀。很少有人甘于沉默，甘于无知，甘于谦下，甘于饥饿，甘于愚蠢，甘于等待。每个当下变化无常，已经不是一个概念，而成了一种现实。偶然性、不确定性之混沌，成为事物的特质。这时，唯有沉静下来，放空后天意识，放下利得心，先天潜意识才可以凭直觉开辟道路，才可能务实求真，此为化浊为清的沉静力。

庖丁起初看牛看到的是一座严丝合缝的大山。错综复杂混沌的现实，让他像个傻子一样，不知道如何干活。不过，庖丁有足够的时间和耐性，静静地、傻傻地看牛。一看三个月，浑然一体的大山开始消解了，显现出脉络、空隙、肩甲、架构、空间等。两年过去了，他可以不用眼睛看，就对牛的内场域和外场域了然于心，就有了当下最轻巧的行刀路线。庖丁的这种沉静力，是当下浮躁的社会最缺乏的。

沉静力，一个重要的品质是清静。上一章提的七种大道品质，庖丁一样不缺。他谨慎，慎终如一，如如不动；他敬畏，敬畏临在的无穷性；他恭敬，恭敬那生生不息的律动；他素直，纯粹直接接受上天的旨意；他广大，广大而沉静；他包容，包容一切新发生。

沉静力，另一个重要的是靠沉静的无或空性，去无所不为。致虚极，宁静笃，那是万千生命可以蓬勃生长的场域。庖丁解牛，根本处在于庖丁内在的沉静，可以拿捏具体行刀路线和节奏，而这个路线和节奏，必须符合牛一刹那接一刹那的律动。牛的律动受制于牛内在的场域，也受制于牛外在的场域。庖丁必须对这一切都了然于胸。他的刀必须像水一样，随顺自然。无论什么藏污纳垢的地方，他的刀必须清清爽爽地进出，接纳所有的发生。庖丁的这种沉静力，可谓是上善若水。

《道德经》第 8 章专门说上善若水："上善若水，水善利万物而不争，处众人之所恶，故几於道。居善地，心善渊，与善仁，言善信，正善治，事善能，动善时。夫唯不争，故无尤。"

上善若水。水可以为它所接触的任何一物都带来利益，为物所用，乐此不疲。这种随时随地找到自己正向作用的秉性，几乎与道全然吻合了。水虽然利乐万物，却不为重视，好像有无它都可以。正是在悄然不觉中，水达到了它利万物的本质。老子把水利万物而不争的七个层面揭示出来。这也是拥有化浊为清的沉静力的七个重要层面：居善地，心善渊，与善仁，言善信，正善治，事善能，动善时。

居善地：厚积薄发，现地现物现时的卡位

居善地，看上去很像踢足球，球恰好飞到一定位置上，哪个球员一抬脚，球就进了。而恰好站在合适的位置，可不是轻巧的事。如果轻巧，就不会有足球巨星了。那一个令人身心荡漾的好位置，是多少时日的苦练和天分才造就的。

老子强调不争，不是让你不作为，而是让你把心放空了，什么都可以做，就是说抱素守朴，可以在每个当下积累强大的直觉洞察力，恰好选择最有利的位置。在每一个当下，都有一个恰好的"居间"的位置。这个"居间"的位置，也就是恰好的卡位。世界分分钟在高下、前后、善恶、长短之间晃悠，在混沌动态中，把握住那个平衡点，老子提出了很高的要求：谨慎、敬畏、恭敬、精进、素直、广大、包容，七个品质

一个不能少。

无论你有多少美妙的东西，都不能自以为是、自命不凡，一定要看受施者的真实需求；不论你有多么深厚的爱，都不能强加于人，你都要想方设法激发起他内在的驱动力。对人的天性的敬畏和尊重，是对人的敬畏和尊重，是最大的慈悲。在他人内在需要被激发出来的时候，你顺其自然而流入，这就突出了当下的场。回到现场现物现时最为需要的那个点，就是随顺自然。每个需求都是具体的，都需是以现地现物的方式满足。过了这个村，就没这个店了。

脚踏实地也是一切梦想、伟业、大事、小事的开始。再宏伟的蓝图，也要从一个扎实的点开始。这个点的选择，你可以用大数据去筛选，更可以去摸着石头过河。即便是用大数据梳理定位了，你还必须选择一个点头拱地往前走。没有最优，只有合宜。诚可谓，"图难于其易，为大于其细"。当你在微细的层面默默向前推进时，巨大的变量已经被你启动了，事物无穷的可能性就冒出来了。

大地最低，可以包容接纳高山海洋、丰富矿藏、野草鲜花、垃圾尘埃等。因为大地处下，所以大地是无冕之王。善于居下，在平常情况下容易护持。可是当你作为领导者、掌控者，发号施令已经成为习性，这样的品德就难能可贵了。

心善渊：开启众妙之门

朋友王昆鹏 3 岁半的儿子吵着要最威猛的武器。爸爸说，杀伤力最大的武器是原子弹，一个原子弹掉下来，上百万人的生命就给抹掉了。儿子侧过头去，半天不语。等儿子转过身来，泪水已经滴落下来。他说，他不要最威猛的武器了。这个小男孩，充满了怜悯心。这是人类最深处的善渊。只是随着利得冲突和争斗，人们内在的善渊被遮蔽了。

人们随着年龄的增长，随着经历的丰富，越来越多指定的欲望情绪会锁住了怜悯心，遮蔽了他内在强大的慈悲。甚至，财富、地位、权力这些欲望的"烧烤"把欲望和意志无限度放大，可能一时蒙混了头，做出伤天害理的事。即便十恶不赦的坏人，他内心深处也有一颗慈悲的种子。偶然一个电闪雷鸣的瞬间，那颗种子会显出样子来。你能抓住那个瞬间，这个人就放下屠刀立地成佛了。

让大魔头放下屠刀，需要一颗更为强大的慈悲心。这里的慈悲，是利他的柔和之心。这颗心没有任何捆绑，没有任何强于任事的冲动，安住在当下，安住在通向对方内心深处的门口。不迎不将，有足够的耐心，等待着那个电闪雷鸣的瞬间。面对一个婴儿，野狼可能不吃，甚可以以自己的奶水喂养；即便是杀人不眨眼的大魔头也不忍举刀，因为婴儿内在的磁场很纯净，不会牵动对方的情绪和贪念。

复归于婴儿，复归于婴儿那种接纳、拥抱所有发生的胸怀。这是真正意义上的慈。这里的慈，也可以理解为空性或虚无，理解为没有任何欲望、评判地面对一个新事物。如婴儿般虚空接纳万物，柔和地与万物心物一体，这也就是空之道。慈悲的空之道，不是概念，不是义理，不是说法，而是修身的具体方法。

稻盛和夫验证了居善地、心善渊的意义。

稻盛和夫大学毕业后好不容易找到一份工作。他满怀豪情地走进松风工业，之后却愕然了。工厂被银行托管了，发不出工资，员工罢工，死气沉沉。当看到宿舍的时候，他更加沮丧。新职员宿舍的外壁已经脱落，破旧得让人担心是否马上就会坍塌下来。进去一看，榻榻米到处磨损破裂，积满了灰尘。稻盛和夫生性爱干净，只得自己买了凉席铺在上面。三餐也得自己料理，他从上班第一天就开始自己做饭。当晚，同来的5个大学生聚在一起，办了一次同期会，大家不约而同地道出了心声："这么破败不堪的公司，索性早点辞职算了！"

进入公司后，他被分派在开发特殊瓷器研究科，专门开发用于影像管的陶瓷零件。稻盛和夫从鹿儿岛出来时，只带了一个月的伙食费，到了第一次发薪的时候，却没有钱下来，连伙食费也只剩一点点。该怎么办呀？他开始心慌了。

一起进来的同事一个个辞职走了。稻盛和夫也跟一个同来的大学生报考国民自卫队员，两人都被录取了。但是办手续要出示户籍副本时，鹿儿岛那边却没有把稻盛和夫所需要的副本及时寄过来。事后才知道，哥哥发了狠，不给他寄户籍材料，并且还撂了狠话：

在这样没人干活的公司你都干不出点儿名堂来，你还能干什么？你不就是个废人吗？！没有压死你的环境，只有自暴自弃的废人！

是的，在这样百废待兴的公司做不出点成绩来，到好公司又能做什么？！愤然脱离恶劣环境去寻找新天地而成功的，大有人在。可是在恶劣的环境中坚守本为，成功的也不乏其例。无论到什么环境，牢骚满腹是什么事也干不成的。再糟糕的环境也能干事！这个想法像雷电一样击中了他。

人是一个能量场。人的内在能量场、外在能量场、暗物质，以及暗能量场汇合起来才能够显现出真实的能量场。在大多数情势中，人都会被拘押了。关键是你是否有足够的自信，是否可以竖起一根天线，一根可以跟天地正能量连接的天线。这个天线就是你的意识和思维，就是你的心性。外部环境没有变，内在能量场的变化才是根本。人间一切大变化，都是内环境完成的。

那时的稻盛和夫正经历这样一个过程！鹿儿岛乡村的爽朗天性拯救了他。他产生了一种强烈的愿望，要改变自己的灾难心相！调整心态以后，他变得爽朗起来，精气神完全不同。愿望是一粒种子，但只有愿望是不够的，还必须有忘我的投入。潜心工作以后，一个个实验变得有趣多了，连回宿舍做饭都觉得浪费时间，于是他把锅碗带进实验室，在电路上烧饭，夜以继日地工作。这是他后来成为经营之圣的一个重要转折点。

稻盛和夫的转变，提供了从负向情绪转正向情绪的路径：首先需要一个棒喝者，一个棒喝者会带来一种新的视野。最重要的还是内在的心性，内在的原力觉醒，关键是你自己究竟赋予自己什么样的价值。

地头力法则 32： 在没有人干活的地方你都干不出点儿名堂来，你不就是个废人吗?! 没有压死人的环境，只有自暴自弃的废人。

与善仁：每个人、每一物都有个灵魂的旨意

女儿一次跟我说，她准备写一本小说，写一个没有坏人的世界。我问："怎么就没有坏人了？"她说："好人坏人都是你们用一个标准去区分的。实际上他在按照自己的本性活，有什么好坏之分？"她的这些体悟不是从书本来的，也不是老师教的，是她自己从玩游戏中得来的。这个话题吸引了我。我问："你怎么就能够了解那些看上去很坏，实际上不坏的人呢？你怎么去表现他们呢？"她说："每个人、每一件东西都有一颗灵魂。你进入它，你就会知道它会如何做了。"我问："够神的。你怎么能够进入它？"她说："每个人都可以回家，只不过他在外面玩疯了忘了回家，忘了自己。你回家就是了，你就自然了，你就可以随意进入任何一个人和物了。"

回家就可以了解自己，就能了解一切！女儿以一种强势的姿态走到我面前，我不能不敬畏她的自信了。我敬畏"00后"，敬畏"90后"，敬畏所有让我领略具有创生特质的人！一批"90后"创业者走上前台，他们毫无顾忌地在一片荒漠上聚焦动人心魄的产品。像1993年出生的"火箭哥"胡振宇、伏牛堂的创始人张天一等，他们的思维和行动已经不同凡响。他们都是一种自然，一种创生的自然。

女儿看上去不着调的说法，还有一层更深的意义。每一种危难事件，

每一个凶恶的人，每一个负面情绪，后面都有一个正向的旨意，那是万物之中的美。那个美，说简单很简单，就是那一刹那的慈悲和美妙；说复杂很复杂，那是一花一世界，万物和于天地的境界。

也就是说，每个人心里都住着一个恶魔和一个天使。你按动对方和善、慈悲的按钮，对方自然就会释放和善、慈悲，他会对你的话充满了信任；你按动对方挑剔、抱怨的按钮，对方自然会打开怨气冲天的管道，他会对你充满了愤怒和仇恨。你是一个慈悲的人，并不一定就会按动对方慈悲的按钮；你是一个凶狠的人，也不一定就会按动对方凶暴的按钮。按动哪一个按钮，这里面有个他心通的修持。

小孩子的语境空泛，我们还是以稻盛和夫的案例做一个说明。他进入快要倒闭的松风工业，不问报酬，加倍努力干活，研发出新产品，带来了滚滚订单。公司老板高兴了，可是罢工的工友不高兴了。他们聚在一起，想要教训一下稻盛和夫。一天晚上12点多，稻盛和夫在回宿舍的路上，十几个工友从黑影里窜出来就对他一顿棍棒撕打。稻盛和夫一口气跑回了宿舍，后面工友一直追打。稻盛和夫眉心受了伤，滴着血，但他毫无畏惧，一脸正气。

工友们断言："稻盛和夫不会再来公司了。"可是第二天，稻盛和夫头上缠着绷带来到了公司，照样像往常一样工作。稻盛和夫大义凛然，力行正道，垂直攀登！这点打击岂能阻碍了他！

其实，那天晚上回去稻盛和夫也很窝火，可是他记起了他的老乡西乡隆盛的话：

> 行正道者必遇困厄。无论立何等艰难之地，无论事之成败，身之生死，志不稍移也。
>
> 行正道者，天下共毁之，不足为耻；天下共誉之，不以为荣。
>
> ——西乡隆盛《南洲翁遗训》第29条、第31条

西乡隆盛的话在困难的时候给了稻盛和夫极大的鼓励：我活是给自己活的，不是为了别人活的！我也不是为了升官，不是为了钱，我不能耽误自己的生命！

稻盛和夫后来自己创业，甚至创造了两家世界级 500 强公司，他反复思考，对一家公司到底什么是最重要的？是身边的高管团队吗？不是！是资本吗？不是！是技术吗？不是！是流程吗？不是！是体制吗？不是！对一家公司最重要的，就是一线关键岗位上，有士兵在现场负责任地分析、判断、创造性地解决问题！这个发现对稻盛和夫极其重要，以至后来他发展出人人都是经营者的阿米巴体系，甚至在 80 岁高龄时只身拯救日航，这都是靠的这个切身体验。这个切身体验后来被稻盛和夫发展成为公司的顶层设计：每个人的自我超越。

大仁不仁，大爱不爱。天地是一片奇大无比的能量场，只要你的天线够高、够强大，就可以连接天地能量。每一事，每一物，每一人，都住着一个灵魂。这个灵魂可以与天地相接。每个人都有以天和天的可能。尤其是在那些悲催的时刻，要想抓住那个被深藏的上天的旨意，存乎一心。做企业最重要的就是可以把一家公司的能量场与外在的能量场衔接起来，组合起来。

地头力法则 33：对公司最重要的，不是资本、技术、体系，而是关键岗位是否有勇猛精进的员工，他是否有足够高的意识，启动内外能量场，创造性地解决问题。

天下万物生于有，有生于无。恒无欲以观其妙，恒有欲以观其徼。各有各的美妙，美妙激发美妙。随顺自然，随顺天性，不断慧命，就是慈悲，就是对美妙的追求。平时不显山露水，关键时刻就溢出来了。

言善信：信言不美，美言不信

言不求美，但须得真诚。庖丁的语言真诚而可信。他虽然把一个简单的解牛说成是物我合一的大道，却让人可信。因为他用自己的行为已经把他的语言诠释出来了。"头拱地没有过不去的火焰山！"看上去是不可能的事，但是让人感觉可信。因为老娘是在说一种坚韧不拔的精神，她是在表达一种对于困难的自信心，而且她的生命在诸多不可能挡道的时候，都一再显示出志不可夺的劲头。语言之道，重在真实，重在可以掷地有声。

语言是一种沟通交流的表达，表达不仅仅是要符合你的行为真实，还必须能够恰好与对方的振动频率一致，才可以被信赖。否则，任你在那里理直气壮、气吞山河地说着颠扑不破的真实和真理，也不见得被信。沟通最大的问题是聆听和表达。聆听和表达都与信人息息相关。

信之道，需有四个层次：自信、可信、信人、互信。在被信之前，需要有自信、可信、信人这样三个层次。领导者通常自信满满，实际上自负。自信与自负之间的差距很小，关键在于你的言行是否是可信的，你是否相信别人，你与他人之间是否有互信。如果后面三个信都没有，那么自信就等于自负了。

成人大多自负和自闭。尤其是不被我们信任的人，无论他做什么和说什么我们都不会信。不信，我们就不会听，就不会看。何谓官僚？官僚就是很少听对方的意思，只习惯于听自己的回声。对方说的做的，符合我们的知见，我们就接纳；不符合我们的知见，我们就拒绝。因为我们满脑子的善恶、对错、高低、上下等价值判断，我们坐在对方的对面，看上去是在听，实际上是在排斥，是在鉴别，是在关门，我们只能听到自己的回声。这就是一种常态。因此，我们的一双敏锐的眼睛和耳朵，以挑刺为己任，拘泥于并且曲解言词的表面意义，而不是此地此时此景所透露出来信息的整体。我只把对方的话当成字句，而没有了字句背后的精神。不信人，就听不到对方的真实声音。

不会聆听，就进入不了对方的频道，就不会表达入心，当然就不会被信。为什么父母与子女很难沟通？因为父母大都站在爱的高地，以为自己全都是为了孩子，全都出于爱心和善意，于是大都理直气壮。而实际上，那是从自己的经验堆积物中观察到的面目，而不是事物本来实相，更不是孩子的内心渴望。父母都有习惯的表达方式，不会因为场景不同而做调整，到哪里都是一个样，皆因为有爱和善作为靠山。爱和善成了挡箭牌，成了强词夺理的理由。

正是因为我们有那些所谓的"爱和善"，使得我们内心不清净了，我们就听不到天籁了。老子一再告诫："我无为而民自化，我好静而民自正，我无事而民自富，我无欲而民自朴，我无情而民自清。"这里面蕴含了很深的道理。可是如果让一个活人"无为、无事、无欲、无情"，还不如杀了他！无论他如何标榜"无为"，真要他无为，他还真达不到信心不二的境界。

表达方式还要注意对方的心态接受范围。没有人全神贯注听你说话。你的话肯定被大多数人忽略掉了。别那么干练简洁，你要启用重复的开关。重复，重复，重复，给每一次的重复注入新鲜的内容。或者用形体，或者用故事，或者用语气，千万别停留在言辞上。言辞极容易误导你的听众。你用的言辞含义，与听众听到的含义有所不同。

如果你对某人说什么而他不信服，不要尝试从知性上说服他。不要跟他争辩，要听他的反对意见，要听他的理由。如果他的理由能够说服你，要心悦诚服。如果他的理由不能说服你，你就要想办法让他自己发现自己错在哪里。这个发现的意义是巨大的，胜过所有的说教。你省点力气，憋住你的主意识，顺着他的主意识拐两个弯就到了你站立的地方。

地头力法则 34： 言善信，在于自信、信人、互信和被信四位一体。素直，聆听，真善美，知行合一，真诚表达，是信之道的重要节点。

言善信，就是一个充满自信的人，对你信任的人，找准他的接收频道，说着可信的真实，这样才会被信任。无论哪一个环节出了问题，都不会达成目标。

正善治：无为而无不为

无为与有为，是一体两面。有了空静心，放下你的后天意识，放下你的利得心，你的心空无所空，透彻清明，你就有了无为心；空静让你看什么都是新鲜的第一眼，在至隐至微处你都可以有所作为，你都可以拿出不同凡响的绝活。这就是老子的无为而无所不为。用老子的话说："常无欲以观其妙，常有欲以观其徼。此两者同出而异名。"有无相生，构成一个不断上升的涡旋能量场。

一切都在颤抖中，一切都在偏离中，一切都在复归中，一切都在平衡中。人活在世就是在走钢丝，人们做事也是在走钢丝。每一瞬间都做着无穷多的平衡选择。人在走路和跑步时，平衡那个寸劲儿，已经进入你的潜意识了，已经成为你全身细胞的律动方式，自然而然就成了。

当人在做一件新的难事的时候，大脑就会有许多平衡的考量。那些利得算计和逻辑推理常常会使一个人发疯。一个人在面临一个重大抉择的时候，往往祈求头脑的理智逻辑推论，但时常淹死在大数据的海洋里也找不准那个平衡的焦点。那个平衡的焦点，是要启用全身 6000 多亿细胞齐心协力做出的抉择，表现出来的就是直觉力。对于知识少的人来说，以直觉力为主导做判断选择，是一种自然而然的事。对于知识积淀多的人，这就是一等一的功夫了。因为他首先必须克服知识的禁锢和逻辑推理的局限。

有一种流行的观点认为，管理就是管理人心！离开人心谈管理都是皮毛。人心齐，泰山移。人心是不断变化的，唯一不变的是，人都渴望爱和善良。学会了播散爱和善良，就没有管理了。当然这只是一个无法达到的目标，但我们向这个目标不断地前进，一切问题都不是问题。

这个认识也有偏颇的地方。把管理锁定管心，还缺一个出口。没有出口的管心，有可能沦为只注重心性的空转！而掉进这个黑洞里去，经营管理就容易迷失。管心没错，但仅仅是一个重要方面。这个重要方面如果没有出口，就是宗教了。宗教可以只管心就成了。而企业经营，除了管心这一个维度，还必须有管事或管业务另一个维度。管心是阴，管事是阳。唯有阴阳合一，才是管理正道。一体两面，不可偏废。正可谓："常无欲以观其妙，常有欲以观其缴、此两者同出而异名。"当下对中国企业成长破坏最大的，当属这个"空转"的国学热！它让中国企业在黑暗的森林里迷失！

大道至简，唯嫌拣择。正是各种各样处于特定目的的选择，让我们离开了大道的恒常。积极与消极是一体两面。魔道一体，黑白相和，雄雌并体。每一件事、每一步路、每一个人，都会分分钟呈现这样的两面性，是分分钟在相互转化的。如此，需要我们醒觉超越理性与直觉的灵性。只有请出灵魂的旨意，才可以对复杂的抉择有一种清晰的意识：知雄守雌为天下溪，知白守黑为天下式，知荣守朴为天下谷。

任正非就是一个可以"知白守黑为天下式"的人。记得一次与任正非聊天，我当着他数说华为与一般公司的不同：

"一般公司都会用各种办法让员工改变工作态度，多干活少拿钱。而华为则激励员工挣更多钱、有更多精神和荣誉。财权名，这可是私欲呀！私欲如狼似虎呀！"

他打断我说："王老师，别拔高我，我在私欲上与员工同流合污！"

任正非通晓世间种种事理，心底无私天地宽，却可以默默自守，甘于以员工心为心。

他强调他有私，强调他跟员工在私欲上"同流合污"。他深知，一个人的生命欲望，是可以挑战自己创造价值的不竭动力。已经登上了人生第三层楼，一层楼、二层楼的欲望一点儿不少，同时又有着第三层楼高远的视野。而且，他知道再高的灵性都要通过干最苦最累的活才有可能存在。任正非，对生存之道悟得很透彻。

地头力法则 35： 知雄守雌为天下溪，知白守黑为天下式。知荣守朴为天下谷。谦卑处下，抱素守朴，天下归心，朴散开来生万法。

反腐也是正善治。官员的贪腐一直是一个积重难返的事儿。一串一串，一圈一圈，不停地连带波及。这本来是执政党很难堪的事。以习近平主席为中心的国家领导却坚定、果断地将暴露出来的问题一追到底，上不设限封顶，下面连带谁就是谁。这样一种公开透明的政策深得民心。本来是一个污浊的陷阱，却成了推进改革的基础和动力。老子讲的"知白守黑为天下式"，有了现代正善治的版本。

事善能：没有金刚钻，别揽瓷器活

事善能是一种出绝活的能力。仅仅"勇猛精进，付出不亚于任何人的努力"还不行。一切行为都要有结果，要符合有效性原则。庖丁解牛，就恰到好处地呈现了一个解牛的绝活和一个绝活匠人。这是做事的极处。不仅要把这事做成，还要把这事做得合乎天性。一草一木、一件事、一个人中都有灵魂。你需要做的，是把灵魂的旨意挖掘出来，顺着这个人或事走。如行云流水，如风吹涟漪，如风动幡，这是一种极之道。

哪怕是不起眼的叠衣服这件小事，也浸透着事善能的魅力。

《时代周刊》评出了"2015 年世界最有影响力 100 人"，上榜的有美国总统奥巴马、中国国家主席习近平、俄罗斯总统普京、苹果 CEO 蒂姆·库克等赫赫有名的大人物，但其中有一位日本妹子近藤麻理惠（Marie Kondo）上榜的理由居然是，特别会做家务。她也是除了著名小说家村上春树之外，唯一入选的日本人。

她把自己数十年积累的经验写成书，名叫《怦然心动的人生整理魔法》，马上成为超级畅销书，全球销售超过 300 万册，译成中、英、德、韩等国语言，在日本销售 200 多万册，在美国拿下破纪录的亚马逊图书总冠军。她的《怦然心动的人生整理魔法》在 Ins 等社交网站上也深受追捧，粉丝们直呼："她拯救了我的生活！"

书的最后，近藤提醒说："我觉得整理作业应该尽快结束，因为整理并不是人生的目的。"真正的人生，始于整理之后。通过整理，我们能找出自己心动的东西，珍惜对自己真正重要的东西。清理掉生命中的无用之物，留下每一样真心喜欢的东西，在这些喜欢的东西的环绕下生活，才是让人怦然心动的幸福人生。

专注于当下的改进！这是一种自然而然的境界，已经是一种呼吸，是不需努力的努力。当下的意义，就在于摒弃过去未来的一切虚幻，只对当下这个过程和感觉承担责任。只有在没有目的心（比如绩效、名利、竞争等）和计较心的情况下，才是真正的做事。

创立丰田生产方式的大野耐一有一句口头禅："现在的做法是最差的！"这是一种大胆的假设，这是一种矢志改善的勇猛精进。在他看来，改善是循环的，是要不断进行的，是要一辈子琢磨的事。那是一种没有止境的追求。中国临济宗传到日本去，日本的第二代临济宗祖师创立了茶道。茶道讲究极致精妙、一期一会。每一个当下，每一个动作，都是浩瀚宇宙中的惊鸿一瞥，都是生命的全部，需要我们活出极致和精彩。

你当下所做的事，就是你生命的全部。哪怕是一分钟以后生命停止，也是这样操作，也是这样尽心。在默默地工作中，你的全部价值将得以呈现。这一种状态没有开始，也没有结束。唯有真正的智者，才可以把自己全无保留地投入当下。在这个毫无保留地投入当下的过程中，你会体会到一种奇妙的力量在你身体上集聚和汇涌。那是一种美妙的体验，那是一种一个个极限的突破的爽朗。原来你是没有极限的！原来有着无穷多的可能性！那种不可言状的窃喜与拔节的声音会给你巨大的喜悦。这些奇妙力量的积累和叠加，让你成为自己。

动善时：抓住瞬间的机会窗

当文惠王夸奖庖丁解牛技术真是了得时，庖丁的回应：我这不是术，我这是展现的物我合一的大道。就在解牛的瞬间，不再有对立，而是天人合一、物我合一，这是多么了不起的境界，这是瞬间大道呀！

是的，这是瞬之道！时间都是恒常地从过去前进到现在，再从现在前进到未来。反者道之动。时间也可以从未来前进到当下，从当下前进到过去。一切的意义都在当下这一瞬，都是当下的瞬之道。

一位化学教授离开学校创业 20 多年，他一直信奉"头拱地的人都有出息"。20 多年勤勤恳恳，又时时处处想着员工。他不喜欢空话，喜欢一点一滴"啃骨头"。他会做出来给你看，不喜欢说现在还没有做到的事。万一说话不能兑现呢？他一直这样干，开始跟着他的人知道他的人品，知道老板常常会做一些让你想不到的好事，比如增加工资奖金、给所有员工的父母每年检查身体等。但是，对年轻化的团队，对研究人员和流动性高的营销人员，思想意识的统和就欠了一点儿。

看着他年轻的团队在迷茫，看着他的本分厚重，我跟他说："你的团队思维不统一，说明这家公司没有人真正掌握思维权和文化权。如果老板像任正非那样牢牢攥住思维权与文化权,就不会出现这样的困局。思维权和文化权怎么体现呢?一般的人生活、工作都需要有一个目标来激励。任正非最擅长于用大画面激励团队。他在刚刚转进通信设备行业时就说,华为四分天下有其一。后来又说三分天下有其一。他对团队说,在深圳你们买房,房间和大厅小点儿无所谓,你们选择的阳台一定要足够大。因为华为以后分的钱会越来越多,你们要在阳台上晒钱。阳台不大,可晒不了钱,那就出大事了!这些画面很奇妙。他反复说,团队高管反复说,就跟注入了魔力一般,在全体员工心目中发酵。日后,果然一切成真!这些大画面,就是把大家的思维统一到目标上来。而这个目标又不是生硬的数字,而是可以看得到的画面。"

这个老板深深地点点头:"是呀,我是欠缺。不是说大话,这是把你心里想的,变成一个可视的画面,让它在每个人心底生根、发芽、结果。"

这里面还有点儿哲学。这个哲学就是,一个人想成就一番事业,不是从当下一步步前进到未来,而是从未来前进到当下。什么是从未来前进到当下?就是要把未来的目标变成当下可视的画面,然后你全神贯注做好当下的事,与相关事务融为一体,不再受干扰,不再焦虑。哪怕是很枯燥的事,一旦聚精会神,你就会放松下来,随着专注程度的提高,你还会产生一种莫名的喜悦。如果你提出的目标仅仅依据你现在的能力,那么你就被现在的能力框死了。你应该着眼于未来,着眼于未来巨大的无穷性,着眼于每个人无穷性的潜能。这些潜能你现在不知道,你就要用一个高妙的目标,把人们的这些潜能激发出来。

他赶紧记下了"从未来前进到当下"这几个字,很开心。时间从未来前进到当下,今天已经隐含着未来的图画。未来的画面,会在不知不觉中影响着你当下摸着石头过河的节奏和抉择。全神贯注地投入当下,你不知不觉就会在未来那幅画面的牵引下,让你迸发出你压根儿就不知道的能量。"一切自己创造",这是过去的写照;"创造自己一切",则是未来指导着当下的创生。从未来前进到当下,聚精会神与当下的事物融为一体,在未来画面的牵引下,你会释放出无限的潜能出绝活,也会得到巨大的喜悦。

时间自当下前进到往昔。与今天没有联系的往昔是不存在的。当下的一个发生,千条万条地指向过去的发生。

时间自当下前进到往昔,自未来前进到当下。没有最终果的,没有一幅可以守护的未来图画,过程中人们的节奏常常会被偶然事件打破,而一旦锁定了目标,过程中再强有力的因素也不会对你形成干扰。

舍弃知见,当下脱落,当下达到,当下成为。全心全意做好当下的事,就是我们生命的全部。在全心全意之中,你就已经达到开悟的境界了。你如果能达到,即时就在道上了。当下不能成为,即时不成为,就永远也成为不了!

老子借水的不争无为,一连串讲了七个善:居善地,心善渊,与善仁,言善信,正善治,事善能,动善时。这七个善是把握当下机会窗的一个整体,缺一不可。无论大的战略还是当下工作,都是出绝活的重要保证。如此,需要宏观、微观贯通的思维,需要对未来时空交合的画面有直觉,还需要从四维空间思维俯瞰三维的时空网络。解牛的庖丁,没有在义理上琢磨探讨,也没有出家到深山老林中去打坐修行,只是做平常做的事。但是就在做的事中,他完成了对自己的修炼。以至我们说到这七个善,都可以看到他的影子。

地头力法则 36: 化浊为清的沉静力:上善若水,"七善"一体有整体感——居善地,心善渊,与善仁,言善信,正善治,事善能,动善时。无为而无不为。

在剧烈变动的数码时代，一片混沌，一切都在变动不居之中。任正非深知必须保持清静，而且要执两用中，即"扣其两端而执其中"。

这个中是"时中"，是分分钟的权变。执两用中，一下子把儒释道三家的认识论给贯通了！老子《道德经》、《六祖坛经》、《中庸》、《大学》、阳明心学等不朽经典，都透露着儒释道三家归一的认识论！这个浑然一体而又直击当下本真的认识论，给在混沌无人区探索的人们，提供了有价值的导航。任正非说：

"前期的成功，也许会使我们的自信心膨胀。这种膨胀不合乎我们的真实情况与需求。我们还不知道未来的信息社会是什么样子，怎么知道我们能领导主潮流？我们从包着白头巾，走出青纱帐，不过十几年，知道全球化也才是近几年的事。我们要清醒地认识到，我们还担不起世界领袖的担子，任重而道远！虽然聚焦不一定能引领主潮流，但发散肯定不行！"

聚焦与发散，这是两个极端的端点。执两用中，在每一个动态的当下都有一个需要专注的焦点，抓住它，专注它。专注，那是一种强大的沉静力。可以让一个人和一个组织不受干扰、摆脱焦躁，直接去开启事物无穷的可能性，从而品尝出绝活的巨大喜悦。任正非的沉静力足够强大，一如"包着头巾刚走出青纱帐"的老农，志定心笃，一脸灿烂的微笑。

破惰通变的创生力

当怠惰开始占有你，当你无所事事了，你要问自己：我生命的方向是什么？我真正喜欢做的事是什么？有时，一问良知就出来了。

破惰通变的创生力，既是一种分分钟勇猛精进的学习能力，又是一种现地现时现物的应变能力。这种内生的生命力量，说到底就是当一个人有了善于倾听他人意见的大耳，又有了审视自我的真挚的眼睛，那是一种分分钟打开自己，素直接纳真相，并能够因地因时制宜拿出办法的当下创生力。

怠惰，是个人和组织生命的天敌

怠惰，是丰富人生的最大敌人。或失败，或成功，或贫弱，或丰富，怠惰都可能无嗅、无形、无名地悄然出没在你的周边。分分钟有一千个理由，让你怠惰下来，让你无能为力，让你一筹莫展。反过来说，当你一筹莫展、无能为力时，当你做什么事都提不起精神来时，常常是被怠惰捕获和奴役了的表现。所以一个人被怠惰捕获，或者因为太过闲散，或者因为生命没有方向，或者因为没有了生命的欲望。如果你当真可以找到生命的方向，找到灵魂的旨意，立志又立诚，你就有了义无反顾、所向披靡的力量。

在我老娘看来，人人都有向好精进的驱动力。"是人不要管，用管不是人。"而现实是："上等人自成人，中等人管成人，下等人打死骂死不成人。"企业家或领导者，大都是具有上根性的人。对这样的人，六祖慧能曾说："各自观心，自见本性。"而对于一般的人，六祖慧能则说，"须觅善知识"指引路径。企业家，不仅是要"自见本性"，还要觅得可以教化团队的"善知识"。

怠惰，是丰富人生的天敌，也是组织的天敌，而这个敌人无嗅、无形、无名，悄然出没在你的周边。怠惰之所以发生，往往是因为成功！成功往往会麻痹你。人人有惰性，每个组织都有惰性。以至任正非断言，怠惰是人生和组织的最大敌人！

任正非作为公司奋斗者的代表，他一直奋斗着。他坦承："我若贪生怕死，怎么让你们去英勇奋斗?！"

2017年华为员工已达18万人，运营商业务已经触摸到天花板，外部环境不确定性增加，华为准备过冬。怠惰的人，开始被清退了，这在网上引起热议。任正非拥有真，他在与泰国和尼泊尔员工座谈时，以奋斗者的心为心，直接回应最尴尬的问题：

"网上传有员工34岁要退休，不知谁来给他们支付退休金？你们也可以问身处西藏、玻利维亚、战乱和瘟疫肆虐的地区的英勇奋斗员工，问问他们愿不愿意为你们提供养老金，因为这些地区的奖金高。他们爬冰卧雪、含辛茹苦，可否分点给你？华为是没有钱的，大家不奋斗公司就垮了，华为不可能为不奋斗者支付什么。30多岁年青力壮，不努力，光想躺在床上数钱，可能吗？

"在拉美我曾经历过两次空中危险，幸亏飞行员迫降成功。员工乘经济舱连续飞行40多个小时，他们这么辛苦，怎么会想挤出钱来养那些不想干活的人？"

73岁的任正非，跟随尼泊尔员工登上海拔5200米的大本营，在那里慢慢走，他感叹英雄不比当年！他更体会到了背负铁塔备件往上爬的艰难。他由衷地赞叹：

"从泥坑里爬出来的人，都是圣人"。

任正非说的是真心话。这是他自己的写照。

"英雄不比当年"，英雄本色却一点不减。任正非面对员工、面对世界郑重承诺：

"我鼓励你们奋斗，我自己会践行。我承诺，只要我还飞得动，就会到艰苦地区来看你们，到战乱、瘟疫肆虐的地区来陪你们。我若贪生怕死，怎么让你们去英勇奋斗？"

华为公司以奋斗者为本，有着很强的奋斗者文化。愿景能源公司则是以挑战者为本，有着一以贯之的挑战者文化。

2017年我有幸参加了愿景能源公司以"向苦处行"为主题的年会。

远景能源的愿景就，向世间的苦处行，解决人类可持续发展面临的挑战。创始人兼 CEO 张雷的演讲打动了在场的每一个人。他说，作为 CEO 他可以感受到员工在上海居住得不易。所以今年涨工资的幅度，要远大于业绩的增长幅度。

他详解了"向世间的苦处行"。他从大唐玄奘西天取经的艰难，讲到地藏王菩萨"地狱不空，誓不成佛"的发愿，又讲到耶稣基督自己情愿被钉在十字架上，意在撞醒一代又一代的地球人。向世间的苦处行，最关键的是向自己的苦处行。我不入地狱谁入地狱！

他说："为什么向世间的苦处行，必须先向我们自己的苦处行？向苦处行必须突破自我！如果远景要找到更优秀的人才，我必须更有胸怀！如果远景要有更大的产品创新，我必须更加无所畏惧！我哪里有惰性，公司在哪里就有惰性；我哪里有畏惧，公司在哪一方面就有畏惧；一旦哪里我没有关注到，整个公司好像就没有阳光照到。"

离开舒服区，向自己的苦处行，挑战自我，这是远景能源挑战者保鲜的独门武器。

12 年前的张雷，处于生命的转折点上，他一遍一遍地自问："我为什么而生？我活着为啥？"张雷思考的是化石能源危机对人类可持续发展的挑战，人类生死存亡的关键在于可再生能源。向世间的苦处行，为解决挑战承担责任，他创立了远景能源。

他说："我深深地知道，我们回来不是为了过好日子，而是为了开创好日子，是为更多的人开创好日子。"

张雷的毅勇还符合科学规律：一分钟的阳光，可以满足地球一年的能量；自然的风能，可以是人类取之不竭的能量；大自然的地形和水势，更是遍布地球的能量源头。

内在慈悲是不竭动力，更有宇宙大道运行规律的昭示，张雷勇于走向无人区，向着可再生能源勇猛精进。他们勇于——向世间的苦处行，头拱地拿出绝活！

我曾经问张雷："向世间的苦处行会很孤独吧？"

张雷说："不孤独，那是一种自由和喜悦！为着头顶的蓝天白云，向世间的苦处行，目标才有价值，生命才有意义。在有限的生命中可以创造大美，是生命的尊严和价值，也是生命的巨大喜悦！"

通常人们遇到绝路，遇到生死存亡的瞬间，往前走只有死，退一步则海阔天空。人们往往会选择后者。其实，那是上帝的一道考题：死路、绝路、一点机会没有的窄门，惯性、习性、怠惰三合一就看不见机会；惯性、习性是拦路虎，怠惰是自性爆发的天敌。如果你放空惯性和习性，在压力下割除怠惰，勇于从全新的视野透视这个绝境，你会发现窄门深处给你开启了另一道宽门。

勇气、毅勇、坚毅，这是一个生命绽放的必由之路，必须面对一个个毅勇的选择！这是一个公司做成千年公司的必由之路，你必须凭勇气克服改掉一个个不可能，才能根深蒂固、生生不息、天长地久。这也是一个国家昌盛的必由之路，你必须清除一个又一个毒瘤，必须凭借为人民服务的毅勇，砍掉众多既得利益者的设限和挑战！

有勇气，有毅勇，接近美，接近神！张雷笃信勇气和毅勇，那是服务于灵魂深处的渴望：创造大美，不枉此生；经由创造美，创造至隐至微处的美，他们自性爆发；经由自性爆发，让他们在无人区走出千万条路，让他们认识到生命的巨大无穷性；经由自性爆发，在压力面前如如不动，那是拿出不同凡响的绝活所必需的！

接近美，接近神，见自性，出绝活，见永恒！

地头力法则 37： 破惰通变的创生力，领导以身作则，人勇猛精进，向世间的苦处行，向自己的苦处行，挑战自己，拿出绝活创造美。接近美，接近神，见自性，见永恒。

勇猛精进，不是说法，而是一种不如此就生存不下去的活法。这种紧迫感通过何种传导机制与每一个生命连接，是企业教化的重要课题。这里核心还是员工的生命教育问题。造物造人，这里提供"建立屹立不倒的自己"的七步法供参考：

第一，担当，我命在我不在天；

第二，离开舒服区，勇于进入恐惧区；

第三，一心一意，聚精会神，头拱地出绝活；

第四，无依则生，有一则活；

第五，多问几个为什么；

第六，接近美，接近神，见自性，见永恒；

第七，大爱，谦卑，敬畏，素直，开放。

企业史上有两个有趣的悖论，让一部分人嗟叹，让大多数人情绪高涨。

怪圈一：本来资金、知识、勤劳、聪明、人脉是创业的基础性条件，可是纵览创业史，那些成功创业的人士，多数起步时既没有多少钱，没有名牌高校学历，也没有多少人脉资源，甚至也缺乏超常的能力。创业需要资本、人脉和能力，但是在企业创业史上，最有钱的人、最有背景的人、最能干的人、最聪明的人，往往不能取得很大的成功。

怪圈二：本来企业积累的资本、人才、软件、硬件是一家企业继续创造辉煌的基础，可是纵览企业史，那些积累丰厚的企业却日渐式微，那些无中生有的小企业却朝气蓬勃。为什么那些积累丰厚的大企业日渐式微？通常被我们理解成为成功基础的东西，为什么不能助推更大的成功？那些看上去式微的人物和企业，为什么能够创造奇迹？没钱、没人脉、没有太多知识的人如何能成功创业？被资金、模式困扰的中小企业，究竟如何走出困境？这是所有人都关心的问题。

这里涉及人性。人性中有一个悖论：人的潜能是无穷的，每个人都是佛陀，每个人都是上帝；可是人也受尽了各种各样的限制与束缚，能够释放的潜能极其有限，因此人类从总体上讲也是渺小的。

这不仅仅是中国的问题，也是世界性的问题；不仅是企业的问题，也是一个广泛的社会问题。对这个主题，20 世纪的三位管理大师给出了合理的解释。他们分别是提出"墨菲定律"的少校工程师爱德华·墨菲，提出"彼得原理"的教育工作者劳伦斯·彼得，以及提出"帕金森定律"的历史学家诺斯古德·帕金森。

普遍的人性：墨菲定律、彼得原理与帕金森定律

墨菲定律

爱德华·墨菲是美国爱德华兹空军基地的上尉工程师。1949 年，他和他的上司斯塔普少校在一次火箭减速超重试验中，因仪器失灵发生了事故。墨菲发现，测量仪表被一个技术人员装反了。由此，他得出的教训是，如果做某项工作有多种方法，而其中有一种方法将导致事故，那么一定会有人按这种方法去做。

后来，这个现象被称为"墨菲定律"，并以极为简洁的方式做了重新表述："凡事只要有可能出错，那就一定会出错。"

墨菲定律在技术界不胫而走，因为它道出了一个铁的事实：技术风险能够由可能性变为突发性的事实。它的适用范围非常广泛，它揭示了一种独特的社会及自然现象。它的极端表述是，如果坏事有可能发生，不管这种可能性有多小，它总会发生，并造成最大可能的破坏。

地头力法则 38： 凡事只要有可能出错，那就一定会出错。最糟糕的事情总会发生，你必须对最坏的可能有所准备。

彼得原理

劳伦斯·彼得根据千百个有关组织中不能胜任的失败实例的分析而归纳出来一条原理："在一个等级制度中，每个职工都趋向于上升到他所不能胜任的地位。"彼得指出，每一个职工由于在原有职位上工作成绩表现好（胜任），就将被提升到更高一级职位；其后，如果继续胜任则将进一步被提升，直至到达他所不能胜任的职位。由此彼得得出的推论为："每一个职位最终都将被一个不能胜任其工作的职工占据。层级组织的工作任务多半是由尚未达到不胜任阶层的员工完成的。"每一个职工最终都将达到彼得高地，在该处他的提升指数为零。至于如何加速提升到这个高地，有两种方法：其一，是上面的"拉动"，即依靠裙带关系和熟人等从上面拉；其二，是自我的"推动"，即自我训练和进步等，而前者是更加普遍的。

彼得原理的推出，"无意间"创设了一门新的科学——层级组织学。该科学是解开所有阶层制度之谜的钥匙，因此也是了解整个文明结构的关键所在。凡是置身于商业、工业、政治、行政、军事、宗教、教育各界的每个人都和层级组织息息相关，亦都受彼得原理的控制。

彼得还分析归纳出"彼得反转原理"：一个员工的胜任与否，是由层级组织中的上司判定的，而不是客观标准。例如，已到达不胜任的阶层的上司会注重员工是否遵守规范、仪式、表格之类的事；他将特别赞赏工作迅速、整洁有礼的员工。总之，类似上司是以"输入"（input）评断下属。因此，缺乏独立判断的能力、只是服从而不做决定的职业性机械行为者往往会被组织认为是能胜任的工作者，因此有资格获得晋升，一直升到必须做决策的职务时，组织才会发现他们已到达不胜任的阶层。而从顾客、客户或受害者的视角来看，他们本来就是不能胜任的。

地头力法则 39： 在等级制中，每个人都趋向于上升到不能胜任的地位。平庸官僚的危害在于，他会以自己的好恶作为判断事物的标准，而毁灭组织。

帕金森定律

美国著名历史学家诺斯古德·帕金森通过长期调查研究，写了一本名叫《帕金森定律》的书，他在书中阐述了机构人员膨胀的原因及后果：一个不称职的官员可能有三条出路，第一是申请退职，把位子让给能干的人；第二是让一位能干的人来协助自己工作；第三是任用两个水平比自己更低的人当助手。

对不称职的官员来说，这第一条路是万万走不得的，因为那样会丧失许多权力；第二条路也不能走，因为那个能干的人会成为自己的对手；只有第三条路最适宜。于是，两个平庸的助手分担了他的工作，他自己则高高在上发号施令。两个助手既无能，也就上行下效，再为自己找两个无能的助手。如此类推，就形成了一个机构臃肿、人浮于事、相互扯皮、效率低下的领导体系。

自上而下，一级比一级庸人多，第三条路产生出机构臃肿的庞大管理机构。由于对于一个组织而言，管理人员或多或少是注定要增长的，那么这个帕金森定律，注定要起作用。帕金森定律强调："雇员的数量和实际工作量之间根本不存在任何联系。"不是工作量的增加导致人员的增加，而是增加的人员导致工作量的增加。因为管理活动会自己制造工作。工作量少不一定显得散漫悠然，相反他可能比谁都忙。

帕金森的结论是："一份工作所需要的资源与工作本身并没有太大的关系，一件事情被膨胀出来的重要性和复杂性，与完成这件事所花的时间成正比。"帕金森定律说明了这样一个司空见惯的现象：不称职的行政首长一旦占据领导岗位，庞杂的机构和冗员便不可避免，庸人占据高位的现象也不可避免，整个行政管理系统就会形成恶性膨胀，陷入难以自拔的泥潭。帕金森定律同时也是地头力法则40。

地头力法则40：雇员的数量和实际工作量之间根本不存在任何联系。不称职的管理者一旦上位，庞杂的机构和冗员就不可避免。

"墨菲定律""彼德原理"和"帕金森定律"，并称为20世纪西方文化三大发现。

企业变革的探索

为了摆脱企业史上的这个怪圈，许许多多的企业人做出了有益的探索。

比如丰田喜一郎与大野耐一，他们走出体制金字塔，主张现地现时现物，答案永远在现场，创立了风靡一时的丰田方式；稻盛和夫想永远保持小企业的活力，摸索出了把公司化整为零的阿米巴经营方式；乔布斯锁定目标，丢弃体制羁绊，创立了海盗船的研发工作小组；张勇要释放每个人的主动性和能动性，创造了人人都是管理者的海底捞模式；聂圣哲在吃透中国人人性的基础上，提出了诚实、勤劳、有爱心、不走捷径，用流程、规则铺路，人人自发自动管理的德胜洋楼方法；张瑞敏想强化对一线员工的驱动力，让客户直接给员工发工资，创立了人单合一的自主经济体；任正非提出"让听到炮声的人呼唤炮火"，提出了一以贯之的铁三角组织架构，让每一个员工的创意和努力都能得到平台最大的支持。

从以上的企业组织变革中，我们至少可以看出以下两个共性：

企业组织变革的基本点之一，无论何种改善和创新，立意都是提升个人和组织的生命力和创生力。在互联网碎片化思维弥漫的今天，在探讨组织变革时尤其需要注意组织的整体利益最大化。这是最终的产出。

做企业不能离开企业整体效益这个出口。许多企业变革，陷进当下的问题，就看不到全貌了。想让客户直接给员工发工资，把员工直接推给客户，这是不妥当的。直销公司都不会这样做。

企业组织变革的基本点之二，在于每个员工都有自我超越和勇猛精进的精神。组织变革要激活每个人，而且以激活每个人为依归。日本百年传承企业与中国华为等公司，都保持这样的一种状态。这种意识不是简单的胡萝卜加大棒式的激励，还必须越过动物性的生存安全诉求，越过社会人的情绪波动，人们需要回归清晰、简单、自然、好用这些对美最自然的感受和追求。也就是说，重点不是去激励物质欲望，也不是去激励员工的荣耀感，而是去到根上激励员工作为人的尊严和天性。

这就需要去发掘许许多多"善知识"以打通关节。"善知识"，不仅是贤达智者、中外智者才具备。普通人都潜藏着许许多多"简单、担当、精进"的善知识，把每个人的"善知识"激活，人人就可以活出活泼泼的大自在；普通人都可以无时无刻不呈现着"微笑、素朴、柔软"的善知识，把每个人的"善知识"强化，人人都可以活出活泼泼的大生命。

在所有这些变革的探索中，华为公司的探索独树一帜。

任正非洞悉人的根性就是自私与怠惰。华为20多年来，一直坚持两种基本方法来破解个人和组织的怠惰。一是激发人的财富自由的欲望、权力欲、功名心，破除怠惰；二是把"坚持自我批判"纳入华为核心文化四句话之中，即"以客户为中心，以奋斗者为本，长期艰苦奋斗，坚持自我批判"。华为文化，就是一个破除怠惰的文化。前方由客户价值做牵引，紧跟着是改变生命状态的奋斗者，为生命的充实和活泼泼长期艰苦奋斗，并且还要坚持自我批判。这样一个闭环，循环往复，使得组织透出一股活泼泼的劲头。

华为度过蛮荒的土狼战略时期，就一直在探索新的企业体制。开始是上下组织各种各样的提案和讨论会，群策群力探索制定《华为基本法》。用了两年多的时间《华为基本法》成册，任正非却已经把关注的重点放在了欧美一流大公司的流程体制的建设上，请来 IBM 做研发流程和销售管理流程，请来埃森哲做企业财务流程建设，请来 HAY 做人力资源流程建设等，一搞七八年，在流程体制成形之时，任正非又提出了"让听到炮声的人呼唤炮火"。移动互联时代对企业组织的要求，华为已经提前就摸索到了。任正非说：

"让听得到炮声的人来呼唤炮火，一定要大道至简，一定要分层分级授权。使管理标准化、简单化……我们未来十年的变革，逐步从屯兵组织，转变为精兵组织。我们这样理解，对前端的不确定，使用富有战略眼光、富有组织能力、意志坚强的精兵组织；对确定的事情，由后方组织在战略机动上适当屯兵（逻辑），以加强平台支持服务能力的提升。"

华为一切的变革，都是要为组织和员工植入一种勇猛精进的基因和一种传导机制。任何一项变革，都是花钱的事。从 2009 年以来呼吁建设"让听到炮声的人呼唤炮火"的制度，鼓励员工上一线，据说为此花掉了 100 亿美元。

这两年更明确了"现代商战是班长的战争"，要在未来 10 年健全"让听到炮声的人呼唤炮火"的体制，为此就得转换现在的虚拟受限股的股份制，不能抹掉原来在华为奋斗的员工的利益，需要把原来的股份按照一定的倍数回购，为此做了 300 多亿美元的预算。

华为的员工教育也独树一帜。华为大学创立 10 多年，员工上课要交学费，还要扣除停工工薪。迄今一直坚持内部高管给员工授课，员工自己交了钱，也就对老师要求分外苛刻。华为还开创了独特的师徒制度，新进华为的员工，都会有各层次的高管当师傅。华为把以奋斗者为本做到了根上，工薪向着一线奋斗者倾斜。同时更重要的是，任正非深入一线，总是善于从员工中概括出一些普遍性的问题，往返求，形成一篇篇重要的讲话，成为员工教育的最好教材。

第七章 『做好』的功课一：三宝大道品质的修持

强大的密码是有与众不同的绝活。时时修持三宝——慈爱、节俭和不争，就可以有时新、不同凡响的绝活，就可以保持毅勇、广大而领先。

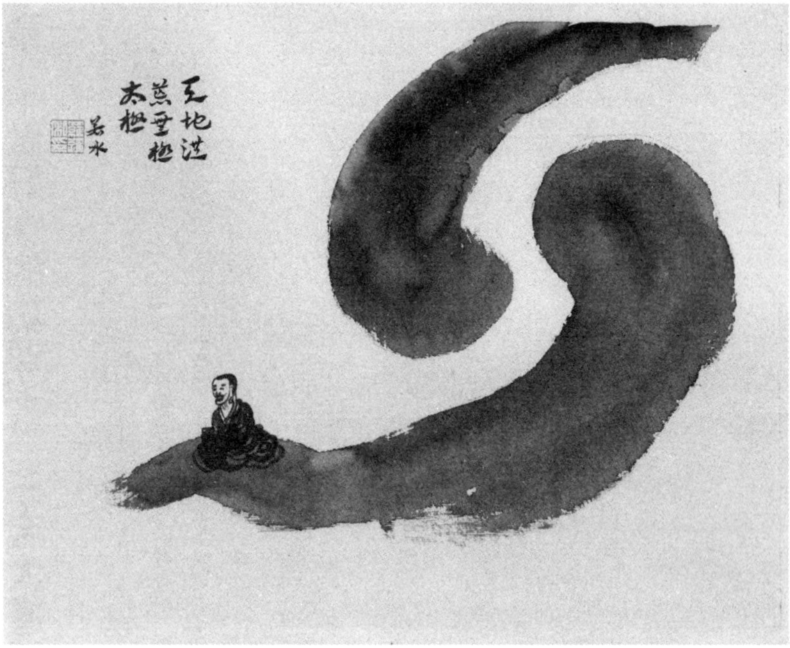

任正非：一棒敲醒梦中人

> 人靠绝活立身，企业靠好产品实现高收益。当一个组织撂荒了绝活产品，怠惰就会奴役这个组织，死亡就逼近了。

富裕起来的中国人，不受概念说法蛊惑，你的产品不能让他们放心，他们不跟你理论，就用脚投票了！中国真正缺乏的就是让百姓心安的好产品！老娘的"做好，出绝活"，今天遇到了真正的挑战。大音希声。老娘的"做好和绝活"，在任正非那里获得了深深的共鸣。

2013年5月14日，任正非与田涛老师约我在北京贵宾楼喝下午茶。我提前5分钟到，任正非早就坐在那里了。开始时我们谈起了稻盛和夫。我说："今天我们这里兴起了学稻盛哲学热，有些企业家让员工学习稻盛哲学，是想让他们改变工作态度，激发潜能，多干活、少要报酬。人们过多关注稻盛的工具和术，而没能深刻反省他厚重的'无名之朴'。人们没有去反思，为什么就一个制作精密陶瓷的，就可以创造三家世界级500强的奇迹……"

任正非立刻打断我的话："王老师，你不了解稻盛和夫！"

我一愣，旋即一笑，问："任总，我哪里错了？"

任正非说："你说'就是一个制造精密陶瓷的'，太过轻淡！稻盛和夫做的精密陶瓷，你知道吗？它不是你通常认识的陶瓷，是氮化镓。未来精密医疗器械和电子网络的核心部件，大量会是陶瓷的，而最好的陶瓷只能来自京瓷！京瓷在未来10~20年会引领一场实实在在的新材料革命。他们同时拥有全球一流的化学家、物理学家和数学家。稻盛哲学，那是他们几十年如一日，发挥优势，力出一孔，才拿出了引领新材料革命的产品。脱离产品研发生产过程，只说哲学和心法，就不接地气了！"

醍醐灌顶！皮之不存，毛将焉附？本末分离还有什么灵魂?!人靠绝活立身，公司靠好产品实现高收益！我们总是在外求，总是在到处寻访好工具、好模式、好理念、好方法、好心性，就是不知道回归源头在根本处用力！如何"力出一孔，利出一孔"去打磨好产品，这里是原点，是过程，是终点，也是员工原力觉醒的基点。回到真源，拿出绝活。

任正非一棒唤醒梦中人，由此改变了我的思维方式和讲课方式。我意识到，做任何事，不管是生产物质产品，还是生产精神产品，都必须"回到真源，拿出绝活"。回到客户需求的源头，回到生产者天赋天性的源头，回到生产产品的地头，回到产品最终实现时效能的源头，带着爱和灵魂，聚精会神拿出绝活。

人靠绝活立身，企业靠好产品实现高收益。一心想靠理念和模式创新而赢得头彩的公司，一定不长久。理念和模式会把你拐带到阴沟里去。无论多么险恶的环境，无论多么纠结的当下，回到真源，拿出绝活，就一定会找到出路！人本身也是个绝活，企业也是个绝活。哲学、心法、理念，都是一个人或组织锻造绝活和好产品的法宝。而这个法宝一旦脱离绝活和产品的实际载体，就不再有任何意义。知行不合一是没有出路的，只是想模仿学习这些心法，当然只能竹篮打水一场空。

这是任正非的一贯思想，这是他的知行合一之道。他在题为"我的缺点与优点"的内部讲话中说："不要做一个完人，做完人很痛苦的。要充分发挥自己的优点，使自己充满信心去做一个有益于社会的人。一个完人，抹去了身上许多的棱角，自己的优势往往被压抑了，成了一个被驯服的工具。我希望把你的优势充分发挥出来，贡献于社会，贡献于集体，贡献于我们的事业。每个人的优势加在一起，就可以形成一个具有'完人'特制的集体。"

任正非敲了我一闷棍，稻盛和夫也给一个中国盛和塾塾生当头一棒。有一个企业家塾生，热心到处宣讲稻盛哲学。稻盛和夫把他拉到一边告诉他："你能不到处讲稻盛哲学吗？你怎么就对自己的产品没有信心？你怎么不回公司好好做你的产品？稻盛哲学，那是我在做产品的过程中一点一滴的体悟。你回去做你的产品，你把在做产品中的体悟一点一滴整理出来，那就是哲学。那时候你再出去讲哲学，就有魂了！"

任正非和稻盛和夫，心心相通。他们都知道最美妙的哲学和大道，都离不开绝活这个载体。经营之圣不谈空想。他们之所以能推动社会变革，不是凭借他们的思想而是凭借好产品，凭借他们在做极致好产品过程中所显露出来的精神和价值。真正的企业家都知道唯有抱元守一、聚精会神、全力以赴地创造独一无二的产品才是生路。他们看轻说法，而重在打磨产品一刹那接一刹那的精进。那里既是原点，也是终点。而偷懒者，却只要一些说法和概括。结果，抽离产品载体，所有的说法最终都只能是说法而已！只说不练久了，就是骗子！任正非的话听着很过瘾。这是他的方法论，他的知行合一之道。

任正非给我的棒喝，稻盛和夫给塾生的棒喝，让我看清了我自己和不少世人。

首先是对企业生态的认识。企业究竟是一个家还是一个战斗的团体？这两个性质的生态，有全然不同的运行法则。如果企业是可以打造家文化的，那无论员工如何怠惰，都是家里的一分子，都不可以被开除。

你对这样怠惰甚至搬弄是非的员工不处理，就是对脚踏实地做事的人的伤害。这样的伤害多了，你怎么指望这个团队具有竞争力？企业就是一个抢占制高点的战斗团体。一切对客户的最终产出负责。如果迷失了这个最初的和最终的标准，企业必定会走背字。

其次，让我认识到现在"国学热"背后的疲惫和软弱。大家都在讲做人做事的基本品质，可就是不在有效性的绝活上用心思。你好我好，就是对不起客户，最终也会抹掉自己存在的价值。华为坚持把"以客户为中心"作为衡量一切抉择的最终标准，毫不含糊。利比亚战争时期驻利比亚的首席代表夏尊，回忆战争期间华为团队背起装备往一线进发去抢修设备的经历时说："所有华为人只想着业务。"

最后，有些企业家眼里面只有钱，只有企业规模，却满嘴是仁义道德的理念模式。以前一直不清楚该怎样去称呼这些人。这回任正非简单直接，那样的人是以文化来做营销，是伪君子。企业家的本位就是带领员工做出好产品，用绝活利乐大众。好产品绝活出不来，想用段子和语言去利乐大众，那个不合道呀！错失本位，有时候自己在那里没睡装睡，而实际上所有人都看得一清二楚。

任正非的思想具有很强的冲击力，这是中国知行合一根脉的传承。你真想有绝活吗？真想做个独一无二的人吗？那你就要守住你原本的根性，归根复命，守住真常，也就守住了自己的本，也就守住了绝活的自身，当然会做出有魂的绝活！只是，人们太懒了，太矫情了，太舒坦了，不愿意勇猛精进，结果把怠惰放出来，撂荒了初心和最终目的。

当一个组织撂荒了绝活产品，怠惰就会奴役它了，死亡也就逼近了。

任正非是中国少有的"笨人"。他领导的华为聚焦好产品。为了好产品，华为可以削足适履把西方久经考验的流程管理拿过来；为了好产品，华为可以把股份分给团队；为了好产品，华为厘定以奋斗者为本；为了好产品，华为长期艰苦奋斗；为了好产品，华为坚持自我批判。

我们总是在外求，总是在到处寻访好工具、好模式、好理念、好方法，可就是不知道在根本处用力，不知道要有自己的绝活，不知道人靠绝活立身，企业靠好产品实现高收益；也不肯回到真源，拿出绝活。任正非之"回到真源，拿出绝活"，让我想起了我国东晋时期的一位道医和炼丹师葛洪。

葛洪，特别看重传世的绝活

荣获 2015 年诺贝尔医学奖的屠呦呦一再表示东晋葛洪的《肘后备急方》给了她灵感："《肘后备急方》记载，'青蒿一把，加水研磨，压出来的水喝下去'。而当时我们的中药一般都是用水煎制而成，所以我们就考虑为什么这么来处理这个药？考虑到可能有温度破坏的问题，存在一个提出来的到底是什么成分的问题，也就是说，还有一个药用部位的问题，以及一个品种的问题。"她在前人绝活的基础上，带领她的团队，反复在自己身上试验，并用现代科技和工艺流程：杂糅、过滤、提纯、萃取、结晶。终于把民族的瑰宝发掘了出来，拯救了全球 100 多万人，取得了举世瞩目的成就。

葛洪（284—364）是东晋时期著名的道教领袖，他内擅丹道，外习医术，研精道儒，学贯百家，思想渊深，著作宏富。他不仅对道教理论的发展卓有建树，而且学兼内外，于治术、医学、音乐、文学等方面亦多成就。他曾受封为关内侯，后隐居罗浮山炼丹，著有《神仙传》《抱朴子》《肘后备急方》《西京杂记》等。

葛洪在《抱朴子内篇》中的《金丹》和《黄白》两篇中，系统地总结了晋以前的炼丹成就，具体地介绍了一些炼丹方法，记载了大量的古代丹经和丹法，勾画了中国古代炼丹的历史梗概，也为我们提供了原始实验化学的珍贵资料，对隋唐炼丹术的发展具有重大影响，成为炼丹史上一位承前启后的著名炼丹家。

他的医学著作《肘后备急方》收集了大量救急用的处方，这都是他在行医、游历的过程中收集和筛选出来的，他特地挑选了一些比较容易弄到的药物，即使必须花钱买也很便宜，改变了以前的救急药方不易懂、药物难找、价钱昂贵的弊病。他尤其强调针灸法的使用，用浅显易懂的语言，清晰、明确地注明了各种针灸的使用方法，只要弄清灸的分寸，不懂得针灸的人也能使用。

葛洪很注意研究急病。他所指的急病，大部分是我们现在所说的急性传染病，古时候人们管它叫"天刑"，认为是天降的灾祸，是鬼神作怪。葛洪在书中说，急病不是鬼神引起的，而是中了外界的疠气。我们都知道，急性传染病是微生物（包括原虫、细菌、立克次氏小体和病毒等）引起的。这些微生物起码要放大几百倍才能见到，1600多年前还没有发明显微镜，当然不知道有细菌这些东西。葛洪排除迷信，指出急病是外界的物质因素引起的，这种见解已经很了不起了。

葛洪在《肘后备急方》里面，记述了一种叫"尸注"的病，说这种病会互相传染，并且千变万化。染上这种病的人弄不清自己到底哪儿不舒服，只觉得怕冷发烧、浑身疲乏、精神恍惚，身体一天天消瘦，时间长了还会丧命。葛洪描述的这种病，就是我们现在所说的结核病。结核菌能使人身上的许多器官致病。肺结核、骨关节结核、脑膜结核、肠和腹膜结核等，都是结核菌引起的。葛洪是我国最早观察和记载结核病的科学家。

葛洪特别反对"德仁为本、济世方术为末"的儒家观念，特别重视悬壶济世的绝活。那是一个修道人的出口。厚古薄今、重本轻末，以及扶本抑末，是中国文化的一个传统弊端，至今依然有一定的影响。葛洪力辟此风，为社会发展和进步喝彩。他认为本末只有先后之分，并无尊卑之别。譬如锦绣之因素地，珠玉之居蚌石，云雨生于肤寸，江河始于咫尺。

当时时局动荡不安，各种社会矛盾激化，葛洪提出"立言当有助于教化"，"古诗刺过失，故有益而贵；今诗纯虚誉，故有损而贱也"(《辞义》)。葛洪的这种敢于揭露现实而不计个人得失的精神是十分可贵的，其忧国忧民之心溢于言表，体现了一个修行人的素直。他认为真正的美文华章应当出自德行高尚之人，其人应博学多识，天文物理无所不解；王道人事，无所不知；内外兼通，故能文质相应，外并日月星辰之高丽，内蕴大海玄渊之深妙，如此立言，方不负"经国之大事"；如此为人，自然修德立品，千载而弥彰。

繁花似锦的术，无不承载着大道！1600多年前，葛洪登高一呼，为术张目，其毅勇可嘉。葛洪的底气在于，他通过长期炼丹，熟通了物理化学反应，熟通了宇宙运行的大道。一如《中庸》所说："唯天下至诚，为能尽其性；能尽其性，则能尽人之性；能尽人之性，则能尽物之性；能尽物之性，则可以赞天地之化育；可以赞天地之化育，则可以与天地参矣。"

正因为葛洪赞天地之化育炼丹的一个副产品，经过屠呦呦的打磨，便荣获2015年的诺贝尔医学奖。这个事实，足以让世人对古代的炼丹家充满了敬意。他们的后裔，就是当今的医学家、化学家和物理学家。

地头力法则41： 重本轻末不足取，厚古薄今也荒唐。本末一体出绝活，道术和合载大道；天地化育尽其性，天下至诚参万有。

一个人的能量场，是由其内在品质决定的。葛洪对个人能量场解读说："积善立功，慈心于物，恕己及人，仁逮昆虫，乐人之吉，愍人之苦，赈人之急，救人之穷，手不伤生，口不劝祸，见人之得如己之得，见人之失如己之失，不自贵，不自誉，不嫉妒胜己，不佞谄阴贼，如此乃为有德，受福于天，所作必成，求仙可冀也。"

老子妙论"回到真源，拿出绝活"

"天底下都说我大，大而与众不同。正因为我自性流露，有与众不同的绝活，所以我才道大；如果我没有找到自性，没有与众不同的绝活，就是复制、克隆别人的一套做法，我早就像尘埃散落一地而拾掇不起一个整体来了。如何顺势而为持续拿出与众不同的绝活呢？我是坚持回到生命源头，持续行持修奉三宝品质：慈爱、节俭和不争。"

任正非和稻盛和夫接受媒体采访，被问华为和京瓷公司的成功之道时，他们或许会说出上面一段话。这些话在质朴里面，透露着坚实的逻辑。可是，这是老子在《道德经》中的原话！我仅仅是直译出来而已：

天下皆谓我大，大而不肖。夫唯不肖，故能大。若肖，久矣其细也夫。我恒有三宝，持而保之。一曰慈，二曰俭，三曰不敢为天下先。夫慈，故能勇；俭，故能广；不敢为天下先，故能成事长。今舍其慈，且勇；舍其俭，且广；舍其后，且先，则必死矣。夫慈，以战则胜，以守则固。天将建之，如以慈垣之。

——《道德经》第 67 章

老子"三宝"一章很重要，我比较了各种版本，最后以帛书《老子》校订版为准进行了整理。这一章的内容丰富实用。上来先说"回到真源，拿出绝活"。因为有三宝品质，干啥都会打上与众不同的印记，这是一段因果；同样重要的还有另一段因果：而制心一处拿出差异化的绝活，就会成为三宝品质生长的厚土，三宝品质也会茁壮。这两段因果合在一起，就是一个圆形的运动。大部分人正是在长期专注做一件事的过程中，拿出了不同凡响的绝活，从而也积累了慈悲、简单、极致、谦下、敬畏的品质。

"回到真源，拿出绝活"，是永续经营的必由之路。如果没有与众不同的绝活，生存都会成问题，哪里来永续经营?! 通览《道德经》全书，我对"慈、俭、不争"这三种大道品质，融入了自己的理解。

一曰慈：慈爱、利他、素直、敬畏、同理心、恻隐心、无为而无所不为、不过度管理、敬畏自性的无穷性、行不言之教等 10 种大道品质，同时也是 10 种大道思维。

二曰俭：简单、节俭、经济、啬道、俭而广大无边、朴而无所不在、没有一点儿多余的东西、一啬到底、希言自然、天下式等 10 种品质。

三曰不敢为天下先：不争、绝活、居善地、心善渊、与善仁、言善信、正善治、事善能、动善时、顺势而为、灰度、开放、包容、谦下、恭敬、大自在等 16 种大道品质。

在这 36 种大道品质中，"不敢为天下先""不争"，对处于商业生态中的人来说，有点儿不好把握。没有竞争，还有商业生态吗？其实，通览《道德经》，老子的"不争"和"不敢为天下先"有很丰富的诠释。其中最重要的一个点是你可以成就"绝活"，而且懂得随顺内外情势而为。在第 8 章中，借阐释"上善若水"，一连串说了水的"七个善"，试想，做任何一件事，如果同时恰好做到了这"七个善"，那么你不需要跟任何人去争，只需要顺势而为就出绝活了。

回到慈、俭、不争这三种大道品质的源头，可以细化出 36 种做人、做事的品质，这也是原力觉醒的重要维度，是摸清楚内外"情势"顺势而为的前提。一个造物者，如果量化出这 36 种大道品质和大道思维，还有什么事不可以成就呢?!

地头力法则 42： 回到真源，量化三宝品质和思维，拿出与众不同的绝活。慈故能勇，俭故能广，不争而善胜，不言而善应，不招而自来，坦然而善谋。

老子站在万物一体真善美的高度，透视混沌中的人类和宇宙，以最简单的语言把三宝大道品质说了出来。这是做人、做事的源头。唯有回到这样的源头，才可以绽放天性中的无穷性，拿出与众不同的绝活，生命才会有真实的价值。当今的政商领袖，当今的企业人，都必须具备这36种品质和大道思维。

这些大道品质的修成需要足够多的时日和磨砺。但是，也有一些工具可供选择。做好一件事，要取得成效，需要依靠直觉，建构一个能量场，调动内外能量，力出一孔。

庄子对空泛的说法不感冒。他写了个哀骀它的故事，诠释了三宝品质。

魅力无限的哀骀它[①]

脚踏实地，原力觉醒形成圆融的内聚力，成就喜悦灵动通达的能量场，催动人们创造绝活的激情，引发生命新契机。

鲁国的国君鲁哀公，心头疑虑重重，有事请教孔子。

事情是这样的。卫国有个形貌很丑的隐士，姓名不详，众人叫他哀骀它，当然是浑名。哀是指哭丧脸相，骀是指怠倦神情，它是指驼背，其丑可知。使人吃惊的是哀骀它先生非常有魅力。男士们见到他，一个个乐不思归。女士们遇见他，回家去和父母吵架，都说：与其嫁给张三李四王老五做正妻，不如嫁给哀骀它先生做小妾！这样的事情绝非个别，据说已闹过十多起了。男女老少到底喜爱他哪点呢？这是一个谜。

论才干，从未见他出头露面创建任何事业，他一贯是随顺附和；论

[①] 本小节中的历史故事源自《庄子·德充符》，载于辛意云《庄子辛说》。

权势，他是白丁一个，不可能凭官职救人一命；论财产，他是寒士一名，不可能施恩惠赏人一餐；论声誉，丑名倒是远扬，荣名却谈不上，因为随顺附和，给众人留不下半点影响；论学问，也谈不上，因为他对外界事物不做研究。无才干、无权势、无财产、无声誉、无学问，可那些男女老少就是喜爱他，这说明他具有某些过人之处。过人之处是什么呢？

鲁哀公对哀骀它产生了好奇，于是，派人去卫国把哀骀它接来当面验看，结果发现果然丑得吓死人！哪里想到他们相处不到一周，鲁哀公竟然也倾慕他了，相处3个月就感到离不开他了。一起处了半年，经过多方考核哀骀它的道德品质，鲁公就信任他了。时逢宰相出缺，鲁哀公想委任哀骀它为宰相。可是哀骀它听了，很淡然，心不在焉，内里压根儿就没起一点儿波澜，甚至几度想推辞。

鲁哀公觉得很没面子。他质问哀骀它："是不是瞧不起我？是不是嫌我丑陋？"没有退路，哀骀它最后只好勉强应承接纳国事。殊不知几天后，哀骀它竟逃回卫国去了。留下鲁哀公一个人在这里生闷气。哀骀它走后，鲁哀公觉得生活变得没有意义了，失魂落魄，好像整个国家已经没有人可以懂他了。

鲁哀公诉说着，抬起头来问孔子："你说说，这个哀骀它到底是怎样的人呀？"哪里见过这种人呀！通常，国君要把执政大权交付给一个布衣，那份荣耀和激动还得了！就是坐在对面的孔子，不也是一直在等这样机遇吗？！可是，对哀骀它就是不起作用！这完全是不同的价值系统。我们常常认为，我们所珍视的好东西，他人就一定也会珍重。我们尊崇的价值，是所有人都追求的价值。可是，往往事与愿违，依照我们原本的价值系统，就不可能做出有价值的评判！

孔子静静地听完后，回应说："有一次我去楚国游学，路边看见一群小猪吃母猪奶。那母猪刚断气，小猪们还不知道，还在那里争着吮吸，急得叫喊。过一会儿母猪的体温转凉，小猪们一个个瞪大眼，不再叫喊，抛弃老母猪的遗体，乱纷纷地逃散。为什么逃散？因为小猪忽然发现，眼前这个肉堆不再活动、不再温暖、不再泌奶汁、不再哼哼唤、不再可亲了，而且有危险，所以惊惶逃散。由此可见，小猪爱的不是一堆死母猪肉，不是外形，而是有内涵的猪妈妈。当母猪已死，内在的爱已经没有了，小猪自然就不爱了。猪懂得爱内涵，人不懂得？世俗看重的是外形，是一些名利权的光环。你说的那位哀骀它先生，不必表白便得到信任，不必创业便受到倾慕，你把国事交给他代管，还怕他不接受。由此可见，他真是内涵完善的全人呀！"

全人，被庄子来形容一种内涵丰富的人，富有道德真源的得道真人，浑然一体的大德。因为大德还没有散开来分解为仁、义、礼、智、信五个维度的德，故称大德。这种大德修持，至少包含以下层次。

层次一：看穿生命流转，不被意外打扰。

生死、存亡、贫富、毁誉、饥饱、寒暑、高下、宠辱、贵贱等，仅仅是变化而已，一如白天夜晚的交互变化。没必要去较劲、耗费心神，不足于打扰内心那份安宁。

在日常生活中，会常常遇到一些出人意料的情形。好好的，别人就编出瞎话来羞辱我们；做好了一切准备，偏偏有颠覆性意外发生。这就是人世间！随发生，随放下，不让这些事情扰乱心境，不要让这些事情进入心灵深处。虽然这些琐事有可能形成我们的命运，但是不要管它们。不要让这些事打扰我们去发现、保全我们的天性。

确实，生死、穷达、毁誉、宠辱、贵贱等，仅仅是变化而已；看穿生命流转，不被意外打扰，才可以保持住一种常清静的心态，做好每一个当下该做的事。生命也就是"十几秒钟的光照"，坏了心情，就没时间做有价值的事了。

层次二：保持喜悦、通达，接纳所有发生。

让生命充盈着对生命真实感受的喜悦，随处意外，随处惊喜，带着这样愉悦的心情。不确定性、偶然性、未知的发生，都是天赋良机，让你有一份额外的惊喜。这种喜悦是逢苦无忧、苦乐同受、一无所求的喜悦。让自己的心神活动而喜悦、通达而畅快，同时不要停。

人们常常压抑自己的痴心妄想或异想天开，其实，这就是不通的表现。要让自己心神的活动，不仅表现为平和愉快，而且要畅通无阻。让这种喜悦日夜不间断，如同春天般和畅的空气，与万物相处，从而带出了一种全新的可能。当我们主观的喜悦与客观事物接触，我们的心神所呈现的状态，并不会因为我们的精神而冲淡客观性。当我们主观的意识与客观的事物一接触的那一刹那，就可以带出全然新的可能性，就会形成很多新的东西。一念一世界，内心的灿烂生成了世界的灿烂。

这就是万物一体之仁，保持主观喜悦、灵动、通达，与客观事物新发生接触的一刹那，就会带出全然新的可能性，形成许多新的绝活，就会生成新的大美。

层次三：保持原力觉醒，形成正向能量场。

平和，就是一个世界的测量器。平和的心境，就是一处静水，可以映照出客观事物，而不是去扭曲客观事物。人先天的这份平和之气，也就是太和之气，就可以跟万物有一种自然的亲近。人的先天近乎是个动物，动物有着欲望冲动之气，这是动物能够生存下去的基本力量。同时，动物作为存在，也必然有一种平和之气与天地宇宙整体共同和谐存在。人在动物基础上又往前跨了一步，有了高纬意识，又有了生命的原力觉醒。人之所以不同，在于有意识，在于可以通过生命觉醒，意识到一个整体和谐共存的状态。而且，可以透过人的意识，通过行为维持这种平和之气。

虽然要吃饭、要工作、要奋斗、要竞争，但是这些并不会打扰到我们的平静。而且，每个人都应该循着自己的原始天性，找到自己灵魂的旨意，做自己喜欢做的事。人的原始天性都是简约的、没有被污染的。

循着这样的天性，人们都会喜欢简约的美。哀骀它就是这样，在任何一个场合做任何事，始终活在一种平和之中，一种灵然的天性，与天地万物相通，形成一个太和之气的能量场。每个灵魂都有不一样的旨意，都想活出自己的不凡。

确实，头拱地的人，活在一种平和之中，绽放简约的原始天性，连接天地万物，形成一个活泼泼的能量场，催动每个人生命新契机。

层次四：保持着内聚力，催动生命新契机。

为什么一些生命觉醒的智者，周身会满溢着机趣盎然的和谐共生之气，会形成一个太和之气的能量场，吸引所有的人和物都到他们那里去呢？他们并没有运作，也没有号召，更没有宣传推广，可是人们甚至万物都会不可救药地向他们靠拢。为什么？

因为他们是空无所空的管道，让一切东西流过，让你有一种轻松的释放，让你有一种遇到知音的愉悦。而且，还在不经意的地方，让你自己发现了新大陆。

为什么平静如镜的水，可以映照出万物的本来面目，可以作为准绳和法则？因为，那样的水有一种很强的内聚力。如果没有这个内聚力，是不可能不动荡，不可能成为一个整体。内聚力足够强，水就不动了。人也有一种内在的内聚力。内聚力具足，外部跌宕起伏，都不会使内聚力松散。

有生命觉醒的大德之人，上德不德，素朴无形，你都不能用仁爱、大义、智慧、信任等我们惯常推崇的德性来言状他。在他们身上，德不显露出来示人，人们就自然可以接近他、归附他，而不是离开他。下德不失德，当一个人刻意去展现自己的德性的时候，就会给人一种压力，会扰乱了他人的心，会毁坏他人的自然。当德沦为自以为是的强势或显摆，无疑会毁坏了他人内在天性的绽放机会。

"德不形者，物不能离也。"这是人间至理。有德者，在清清静静中就可以带给人不少启迪，引动了人们内在的生命的契机——喜悦、通畅和创意。哀骀它就是这样一个德不形于表的大德之人。他在不言之中，就传递给人一种正能量，催动人们内在的创生力。这就是内聚力，这就是全人。

简而言之，上德无德，素朴无形，会让自然亲近他的人喜悦、通畅和创意泉涌；下德不失德，会形成压力，扰乱了人心，毁了他人天性绽放的机会。

孔子给鲁哀公解释，哀骀它看上去丑陋无比，但是他有这四个层次的大德，他自己内心既充实又平静，他不想建立功绩，不想留下贤名，不想获得利益。他绝不愿意被外在的财权名堆积物束缚，所以他逃回故乡继续隐居修炼去了。或许他认为，炼丹修炼更有价值。

鲁哀公听完孔子对哀骀它的解释和评论，眼界大开，感叹说："先前，我以为当个君王，只需要保障百姓民生，同时以百姓心为心，悲悯心挂念百姓，就已经是达到政治的极致了。我听了孔夫子的话，感觉自己还差得远，没有哀骀它的修养，也没有那份内在的实德。我还是会很轻率地下决断，会轻用身体，会轻率地去做很多事，让整个国家处于风雨缥缈之中。"

庄子用哀骀它的故事，说明了生命的本质。人的生命的完整性，形体固不可少，但是内在的道理、内在的精神，更是生命发光发热的根本中心。同时庄子认为，人世间的知识、礼仪、规范、小恩小惠、世俗功利道德，会遮蔽人的天性。

那是一种内在如如不动的修养和智慧，从一己的平和通达到保全万物的自性，再到引动万物的喜悦、通达和创意的内聚力，不毁坏他人的自性创生力，不断人慧命，还可以催动他人生命的新契机。这就是全人大德了。这才是真正的领袖。

庄子借哀骀它诠释了老子关于人的三宝基因——慈、俭、不争。

哀骀它达到了老子说的"慈"，他的爱有层次、有深度。他大仁不仁、大爱不爱，尊重每一个生命的天性，尊重每一个生命的频率，尊重每一个灵魂的旨意，从来不会把自己污浊的情感施与他人。而且，他喜悦、通达，接纳所有的状态，接纳所有人的所有律动。

哀骀它达到了老子说的"俭"，可以说他是一啬到底。他话不多，没有大道理，有的只是对你的期待。那份信任，会让你不自觉拿出全部的精力，去把一件事做到极致。那是你的灵魂要去的方向，那也是追求完美的哀骀它乐意看到的画面。

哀骀它达到了老子说的"不争"、全然的自在，把居善地、心善渊、与善仁、言善信、正善治、事善能、动善时等七个善浑然一体，有一种轻松自在，只关注是否引动了自己内在新的生命契机。如果哀骀它与乔布斯见面，那一定是历史上最完美的瞬间。两个人都只关心生命新契机在哪里，灵魂的拓展在哪里，而不会关注创造出的商业帝国会带来怎样的财富、地位、权力、名声等。

做一个完整的人，做一个领导者，哀骀它对我们有太多启示。不仅是个人品质，还在于他擅长抓住当下场域中的灵魂，并能清静无为而形成一个能量场的张力，催动着每个人内在的火热的创生激情。通常，我们会自说自话地进入领导者的主体，看看领导者该有怎样的品格、知识和技能，施展出无与伦比的领导力等。庄子根本就不理这茬儿。他喜爱从表面上看一点儿领导力的影子都没有的哀骀它，但是在实际上有着无与伦比的领导魅力。他把这样的领导力，一点一点诠释出来给你看，让你不得不叹服。以至不可一世的鲁哀公，最后心悦诚服地拜服。

地头力法则 43： 有自然明觉的圆融内聚力，形成喜悦、灵动、通达的能量场，催动人们去发现自性和创造绝活的激情，引发生命的新契机。

哀骀它的魅力，在于他的内场域与外场域的无缝隙对接，在于两者相互叠加推动以至产生了不可思议的张力。庄子借哀骀它，系统地阐述了他关于内磁场如何作用于外磁场，使得所有置身其中的人获得无穷的创生力。

庄子借哀郃它给出了领袖领导力的一幅画像：

第一笔无形，自性，慈悲博大，空无所空，虚空如如不动；

第二笔有形，绝活，不同凡响，妙有妙用，妙动刻刻不停。

哀骀它是能量场很强的人。葛洪也是能量场很强的人。哀骀它和葛洪，足以说明个人能量场的建设和作用。地头力，实际上就是在千钧一发的当下形成一个无极能量场。我第一次触碰到这个问题是在 2008 年，当时我遇到了丰田汽车顾问河田信老师，在下节中我会继续与大家分享。

河田信：地头力是向当下的能量场要力量

在一个组织的特定坐标或场域中，清空一切经验、束缚，用直觉力，对现实真问题做出反应，并创造性地解决问题的能力，为地头力。

2008 年我读到日本管理大师河田信的著作《丰田管理方式》，很有醍醐灌顶的感觉。那一年，我两次邀请河田信老师到访中国：第一次是 9 月《经理人》中国 CEO 第二届年会，第二次是 11 月在杭州举办的地头力训练营。

在杭州，河田信老师听了我的地头力课程，他特别兴奋。河田信老师是明城大学系统设计的博导，对概念体系很敏锐。他说，从你的"老娘说"，再到《道德经》的瞬之道，实际上给了地头力一个非常开阔的空间。但是欠乏的,就是没有给地头力的概念一个明确的界定。他主动提出要帮我的概念一个定义。我当然求之不得!

河田信老师与我一边沿着湖边走,一边摇头晃脑地推敲着。最后他给出这样的概念:

> 在一个组织的特定坐标或场域中,清空一切经验、束缚,用直觉力,对现实真问题做出反应,并创造性地解决问题的能力,为地头力。

一个睿智的日本老人,竟然可以这样倾囊相授,使我非常感动!有些人活在光环中,你跟他交流时间再长,也无法连接他的心。而有些人,一句话、一个眼神,就可以进到灵魂深处,成为终生的知己。我跟河田信老师就属于后一种朋友。

不能光说好话!我给他打岔说:"您这个地头力只是灵机一动呢,还是有理性的因素在里面?如果只是灵机一动,没有理性参与其中,那就不可以广泛复制,因此也就没有生命力。"

河田信老师说:"这个容易,可以在最前边加上'在一定的框架下'。"我说:"您刚说了要'清空'这个、'清空'那个,怎么又来'框框'了?"他说:"我说的不是'框框',我说的是'坐标'。"我说:"'坐标?'难道就是丰田生产方式的'准时化'和'自动化'?"他说:"不是,是多维坐标!"

"多维坐标",多么好的概括!多维坐标可以理解为一个"道场",也可以称为"场域"。给地头力建构一个强大的"场域"!这个思想解决了长期困扰我的难题。我也顾不了那么多了,上去就给了河田信老师一个拥抱。

兴头上,河田信老师说:"语言说不清楚,我回头再给你绘制一张图,我关于对地头力的理解就都在图里了。"过了一天,河田信老师给我看了那张充满智慧的图（见图 7-1）。

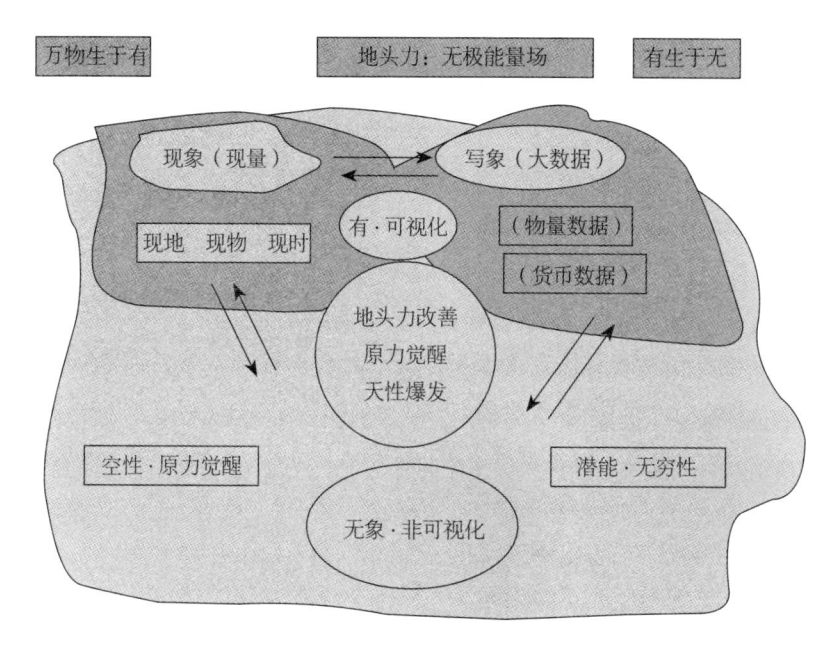

图 7-1　现场、大数据、潜能三维度地头力作用图

这个图很美妙。可惜我当年没有读懂。过了这么多年，经过读万卷书，行万里路，历经坎坷，高人指路，自觉自悟，才开始看出一点儿门道来。

一个能量场是由三个部分组成：一是现象现量，即工作的现场地头的呈现，这是在特定时空交汇的场域中，现场与环境合作式互动，创造绝活能力或是造物能量的表达；二是写象，即大数据（也就是巴迪欧意义上的数学本体论），表现为理性和逻辑能力，是以历史和逻辑的大数据为依据的；三是无象、空性或灰度，表现为直觉能力和直觉思维，代表了人的潜能和无穷多的可能性。

其实，这样三个维度里，每一个维度都包含着由另外两个维度所组合成的阴阳的冲和。这样循环往复，就演化出无穷多的造物表达方式和后果。地头力改善，就是要扣准三个维度交汇区域的扳机。三个维度重叠大的部分，就是潜能发挥效果最好的区域。依此推论，当三个维度重叠相交时，造物能量最大！河田信老师再三强调，潜意识和潜能是在任何条件下都会趋于无穷大的变量。地头力较劲的地方，就是能够多大程度上激发场域内外人们的潜意识和潜能。河田信老师功力深厚，看到了地头力的这样三个维度，看到了场域造物能量爆发的画面。

这个视图的冲击力，来自冰山一角下面的冰川，那是一个潜意识、潜能和无意识的作用空间，那是我们祖先经历若干灭顶之灾后所传承下来的英雄基因（刘永行语），那里有空性转化万有的众妙之门。而那个空性所涌动着的能量，是你无法想象的。其中不仅包含人的潜能，还包含暗物质和暗能量所存在的潜能。地头力的微妙之处就在于如何去激活这部分能量。现代科学证明，如果已经形成的积累的能量为1，那么你身体内所蕴含着的潜能就有3万倍。这只是一个人身上的潜能。如果是相互连接着的一个组织的整体能量的集合，那就是无穷大了。

有一次，北大哲学教授楼宇烈听了我的解析后说："这个很强大，是儒释道三家要去的核心地带。"老先生在说，让人开悟证悟，从而体会自性爆发和潜能爆发的状态和境界，这是中国国学要去的方向。这也是地头力要去的方向。

这个三维度地头力作用图，还暗合了美军特种兵突击队员与军官培养的重点（见图7-2）。美军平时训战最重视的不是才智的教育，而是潜意识和天性的开发。那是处于任何时空交汇的节点最需要的品质。他们的身上，已经被整体赋能，被赋予了美军最强的火力和能量。他们最需要的是对环境、对事件的直觉感应力和判断力，那里蕴含着强大的原力。

古今中外大部分有创造性的领袖、军人、巨匠、科学家、武术家、炼丹人、修行人等，大多在这个层面有独一无二的直觉穿透力。中国第

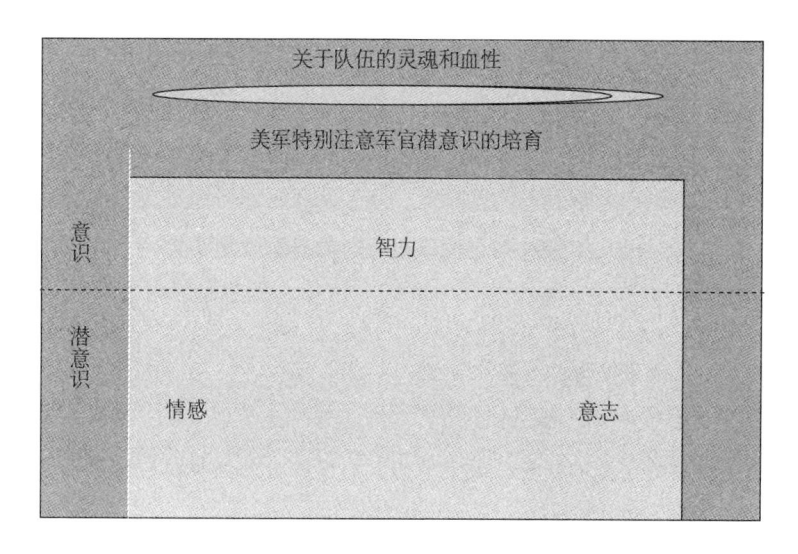

图 7-2 美军特种兵突击队员与军官培养重点示意图

资料来源：《向军队学习管理之灵魂与血性》，金一南、田涛培训课程，2016 年。

一代企业家受教育不多，但是直觉能力特别强大。这表现在把握公司帝国的商业逻辑，一以贯之的价值和文化上。这无疑是公司的魂魄。现在遇到一二代交接班的时期，许多二代和专家学者，就是看不懂为啥一代不交接班。其实，一代当然愿意交接班，可是他们却交不了。因为大多二代出国留学，逻辑和理性思维是足够的，可就是缺乏实践磨炼出来的直觉能力。这与一个人的灰度和空性的思维力密切相关。

无论你有多少理论，无论你信奉儒释道还是耶稣基督，那都是一些框框。地头力是在说，放下所有的框框，回到你的地头——时空交汇的那个节点上，直接连接你的潜意识和无意识能量，直接连接周边的能量场。而最好的连接，就是我老娘说的"头拱地出绝活"。只头拱地不行，还必须有个出口绝活；只想着绝活也不行，还必须有聚精会神、头拱地突破层层障碍的坚韧不拔和制心一处。

移动互联时代已经把世界拉进你的手掌。只要你愿意，你可以跟世界上任何一个人取得联系，极大地拓展了工作的空间。一个电光火石的需求，一个不经意的现场问题，一个飘来的信息，就可能会阴差阳错地激活一个巨大的沉寂的能量场。

在与河田信老师互动的基础上，几年来我不断研究华为等新公司案例，后来又经过几年来我与企业家交流时的打磨，地头力一个无极能量场的概念形成了：

地头力概念：无极能量场。

在无常、混沌、灰度而又充满活力的造物场域中，激活个人和组织内外场域的能量，凭直觉力，引发生命的新契机，穷尽人和物的天性，赞天地之化育，创造出妙有和妙用的绝活。

地头力 = 场域 × 绝活 × 训战

与地头力第一层次——向当下要力量的一个有效行为不同，地头力第二个层次有着更深刻的内涵。

目的：现实需要创造绝活。

场域：既指个人能量场，也指无常、混沌而又充满活力的组织场域，泛指个人和组织内外场域。

原则：无依则生，有一则活。

方式：改变自己，清空一切经验、教条、框框，以无法为有法，以无限为有限。

能量：现场、大数据、潜意识的整体能量，个人、组织乃至宇宙之整体能量。

绝活：指妙有和妙用。"妙"的甲骨文，是左边一个小鲜肉和右边一个处女初次契合之妙不可言的状态。"妙有"是有形的产品，"妙用"是无形的场。

训练：员工训战结合的生命教育。

地头力的第二个层次，是天性爆发的原力觉醒，潜能爆发开启了一个无极能量场。任何一个当下行为的有效性，取决于现场现量"现象"、大数据逻辑"写象"、空性灰度"无象"三个维度能量的整合。其中最具无穷可能性的，是空性、灰度、无象的维度，那里是潜意识潜能的发源地。这是当下最前沿的东西方智慧聚焦的一个能量场。在一个活力场中，人人原力觉醒，穷尽人和物的自性，赞天地之化育，创造出绝活——万千妙有和妙用。

这个地头力概念，是对原初概念的丰富。地头力从一个感性的头拱地行为，到了一个催动生命新契机的能量场，从一个现场解决问题的有效性，拓展到一个可以连接内外场域的能量场，地头力精进了！

所有的诠释都受制于脉络。一切意义都依赖脉络而生，但是脉络本身却毫无边界。我们必须对背景脉络敏感一点儿，才能理解其意义。我们每个人都有自己生命历程中经历的事件及其背后的情势，时刻面对它们。只要我们考虑到的脉络越丰富，我们的诠释就越丰富。在不同的脉络中，可以呈现出立体的地头力，可以挖掘出地头力的深度和丰度。

一曰慈

一曰慈，同理心、恻隐心和敬畏心恒守万物的真常。勇猛精进、自我超越成大器，唯有靠万物一体之仁了。

庄子喜欢用他的人物语言把很深的道理呈现出来。我们已经领教了哀骀它，现在我们再来看庄子的另外一个人物王骀。

王骀：生命教育的最大可能是心灵启发

庄子在《德充符》中说了一则寓言：受刑被砍掉一只脚的王骀，在鲁国是跟孔子齐名的教育家。他不像孔子那样诲人不倦，可是跟着他的学生一点儿不比跟着孔子的少。这个现象引发了孔子的学生常季极大的好奇。他问孔子：

"为什么一个残废的人竟然胜过了先生？他到底有什么独特的地方？"

孔子回应说，这个王骀可是个圣人！我孔丘不仅自己要跟他学，还会引导天下的学子跟随王骀学习！自古所有的教育都是老师说、学生记，老师给学生释疑解惑。而王骀却偏偏反其道而行之。他不用言语，从来不教导学生，他用生命撞醒学生的生命。或静坐，或站立，或行走，就可以连接天地的气息，直接抵达学生内心，融化那些坚硬的块垒，让一颗冰冷的心活起来。学生去的时候各有各的纠结，混沌无明，而离开的时候却是清爽透明、精气神充沛。这是王骀吸引世人的地方。

庄子在借王骀谈人的心灵的更大可能性。教育的重点，就是心灵的感通、心心相印上进行带动，而不只是语言观念的强硬灌输，去教导学生。教育最大的可能就是心灵的启发。

即使天崩地裂，他也会以自己的方式活着。

我们一般人的生活，都如人偶一般围绕着生死的主轴打转转，没有空间给心灵。在死亡的恐惧中，不断改变、放弃自己的原则，放弃自己主动的生活，让自己不再是一个生命的创造者，而是沦落为一个旋转的陀螺。王骀却已经超越生死，以至生死已不能再操纵他了。即使是天崩地裂，王骀内在的那一份精神，那一份主体性，也不会因此而遗失。因为那只是天地的事，不是他自己的事。即使天崩地裂，他也会以自己的方式活着。

王骀的心是空的。他不会给他的学生任何心理暗示，哪怕潜意识里的暗示也没有。他已经空无所空。一如水，无欲，不争和柔弱。心定则静,静而后能安,安则喜悦生。心若不安,则精神涣散,种种烦恼苦闷不招自来。

心学的境界:坚信空性、无常、灰度、当下!

知教凭借言语道理的循循善诱,而王骀的心学则是直接唤醒人们的生命原力。王骀已经不用眼、耳、鼻、舌、身、意去辨别、认识这个生生不息的世界了,他是从整体和谐的演化中看这个世界的一草一木。他与万物心灵感通,与天地共精神。学生跟他在一起,生命的原力就会被催生和唤醒。

王骀以生命撞醒生命的独特心学,包含生万有的"虚空"或"空性"、变动不居的"无常"或灰度,以及时新的"当下"。王骀坚信"无"。一旦对"无"或"空性"有了信仰,随时准备好把一切看成是"无"的显现,知道是什么理由让某一种形得以存在,那么一个人必定会从容自若。王骀坚信"当下"。当下万缘具足。人与万物一样,无非是浩瀚表象世界的一下电闪。一念愚即智慧无,一念明即智慧生。

"空性,无常,灰度,当下",这是适应今天移动互联时代的重要思维方式。如果你满脑子的是非对错,时刻准备只接纳最好的发生,不知迫而后起,那么你就早点洗洗睡算了。你矫情会往前走几步,早晚会众叛亲离。

庄子借孔子之口,传播着大道哲学思维和新的教学方法。这种心心相印的教学法,确实比起从循循善诱讲道理之中往前跨了一大步,由此塑造了人的心灵的更大可能性空间。唤醒生命原力,这是教育的全部目的。王骀不需要去教导,他把自性展现出来就可以教化人了。王骀把老子的处无为之事,行不言之教,无用之用,发挥到了极致。

万物一体的整体观。

常季继续问,他无法理解王骀这种人。那里蕴含的远不止是知识,那里面有一个未知世界，有一幅更大的宇宙画面。

孔子给学生耐心地解释，宇宙万物一体。像王骀这样的觉悟者，已经可以从万物一体的整体上去看这个世界了，已经有了一种整体观。他已经不用眼、耳、鼻、舌、身去辨别这个生生不息的世界了。因此他看到的是一个整体的宇宙，是一个没有冲突的整体世界。他是从整体和谐的演化中看这个世界的一草一木。

一般人失掉了一只脚后会大惊失色，哎呀，不得了了，没了脚可怎么活……可是，这不是真实的人生。没了脚对有觉性的王骀来说，就跟掉了一块泥巴一样，对自己没有影响，对世界也没有影响。

这里强调的不仅是一种生命教育传承方式，也包含了对万事万物的一种深深的敬畏。每个人在这个世界上都离不开"自修自得"。每个人的天性受不了那些无谓的教导。他们要自己经历危机，要自己走向成熟，要自己撕开禁锢的盔甲，要自己觉醒上路。敬畏生命昙花一现的本质，敬畏生命无限可能性的空间。

真实的人生富有创造性的生命力。就是求取功名心切的将军们，一旦上了战场，他们也会放下那种利得心，他们会勇猛无比，创造无法想象的功绩。那些已经有生命觉醒的圣人，他们只是把生命暂时存储在身体中。他们知道，眼、耳、鼻、舌、身、意六识对实相的认识只是皮相。所以他们能够把六识的认知再行统和到整体的大道认识上去。他们当然会摆脱死亡的恐惧，从而进入更大的创造性空间。

王骀不会让自己的认识停留在只见树木而不见森林上，他会让自己看到的世界有一个整体性，而且从中掌握事物的运行规则；他的心还是充满着活泼泼的生机；他还保持着天真烂漫；他所要塑造的既是一个完整的人格，又是一个创造力喷发的生命。可以说，他开拓了生命的另一种可能性空间。

王骀不是个知识传播者。他关注的重点是人格的完整。他所有要培养的是从自我认识到天性的葆有和开发，这就是最重要的德性了。头拱地的人，具有完整的人格，生死、皮肉之苦早被置之度外了，与大道合一拥有活泼泼的生命，随时随地进入更大的可能性空间。

王骀自己能够"从整体上看万物，没了脚就跟掉了块泥巴一样"。这样一种开阔的生命状态，这样一个完整的人格，注定要激发起每个接触他的人整体观，注定要催生学生人格的完整。

地头力法则 44：觉醒者从万物一体的视角看万物，没了脚就跟掉了块泥巴一样，对自己和世界都没有影响。

王骀没做什么事业，社会为什么推崇他呢？

常季又问，像王骀这种修行人，他用他的体悟修得了他的常心，凭借常心他可以认识到这个世界变化的常理。修为，只是他个人的事，对社会又有什么用处呢？他并没有做出什么事业来，而为什么社会上这么推崇他呢？

孔子解释说，人在流动的水中没法照出自己，而人会在平静的水前照镜子。从大地吸收了天地之气而得到生命的，只有松柏特别纯正，是以在春夏秋冬都显得特别青翠。秉受天命而又有生命的人类中，尧舜是天地之间得正气的代表，有着最纯正的天性。他们又用这样的天地之正气，调节众生的天性，让众生回到自然的大道上。天地之间有纯正的天性的，有松柏、尧舜及王骀。他们用自己纯正的天性唤醒众生，做一个自我命运的创造者。

现实中的人们，大多受生存恐惧的影响，总是提心吊胆、宠辱若惊。这样的人生是支离破碎的人生，是纠结的人生。凡能够保住来自自然大道的天性，能够不受现实生存恐惧的影响，就会自然表现出不惧怕生死的勇气。一如一个母亲，为了孩子什么样的勇气都可以产生；一位勇士可以只身闯进千军万马之中，而雄踞于九军。

人人都想开发自己的天性，人人想要一个整体的创造性的生命。至人，不看重观感直觉对于外在事物的认知。他们会把这些皮相的认识、表面的认识，转化成对于事物的整体认识，从而有了创造性的自我显现。那些由于感官而形成的万事万物的种种认知，有价值的、无价值的，有意义的、无意义的，都可以统归于道这个整体。当人真正掌握了生命天性中的整体性，即使缺了什么，也可以无往而不胜。我们只要开发出天性，就会有一个整体的创造性的生命。

王骀，不会以教导别人为一生的使命。没有人需要教导。王骀，不会去教育别人、教导别人！他怎么会呢？！他所要做的就是把自性展现出来就成了。他仅仅是一面镜子，人们在这面镜子前，会照出自己的影像，会醒觉自己的生命状态，所以人们就自动前来找他。人们愿意跟着他享受生命的喜悦。

人们渴望了解自己，渴望醒觉自己的一生。当一个人已经很平静，没有了龇牙咧嘴的欲望时，他们就如同镜子，可以让人们照出自己的影像。这种人之所以能如此，之所以能照见自己，就是因为他们已经处于那种纯正的状态中了。人们在平常之中都有一个对象，也只有在与人交往的过程中，才可以了解自己。所以，当一个人心静如止水时，人们就会在他面前停下来，就会在他那里照照自己。这些人，还不只是发扬了先天的禀赋，不只是把自己的禀赋全然显现出来。王骀已经超脱了生物体的限制，掌握了天地运行的枢纽，一切都顺自然而行。

王骀这样的人，他已经从自我的认识，到达生命全面的觉醒。他深切地了解自己，也了解众人。人一旦认识了自己先天的禀赋，自然就有了实现先天禀赋的力量。这样一种不言之教，会激发每一个人的探索动力。人们渴望了解自己，渴望在不受干扰的条件下找到自己的天性，以便可以拥有无穷的勇敢和信念。人人期待成为自己的勇士。这是王骀成为稀缺资源的重要原因。

当今社会，太多"大师""帝王""企业家""管理者"，他们大都处在一种"无所不知"的境地，已经不可能再去学什么东西了。他们已经没有不知道的事了。可惜，他们还真不了解他们自己。在社会上穿行的"大师们"，本身就欲望满满，怎么可以让他人照见自己？社会呼唤王骀这样的教育家！

王骀有着丰富的内涵。王骀清楚，他不可能帮人去发现自己的天赋，他实际上只能教一件事，那就是探索自己，深入探索自己，然后超越自己。他没有教诲，只有充满自性的存在。他在观自己，在从整体上把握事物，在一刻接一刻地从整体上发现自己。站在这样纯正、清澈的镜子前，生命就会在不经意间被撞醒、被激发、被开启。

地头力法则 45： 人们渴望了解自己，渴望天性爆发，渴望开启心灵的无穷性。这些潜意识层面的开发不需要教导，只需要被撞醒、激发和开启！

天下至慈，莫过恒守万物真常之态：阴阳相生，善恶相明，贵贱相敬，强弱相辅，难易相成，长短相形，高下相盈，音声相和，前后相随，正复为反，善复为妖……在这种活泼泼的混沌中，"我无为而民自化，我好静而民自正，我无事而民自富，我无欲而民自朴，我无情而民自清"。功成事遂，人人都会说"我自然"。

二曰俭

凡人打妄想，自诩千年忧；唯有无始道，创法大自然。无名天地始，有名万物母；无极众妙门，刹那地头力。

治人事天莫若啬！唯有俭、朴、少、一啬到底，去掉一切多余的东西，恢复到生命简单的本质，那才是真正打开了众妙之门，妙有、妙用层出不穷。老子的智慧在当今最具创新力的领袖身上展露无遗。

极简主义者乔布斯：人生是实现灵魂旨意的道场

1974年4月，19岁的乔布斯来到了印度。年轻的乔布斯厌倦了美国上下追求财富、成功的氛围。他感觉不对，又说不出个所以然来，就想去东方印度寻求神性的启迪。19岁的他，为了追寻心中的理想，能不怕艰苦，一个人不远万里来到陌生的国度，其意志不是一般人所具有的。

在酷热难耐的夏天，他以新德里作为据点，白天出门乘坐破旧的公交车，晚上要走过用破铁皮和包装箱做成的贫民窟小房子，还有在垃圾堆上觅食的奶牛和睡在马路边的穷人。他还沿着干涸的河床长途跋涉，忍受着脚被磨出了血的痛苦，去拜访了几位瑜伽导师。

印度的真实状况与它神圣的光辉之间所存在的触目惊心的差距，让乔布斯对他幻想中的印度产生了许多疑问。特别是他第一次遇见那么多的穷人，他们和加利福尼亚穷困的嬉皮士不一样，因为嬉皮士们的穷困是可以选择的，而印度穷人的贫穷是命运使然，是难以改变的。

在印度，他没有找到心中的圣人，虽然遇到了许多神性大师，他却感觉透心凉。没有一个大师可以启示他如何在混沌、浮躁的世界里建立屹立不倒的自己。正如他所说："我找不到一个地方，能待上一个月，得到醍醐灌顶的顿悟。"

有些失望的乔布斯，不再寻找神性大师。后来，他禁不住西藏的诱惑，来到喜马拉雅山脚下，他糊里糊涂到达了古老的温泉小镇马纳里，睡在油渍渍的床单上，在那里过着简单的生活。

就是那个晚上，看到电灯，他想起了发明电灯的爱迪生。那是个历史性的夜晚。此前他一直在研发产品还是追求神性哲学中摇摆。爱迪生告诉他："创造伟大的产品，通过物质来把你的灵魂和精神传递出去，改变世界！"这不就是他孤独的灵魂一直在期盼的事吗？那不就是他的灵魂要去的方向吗？！他太兴奋了！那个晚上重新塑造了他，也塑造了今天这个世界。乔布斯的这个顿悟很重要。

从那天以后，乔布斯的灵魂不再漂泊，他立下一个大志，发了一个大愿，要通过创造独一无二的产品，把他的思想传递出去，感动人们，从而改变世界。世界是绝对不可能靠发现什么新的哲学和逻辑体系来改变的。正是带着这样的初心，乔布斯回到美国就跟沃兹一起在他家的车库里研发电脑。

乔布斯后来说，那是我生平第一次开始思考，也许托马斯·爱迪生对改变世界做出的贡献比我们想象的要大。

《乔布斯传》作者沃尔特·艾萨克森曾问过乔布斯，7个月的印度之旅究竟对他产生了多深远的影响，乔布斯回答说：

> 我回到美国之后感受到的文化冲击，比我去印度时感受到的还要强烈。印度乡间的人与我们不同，我们运用思维，而他们运用直觉，他们的直觉比世界上其他地方的人要发达得多。直觉是非常强大的，在我看来比思维更加强大。直觉对我的工作有很大的影响。
>
> 西方的理性思维并不是人类先天就具有的，而是通过学习获得的，它是西方文明的一项伟大成就。而在印度的村子里，人们从未学习过理性思维，他们学习的是其他东西，在某些方面与理性思维同样有价值，那就是直觉和经验智慧的力量。
>
> 在印度的村庄待了7个月后再回到美国，我看到了西方世界的疯狂以及理性思维的局限。如果你坐下来静静观察，你会发现自己的心灵有多焦躁。如果你想平静下来，那情况只会更糟，但是时

间久了之后总会平静下来，心里就会有空间让你聆听更加微妙的东西——这时候你的直觉就开始发展，你看事情会更加透彻，也更能感受现实的环境。你的心灵逐渐平静下来，你的视界会极大地延伸。你能看到之前看不到的东西。这是一种修行，你必须不断学习。

禅对我的生活一直有很深的影响。我从禅中学到的真理就是，如果你愿意跋山涉水去见一个导师的话，往往你的身边就会出现一位。

乔布斯在这次朝圣的经历中最大的收获首先是静心，其次是经由静心而打开了右脑，获得的洞察力——直觉，一眼看穿用户需要的本领。心静会看到、听到微妙的东西，你的直觉力会强大起来，视野会极大地延伸，会拥有独一无二的洞察力，拿出使客户心痒的绝活。

当时 PC（个人电脑）业务正在蓬勃发展，很多从事 IT（信息技术）行业的先驱，尤其是另一个巨人——微软，他们都在不断地填补市场的空白。微软的思路大概是，透过系统的调研找到用户需要的，然后集成进操作系统中。而乔布斯绝不会这么做，他通过这种洞察力发觉了用户想要但自己却没有发觉的功能。这种洞察力，不经过特殊生活方式的洗礼，是不能够被开启的。

地头力法则 46： 简约，极简，素朴，本然，少接口，做减法。用最少的资源，制造出最有价值的产品，从而改变世界。

禅宗式的冥想，让乔布斯收获新的启发。这种力量甚至在乔布斯被公司撵出来、在最脆弱的时候支撑着他。他反思、领悟，并像凤凰一样浴火重生。

乔布斯宣布："设计是制造产业最根本的灵魂。"

没有什么东西的意义可以超越设计！在乔布斯看来，如果你想把产品的体验做到极致，如果你希望产品足够稳定可靠，那么最好的方式是尽量减少零件，减少零件意味着减少接口，减少接口意味着更小的误差以及更高的稳定性。乔布斯偏好简约、极简、素朴、本然。

乔布斯并不相信消费者调查。他说："亨利·福特如果去问客户，是选择马车还是选择汽车？客户肯定选择马车。因为他们不知道汽车。同理，如果人们不知道基于图形的电脑是什么，那我怎么可能去问他们想要什么样的基于图形的电脑？没人见过这样的电脑！"他认为向人们展示一台计算器无助于令其想象未来的电脑。

乔布斯的生活也简单。家里几乎没什么家具，就只有一幅爱因斯坦像、一套昂贵的音响设备、一盏蒂芬尼台灯、一张床和一把椅子。这种环境令人心绪平静，也使感官更敏锐。他的衣服一年四季都是黑色T恤。他不主张拥有很多东西。物品的削减，从一个侧面反映了他心灵的干净。

极简的观念还渗透到他的所有层面。每一次开发，他都搜罗该领域所能找到的最好人才，亲自招募开发小组。或许是被自己创办的公司炒掉的历史教训，使他对大型组织没什么好感。他认为那些组织充满官僚主义，效率低下。他将自己不喜爱的组织称为"bozos"（笨蛋）。乔布斯说："我无法记住超过100人的员工的名字，我只想与自己认识的人共事。所以如果超过了100人，它将变成不同的组织形式，我就无法工作。我喜爱的工作方式是我可以关照到方方面面。"

对极简有着刻骨铭心的喜好，一直就活在极简单的场域中。乔布斯认为，这是一个人可以连接最终用户的重要途径。当他身处简单的场域中，他冥想着万物一体的世界，深深地进入他自己，也就是深深地进入了客户。所以他最清楚最终用户需要什么。

他一直不断强迫大家提高自我期待，让他们觉得自己多么了不起，他们是可以改变世界的；另外，在实际制作精致的产品上，他残酷地否决大家的工作，直到他认为产品已经达到足够完美的程度。

在苹果，设计师是公司中的阶层最高的人，由乔布斯亲自带领。但在其他公司，设计师并不在最高层，被埋没在官僚主义之下。官僚主义在于：许多人只有说"是"的权利，而没有说"不"的权利。所以，这样生产出来的产品都经过妥协。这有悖于乔布斯的哲学：最重要的决定是你决定不去做的事，而不是你决定去做的事。这又是他的极简主义思想。

地头力法则 47： 深深地进入自己，才能深深地进入客户。设计的最高境界，是用直觉力和洞察力去发现和呈现万物一体之真善美。

极简主义者乔布斯不是禁欲主义。他的欲望很大，他要改变世界。他深知，要改变世界就只能聚焦于独一无二的绝活。他领导的苹果，之所以能凭借一款 iPhone 颠覆智能手机，正是因为这是苹果公司制造的唯一一款手机。如果新一代 iPhone 的研发遇到什么问题，想不出解决方案，团队中的任何人都不会回家。苹果公司的产品线精之又精，这并非巧合，因为每一款产品都"输不起"。苹果的创意精英们，更热爱公司资源受限，因为这样会激发出更大的创造力。他们不会像诺基亚和摩托罗拉那样，生产太多的机型，以适应不同的消费者。看上去那样很舒缓，实际上却没有办法把创造人员的激情极大地激发出来。

老子用世智慧很强，特别强调"俭""朴""少""一""啬""低调""收敛"等，一言以蔽之——"治人事天莫若啬"！

治人事天莫若啬！唯有一啬到底：心怀敬畏和恭敬、深藏其气、固守其精，就会用直觉力发现有穿透力的简单，就会造出针尖刺破天的产品。

三曰不敢为天下先

"反者道之动,弱者道之用。天下万物生于有,有生于无。"

我们知道,老子"不争""不敢为天下先""柔弱处下"等思想,不是字面的意义,其后面有着七善一体的绝活,同时还有着在混沌和灰度中寻找出路和方向的含义。

乔布斯不会去追赶诺基亚、三星和摩托罗拉已经在智能手机上取得的成就,那是思维被体系化捆绑的产物,那是大潮泛起的泡沫,不是大潮涌动的源头。他关闭视野,不听、不看、不想市场上流行的东西,反要退而求其后,回到人们看不见的本源上去,去琢磨怠惰成性的人类,最想要"一机一世界"和"一键一世界"。他不跟潮流,反而领先潮流。这就是老子想用"不争"所表达的深邃思想。对于这个思想,乔布斯心领神会。

拉里·佩奇:"只有在原始的混沌中才能激发创新。"在风头上没有创新,想创新就回到更为宽泛的领域——混沌。拉里·佩奇是个原力觉醒的人。他醉心于自己的"痴心妄想",也希望自己的团队永葆"痴心妄想"。他最喜欢说的话就是"把你想法放大 10 倍"。往大处想,大到极处就是原始混沌灰度了。只有在原始混沌灰度中,才赋予创意精英更多自由,解开羁绊,激发创意。佩奇看上去就像个赌徒,可商业上的创新也是公平的:赌注下得越大,成功的概率往往也越大,因为企业无法负担失败的损失。相对地,如果下了一连串较小的赌注,没有一个威胁到企业的安危,那就有可能以平庸告终。

谷歌的愿景是"重组世界的信息,让它们变得更加有用,并让遍布全球各个角落的人们都能自由获取",当时很多人觉得佩奇太狂妄可笑了。但今天,佩奇觉得,"当时的格局不够宏大"。为什么当时的格局不够宏大？或许这是因为当时只在已经"有"的世界里打转转，而没有看到无极混沌才是众妙之门的发源地。现在他坚信：

"只有资源受限才可以激发真正的创新，只有在原始的混沌中才能激发创新！"

佩奇一方面坚信资源受限才能激发真正的创造，另一方面又坚信只有在原始的混沌中不受任何限制才能有真正的创造。受限与无限极，这是一个事物的两个极端。真正的创新，只有贯通两端才可以找到那个突破点，即扣其两端而执其中。

佩奇这个犹太智慧，着实包含了"万物生于有，有生于无"的道家思想。从原始的混沌，才可以开始思考创新的空间和可能性！那是一幅壮丽的画面：富有创新力的人，必然是那些常常可以回归原始混沌的人；那里有一道众妙之门，可以呈现无限的可能性空间，可以有层出不穷的妙有、妙用。

这就是老子为什么说"不敢为天下先"和"不争"了。这样一种不与现有万千术去比较，跳出工具和术的黑暗森林，不急于在一个个枝头上较长短，而是回归本源，回到原始的混沌，去拿出独一无二的绝活，这样一种"后其身而身先，外其身而身存"也就太惊艳了。

谢永健老师赞同这个观点，他赋诗一首：凡人打妄想，自诩千年忧；唯有无始道，创法大自然。感念于谢老的认同，我跟着和了一首：无名天地始，有名万物母；无极众妙门，刹那地头力。

刹那原始混沌场域，催生造物地头力；刹那造物地头力，生成刹那混沌场域。这样两个极端的抻拉，使得创造得以聚焦的同时，又可以极大限度地改变世界。

地头力法则 48：在资源极度受限与无穷可能性之两极抻拉的原始混沌中，痴心妄想扣其两端，一鼓到底聚焦，创意无限，绝活无限。

当一个人和一家公司，怀着敬畏心，深藏其气，固守其精，聚精会神把对的事做细、做透，也就是守住了"啬道"；同时，又可以回归原始混沌，冲破一切既成的羁绊，进入一种自由畅想的空间。这样来回抻拉，注定要用绝活改变世界。

把战略建立在不变的事物上的杰夫·贝佐斯就是这样一个例子。

特立独行的美国人杰夫·贝佐斯于 1995 年创立亚马逊。20 多年后的今天，亚马逊市值已经达到 3400 亿美元，成为全球最大的网络零售商，全球第二大互联网公司，仅次于 Google（谷歌）。

现在，世界顶级公司都在角逐云计算市场，而正是因为贝佐斯坚持把战略建立在不变的事物上，使得 AWS（Amazon Web Services）在云计算领域攻城略地，微软 Azure、谷歌 GCE、IBM SoftLayer 和阿里云四家的市场份额加起来也不及一个 AWS！

所有这一切，杰夫·贝佐斯都认为是源自他坚定正确的发展方向。杰夫·贝佐斯宣称：要抓住互联网瞬息万变的机会窗，必须把战略建立在不变的事物上。

"所以我们把精力放到这些不变的事物上，我们知道现在在上面投入的精力，会在 10 年里和 10 年后持续不断地让我们获益。当你发现了一个对的事情，甚至 10 年后依然如一，那么它就值得你将大量的精力倾注于此。"在瞬息万变的世界有不变的事物吗？

贝佐斯当然知道客户需求在变化，当然知道客户对性价比的追求是无限的。在商业上，这个不变的事物就是以客户为中心，就是客户对性价比的无限追求，就是分分钟要最大的价值与最低的费用。贝佐斯读懂了商业上这个不变的事物"一"，读懂了这个商业上的万物一体之道，于是他的亚马逊战略 20 年来一直非常清晰：

把战略建立在不变的事物上，同时提供无限的选择、顶级的购物体验和最低的价格。

20年来，贝佐斯抱元守一，恪守商业上的"一"，以不变应万变。无论对手怎么变化，无论是零售行业还是高科技的云计算，他始终抱定这个很傻、很笨、很朴素的战略，一条路走到底！他说："最开始我们就是以客户为出发点，现今只是回到起点，为了服务好客户，我们学习所有需要的技巧、开发和建造所有需要的技术。"

把战略建立在不变的事物上，是在说一个天大的事。客户与你的生命是一体的。他的痛就是你的痛。推己及人，己所不欲勿施于人，以客户心为心，就成为必然选项。把战略建立在不变的事物上，就是敬畏和肯定人的最高价值，就是把战略建立在万物一体的宇宙规律上。

老子早就指出，人们摆脱宠辱若惊之悲苦命运的途径，就是"贵以身为天下若可寄天下，爱以身为天下若可托天下"。当把客户当作你的衣食父母，你就想把世界上最好的东西给他们，这时你的企业就立在了坚实而厚重的大地上。

贝佐斯在真实与幻象之间，选择了真实，选择了商业的本真，抱元守一。唯其战略立足在不变的事物上，立足在大地上，才可以抓住瞬间万变的机会窗。有了坚实的大地，才可以使贝佐斯真正驾驭机会。贝佐斯发现，一件事做透了，一透一切透！一切即一，一即一切。贝佐斯抱元守一，才可以抓住转瞬即逝的真实机会。因为，所有眼花缭乱的机会、机遇、机会窗，都产生于那个如如不动的"一"。

贝佐斯抱素守朴，抱元守一，从"一"出发，还有了一个与众不同的逆向工作法。贝佐斯在2008年致股东的一封信中写道："最终，技能都将过时。'逆向工作法'要求我们必须探索新技能并加以磨炼，永远不会在意迈出第一步时的那种不适与尴尬。"

逆向工作法，要求以终为始，以最终目标为靶子，一切都从那里出发。在这个方向性问题上，没有所谓的逐步来，渐渐走。要么选择，要么不选择！把这个思维贯彻到商业上来，就是真正以客户为中心。最终用户的痛点、痒痒肉、服务体验，是所有一切的价值尺度。世界围绕着价值旋转。

贝佐斯让我体会到大道在商业上的应用，那就是切忌搬弄概念来说事。把战略建立在不变的事物上，就是以客户为中心，就是丢开幻象，按下真实大道的确认键，就是抱素守朴，以万物一体的本真为坐标。

地头力法则 49： 把战略建立在不变的事物上，为客户创造最大化的价值，抱素守朴以万物一体的本真为坐标。

贝佐斯抱素守朴，从万物一体的角度以己推人，走在了充满阳光的万物一体的大道上！那里没有假货，那里没有欺骗，那里有活泼泼的大生命，那里有最坚实的信任！所有看得见的和看不见的宇宙能量，包括所有的暗物质、暗能量，都在向亚马逊聚集！

把战略建立在不变的事物上，也就是老子倡导的生命万物一体的整体观，反映在他一系列简单、深刻的论述上：

> 天地所以能长且久者，以其不自生故能长生！
> 贵以身为天下，若可寄天下；爱以身为天下，若可托天下！
> 既以为人己愈有，既以与人己愈多！
> 反者道之动，弱者道之用，万物生于有，有生于无。
> 天得一以清，地得一以宁，神得一以灵，谷得一以盈，万物得一以生。

老子的道德真源

有一则寓言说，老子的老师商容病了。商容是殷商时期的一个贵族，很有修为。老子走到商容床前，恭敬地问："老师，你还有什么要教导弟子？"

商容问："我问你，过自己的故乡时要下车步行，知道为什么吗？"

老子道："是因为不要忘记故乡水土的养育之恩。"

商容问："走过高大葱翠的古树之下，为啥要低头恭谨而行？"

老子道："是为了要尊重古树顽强的生命力。"

商容张开嘴，问："我的舌头还在吗？我的牙齿还在吗？"

老子道："舌头还在，牙齿掉光了。"

商容注视着老子，问："这是什么道理呀？"

老子默然片刻道："刚强的易早折损，而柔弱的却长存而不坏吗？"

商容松了一口气道："是的。天下间的道理已全部蕴含在这三件事之中了。"

后来，老子基于自己的修行，并结合自己对自然和世界的观察，赋予商容的三件事道的内涵，终于创立了独具特色的道家学说。老子站在三维空间之外，透视混沌中的人类和宇宙，以最简单的语言把三宝大道品质说了出来。这是做人做事的源头。唯有回到这样的源头，才可以绽放天性中的无穷性，拿出与众不同的绝活，生命才会有真实的价值。

老子怀有一颗连接万有的赤子之心，看到了一幅波澜壮阔的画面：灰度乃万事万物之总体观——反者道之动，弱者道之用。

万事万物生生不息，大概是因为有相互冲和的两极在不停地循环运转。你看到一种极端现象出现，别着急！事物本身的发展会生出另外一种相反的力量，使它们各返其真。这就是大道的运动。天下万物生于有，而有生于无。而柔弱、谦下、虚空，则会不毁万物之真。这几句话把天下的事说明白了。老子从商容那里体会得到谦下、柔弱、清静、无为的妙用。"天下莫柔弱于水，而攻坚强者莫之能胜，以其无以易之也。弱之胜强，柔之胜刚，天下莫不知莫能行。"无为而无不为，柔弱胜刚强。这是人们认知这个世界的总纲,也是在这个混沌的世界里生存之道的总纲。

混沌是一种整体观。正与反的平衡也是一种整体观。混沌是处在无极状态,而正反的平衡却是现实世界分分钟必须达成的,每一个时点、每一个场域,达成正反平衡的点都不一样。

是非有了,道就亏了。是非理论的彰显,大道整体就亏了,人的偏爱也就由此形成。众人各有各的偏爱,各有各的坚持。在现实社会取得成功的人,比如企业家、政治明星或艺术明星等,太多自信满满,以为自己的所知、所见,是绝对真理,而忽略了其他人的差异性。他们醉心于独一无二的技能,却忽略了年轻一代的喜好,甚至也忽略了自己孩子的喜好,把"90后"特有的才能给淹没了。

他们没有明白,高深的智慧、坚韧不拔的意志、独一无二的技艺、一不怕苦二不怕死的精神等,都有着特殊的环境和场域。现在环境变了,场域变了,生存的主题转换了,可是他们还深深陷在惯性之中。他们说的东西,开始与人有了隔膜,那并不是一般众人可以弄明白的,还不是一般人必须弄明白的,也不是人人都可以学得到的。他们在言之凿凿的坚持中与众人脱离开来。他们不明白这一点,就一味加以解说,建立理论,不厌其烦。可是,人们并不买账!

伴随着成功,自己的强权意志也在滋长。他们笃信自己体验到的就是真,而抹掉了年轻一代个性绽放的渴望。他们的孩子,只剩下一味模仿父辈这一条路了。他们的成功成了抹杀孩子喜好和天性的最大杀手。难道,这真是生命的成就吗?

这样不能算一个生命的成就。他们拥有自己的特殊技艺和蛮力,在自己狭小范围内的一种成就,一个有限的部分,这种呈现随时会烟消云散。尤其是当他们借自己的成就开始展现蛊惑人心的聪明,放纵自己夸耀本性的冲动时,就纯然背道而驰了。有生命觉醒的人,不会这样无知。他们没有了自我夸耀的冲动,就有了超然的态度,排除了自己的冲动和欲望，这样心就澄明了。这时，他们是知道"反者道之动"的时候了。

世界博大。任正非、乔布斯、贝佐斯、稻盛和夫等企业家，都知道反者道之动的道理，常常是执其另一极端而发招。比如，当时任正非以两万块钱创办华为时，开始只能从贸易做起。但是有一点点钱，他就开始投入巨资搞研发。在通信行业，那是国际跨国公司一统天下。他们有雄厚的资本、雄厚的技术保护、全球顶尖的人才、傲视全球的管理和文化。面对这样的对手，大的国企都没了胆气，而华为这家小公司，偏偏抽离贸易的红海，直接进入顶尖产品的开发领域。当时，左右任正非的就是不能流俗、要有绝活！绝活就是高技术含量的产品。

智者会跳出成功带来的陷阱，他们对这个世界的实相有一种刻骨铭心的敬畏。他们小心谨慎、战战兢兢、傻头傻脑地等待着新发生，而不肯用他们过往的经验武断评判新条件下的新发生。他们不说过头话，有时甚至不说恰到好处的话，就是怕造成他人的依赖，而断了他人的慧命。他们以身作则，做不到的事绝对不说。他们对语言有着很高的警惕，他们喜爱用行为说话。

第八章 「做好」的功课二：以场域观场域，以天下观天下

造物场域能量＝场域的智慧 × 身体的智慧 × 头脑的智慧

電光火石針尖麦芒
乙未若水

直面当下难题：人们心性乱了，原力被锁住了

在渴求之中，存在着欲望的爆发力。

——尼采

经历劳苦的人有福了！他们已经找着了生命。

——《多马福音》

今天物质上富裕起来的中国，却面临诸多危难：部分居民不敢相信中国企业的产品，每年花上万亿人民币到国外暴买食品、日用品、药品等必需品；部分中国人的造物精神淡薄，有些人不再安心做工匠了，不再醉心造物了；自然环境呈恶化之势；有些人的原力被锁住，他们内心焦虑、能量场弱化。该怎样重拾这些人的心性，该如何激发他们的原力，是当今必须破解的难题。

在成就草原帝国之前，成吉思汗 4 次差点饿死，3 次被追杀亡命，2 次全军覆没，3 次众叛亲离。但他每次都在绝境中爆发出疯狂的渴望和意志，卷土重来，直至征服世界。强烈的英雄主义气概，支撑他建立了草原帝国。人要有点与众不同的英雄主义气概，同时要脚踏实地、聚精

会神投入当下，直接面对真实问题，当下地头发力出绝活。

地头发力出绝活，是这个时代每个生命的需要。当下困难重重，人必须克服内在与外在的一个个难题，产生一个个绝活，并不断积累起来，这样才会有一种出人意料的高端能力。这种高端能力，没有一种坚韧不拔的毅勇，没有头拱地精神，不经历苦难，是无论如何也出不来的。

"经历劳苦的人有福了，他们已经找着了生命。"

地头力之于个人，是自己为实现使命而充分调动自身内外的各种潜能，是不达目标誓不罢休的意志和行为；地头力之于组织，就是建构一个可以持续激发和维持团队创造激情的造物场域。个人内在场域形成个人能量场，组织内环境与外部关系连接之外场域整合，形成组织能量场。个人能量场与组织能量场相互推动，力出一孔，利出一孔，形成聚焦绝活的地头力。

我们此前侧重梳理和分析了个人地头力向当下要力量，涉及一系列原力觉醒的心性和品质。我们还梳理和分析了向当下要力量的背后，实际上是向当下的能量场要力量。我们揭示了个人无极能量场的多个层面。而当下能量场，包含个人能量场与公司能量场，但最终体现为公司造物场域之能量场。公司造物场域，由公司顶层设计、文化精神、体制流程、平台技术能力统和在一起，是地头力最终最具体的呈现，也是本书后续的重点。

场域改变基因：苍蝇变异成劳模

决定生命质地的不是基因，而是生命与环境启发式、合作式互动！

苍蝇，与肮脏为伍，与细菌相伴，不仅自己脏，还想方设法玷污人类的食物。人们都恨不得把苍蝇赶尽杀绝。可是，这么龌龊的无赖和恶棍，却堂而皇之地登上了澳大利亚的纸币，甚至悉尼奥运会还放飞了苍蝇吉祥物。

为什么令人深恶痛绝的苍蝇，会在澳大利亚受到如此礼遇？原来，澳大利亚的苍蝇早已不是疾病传染的载体，而成为名副其实的传授花粉的劳模。

200多年前，澳大利亚的苍蝇也和其他国家的苍蝇一样食腐，而且数量多得惊人。当时，澳大利亚人也讨论如何消除苍蝇，几经辩论，有一种观点占了上风：消灭苍蝇也就破坏了生物链；苍蝇本身不是事，源头还是藏污纳垢的环境。

200多年来，为了杜绝苍蝇传播疾病，每个澳大利亚人都行动起来——每个公民不但洁身自好，而且殚精竭虑地把公共场所的藏污纳垢之处彻底清扫干净，弄得苍蝇居然无处逐臭。

最终，澳大利亚的苍蝇绝望了。苍蝇经过无数次的尝试，终于找到了新食物——植物浆汁。

就这样，一代一代薪火相传，生活在澳大利亚的苍蝇早已忘记它们吃腐臭食物的本性。它们的饮食习惯竟与高贵的蜜蜂一样，采食花蜜。同时，苍蝇也承担起了蜜蜂的职责——为庄稼和树木传授花粉，成了传授花粉的劳模。

劳模苍蝇是澳大利亚创造的人类奇迹，而这个奇迹的创造归根结底来自澳大利亚人对整体环境改造的决心。这个事实导向了一个更有价值的认知："我"的本性，往往因外在环境或场域的变化而变化。不可以脱离当下的场域来说"我"的主体性。对这个特质，美国生物学家布鲁斯·利普顿有更为经典的概括。

生物学家布鲁斯·利普顿在理论上证实，从来不会有单方面的"基因操控生命"，生命是在环境与基因的双重作用下呈现出不同的状态。

利普顿从 7 岁开始就喜爱用显微镜观察细胞。神奇的细胞告诉他的不只是生命的机制，还告诉他如何拥有丰富而圆满的人生。他始终将细胞当作一个微型的人来看。这一想法与经典医学理论大相径庭，他毅然辞去美国知名学府终身教授的教职，自我放逐到加勒比海岸一个翠绿色的岛屿上，在那里的一所医学院任教。

因为远离了"基因操控生命"等文明社会的制式信念，他获得了真正的自由。他看到了这个岛屿上各种植物与动物如何不可思议地融合在一起，它们全都生活在一种生物与环境微妙而机动的平衡关系中。这里处处体现着生命的和谐，而不是达尔文进化论所强调的生命竞争本质。

利普顿发现，启动细胞生命机制的，是单细胞对环境的觉知和启发式合作式互动，而不是它的基因！不论是在单一细胞里，组织、脏腑的细胞群中，还是整个人体里，细胞生命的质地都取决于构成它的物质与能量的互动。能量就是一种气场，是已经释放了的物质，而物质是等待释放的能量。利普顿进一步发现，和单细胞一样，我们生命的质地，并非决定于基因，而是决定于我们对驱动生命环境信号所做出的反应。

1967 年，利普顿培植干细胞的启蒙老师说："当你培养的细胞生病的时候，你首先要看的是细胞所处的环境，而不是细胞本身。"当时，利普顿并没有体会到这句话所蕴含的智慧。来到加勒比海岸这个世外桃源，在与一群被美国大陆医学院淘汰的学生共鸣与共振的过程中，他才体会到启蒙老师的这个建议是理解生命本质的一个关键性洞见。

当为细胞提供一个健康的环境时，它们便能茁壮成长；当环境不那么理想时，细胞便衰败，而当环境重新好转时，这些生病的细胞便又恢复了生机。新发现让他惊叹不已，以至他得出结论，每一个生物学家都应该把"是环境，笨蛋！"这句标语贴在桌子上提醒自己，并将其视作座右铭。

利普顿说出了"它世界"的实相。达尔文进化论一直没有得到事实的佐证。为什么今天的猿猴变不成人？在弱肉强食的世界里，当一只鸟蜕变为有腿、有脚的动物，是很难完成的一个过程。它必须度过从翅膀蜕化为腿脚转换期的时间，还必须有一只异性的鸟也处在同一过程中，而且它们在没翅膀、没腿脚的时候，还不能遭受强敌，必须同时完成蜕化，赶紧生出孩子来。这一切过程的完结，是绝对不可能在短期内完成的。看来，生命进化的实相充满了偶然性。

科学家的发现，对经营管理有着很直接的启迪。那就是，这是个混沌灰度的世界，没有那么多必然性。在看一个人创造性时，环境场域的作用常常被人们忽视，人们挖空心思去寻找创造能力强的人。可是往往是能力强大的人找到了，却不能释放出超常的创造力。这就是场域的作用被人忽视的结果。你的企业，就没有一个创造性的氛围，你让创造型人才在你那里怎么发挥作用？而且，环境会分分钟改变创造型人才内在的场域。内场域、外场域，处于高度互动、转化、共融的状态。

用利普顿的话说：环境，环境，环境，还是环境！我们稍做改动：场域，场域，场域，还是场域！

中国经济很活跃，但创新度较低。问题究竟在哪里？缺乏一个激发创新的开放式造物场域，或简称"活力场"。一个国家这样，一个公司这样，一个人也这样。公司不去创造不同凡响的产品，而专注可复制的商业模式；个人不去发现自性天赋，做与众不同的事，而是乐于粘贴、复制、偷懒。在诸种不利创新的原因中，活力场的构筑有问题，这才是主要因素。

活力场的说法第一次进入我们的视野。这是开放的造物场域活泼泼的一种状态，其中的每个人，每一个因子，都在积极主动而又各安其分地尽职尽责。活力场又可分为外场域和内场域。外场域是外因，内场域是内因。国家创新，重点在企业创新，企业创新重点在个人出绝活。人人本自具足，富有创造性，如何从宏观上建构一个生生不息的活力场，激励激发人人回到自己的天性去尽情绽放自己，这是每个老板所必备的整体观。要知道一个国家的崛起，不单靠经济，更重要的是靠制度和文化所组成的场域。

地头力法则 50： 决定生命质地的不是基因，而是生命与环境交互式、合作式互动！团队的集体潜意识、公司氛围和场域，影响个体和公司整体的生命力。

对于我们生活、工作的世界，可以从三个维度来看：一是"我世界"，从每个人的主体意识精神来看的世界；二是"我们世界"，从我们群体（家庭、企业、社区、乡镇、县、市、省、国家、联合国等）所恪守的道德和善来看的共融世界；三是"它世界"，跳出主体精神价值，从万物一体的角度看的宇宙，宇宙生灵全部纳入视野。三个世界的框架丰富了我们的认知，使我们的意念、思想和方案有了落脚的地方。

对于"我世界"来说，"我们世界"与"它世界"属于外场域，"我世界"属于内场域。而对于"我们世界"来说，"我世界"与"它世界"又构成了外场域。内场域与外场域相互作用、相互推动，促进了各种各样的组织形式的发展。这里重要的是，从"它世界"看下来，就有了一种整体观。我们所说的素直之心，就是从纯然客观而且跳出三维世界的纠结所能够看到、听到的实相。那是如其所是地照看这个世界。

金字塔的建造者是一批欢快的自由人

在管理过度的地方，别指望员工可以拿出绝活。人的潜能唯有在身心灵和谐的情况下，才可以发挥出奇迹。

"金字塔的建造者,绝不会是奴隶,而只能是一批欢快的自由人。金字塔这么浩大的工程,被建造得那么精细,各个环节被衔接得那么天衣无缝,建造者必定是一批怀有虔诚之心的自由人。难以想象,一群有懈怠行为和对抗思想的奴隶,绝不可能让金字塔的巨石之间连一片小小的刀片都插不进去。"

1560年,瑞士钟表匠布克在游览金字塔时,做出这一石破天惊的推断。很长一段时间,这个推论被当作一个笑料。然而,400年之后,即2003年,埃及最高文物委员会宣布:通过对吉萨附近600处墓葬的发掘考证,金字塔是由当地具有自由身份的农民和手工业者建造的,而非希罗多德在《历史》中所记载——由30万奴隶所建造。

历史在这里发生了一个拐点,穿过漫漫的历史烟尘,400年前,那个叫布克的小小钟表匠,究竟凭什么否定了伟大的希罗多德?何以一眼就能洞穿金字塔是由自由人建造的?有好奇者对布克的历史做了详尽的调查。

原来,布克是法国的一名天主教信徒,1536年,因反对罗马教廷的刻板教规锒铛入狱。由于他是一位钟表制作大师,囚禁期间,被安排制作钟表。在那个失去自由的地方,布克发现无论狱方采取什么高压手段,自己都不能制作出日误差低于1/10秒的钟表,而在入狱之前,在自家的作坊里,布克能轻松制造出误差低于1/100秒的钟表。为什么会出现这种情况呢?布克苦苦思索。

起先,布克以为是制造钟表的环境太差,后来布克越狱逃跑,又过上了自由的生活。在更糟糕的环境里,布克制造钟表的水准竟然奇迹般地恢复了。此时,布克才发现真正影响钟表准确度的不是环境,而是制作钟表时的心情。

具有匠心匠魂的布克深有体会地写道:"一个钟表匠在不满和愤懑中,要想圆满地完成制作钟表的1200道工序是不可能的;在对抗和憎恨中，要精确地磨锉出一块钟表所需要的254个零件更是比登天还难。"

布克后来成为瑞士钟表业的奠基人与开创者。瑞士到现在仍然保持着布克的制表理念：不与那些强制工人工作或克扣工人工资的外国企业联合。他们认为那样的企业永远也造不出瑞士表。也就是说，在过分指导和严格监管的地方，别指望有奇迹发生，因为人的潜能，唯有在身心和谐的情况下，才能发挥到最佳水平。

地头力法则 51： 在管理过度的地方，别指望员工可以拿出绝活。人的潜能唯有在身心灵自在与灭顶危机迫在眼前时，才可能迸发。

据此，布克做出了关于埃及金字塔震撼历史的推断。这里我看重的是，一个工匠是怎么感受环境或场域作用的，这里起作用的不是理论也不是逻辑，而是一个工匠的真实感受。

中国传统视角注重人的内心、重视内心修炼，而西方传统的视角注重环境条件，看重环境对一个人心性的影响。这两个视角是圆融一体的。从两个角度切向一个共同的焦点：工匠极致的绝活。西方关注环境不是凭空的，是从参与者的情绪漂移、聚精会神的程度和一定要实现的意志，这样多重角度去观察，可以说细致入微。其实，东西方智慧在说同一件事：

环境（内环境）！环境（外环境）！还是环境（内外环境圆融当下）！

乔布斯从个人扭曲力场到苹果的开放式造物场域

乔布斯把个人的绝活扭曲力场，变成了苹果公司的开放式造物场域，形成一个强大而持续的万有引力，可以倾宇宙之力造苹果的妙有。

乔布斯是实现个人造物到场域造物转化的天才。乔布斯是一个有强烈生命欲望的人。19岁的他在印度寻访神性的启迪时，就发了一个大愿：通过造物改变世界！回国后他就与沃兹合作开始了电脑的研发。当乔布斯目光呆滞、专心造物时，欲望变得简单，美好和有价值的东西就开始涌现。一个个不同凡响的产品迅速改变了人们的社会生活。乔布斯不满足。他不断放弃已经形成的垄断，不断向新的领域进发，直到最后创造出美轮美奂的智能手机及其背后的整体系统，由此形成一个不同凡响的万有引力之源。

乔布斯认为盖茨只关注公司规模和商业模式的成功，只崇尚头上那些虚幻的商业真理，而没有崇尚那种创造、简化、成形和虚构之力。乔布斯看不上因循守旧缺乏生命张力的人。无论如何你都会失去生命，对待生命何不大胆冒险一点儿，去创造生命的奇迹！乔布斯从来不去听咨询师的建议，甚至连客户的建议他都不去听。他认为每当他进入空性，他对客户本能的了解，要远远超过客户对自身的了解。正是这样一种醉心造物而对人们的赞扬、谴责、希望和期待充耳不闻，甚至连想也不想的状态，可以使乔布斯进入一种忘我的场域，在那个沉静的地方，他找到了那个充满力量的无形之力，那个从人的怠惰和贪婪的根性上产生的强烈的欲望：一手一世界，一个简单的玩具把全世界所有的绝活都纳入其中。

经历背叛、排斥和打压，乔布斯在自己的道路上愈加坚定。从开始不会管理，不会做他人的工作，到最后确信，他是最懂管理的人。他不仅仅是在造物精神上不同凡响，而且在建构造物场域上也不同凡响。最终发现他自己就拥有一个至高无上的扭曲力场，任何人一旦进入他的场域，立刻就会发生实质的变化。乔布斯掌握了那个万有引力之源：充满力量的无形之力。那个无形之力，就是爱，那是大爱不爱、大仁不仁之爱，那是没有内在分裂和分别心的赤子之爱。

那个成为万有引力之源的爱，使得乔布斯可以把个人的扭曲力场，演化形成一个强大无比的苹果公司造物场域。这个造物场很强势，可以倾宇宙之力，造苹果的妙有。雷军学了苹果一点儿形，让粉丝积极主动参与进产品的研发和改善中，结果一下子形成了轰动一时的小米效应。但雷军还没有学到苹果的魂。苹果的魂就是直击人类懒惰的本性，用一个最简单的按键取代所有复杂的操作，而且还赋予终端一个无穷尽的智能库，让你想啥有啥。真正回到智能终端背后庞大的系统，还没有哪一家终端公司可以超越苹果。正是这样一种独一无二的绝活，让苹果今天依然势不可挡。苹果的"开放式造物场域"非常强大。即使库克"苹果表"不如意，还可以退守到乔布斯的大树下，安享一段时间的逍遥。

有人说，乔布斯过于勇猛精进所以早死。其实，"死而不亡者寿"。至今人们还要反复到乔布斯那里寻找思维和灵性上的动力，就是一个很好的例证。而且，《乔布斯传》中文版第 445 页有如下描述："乔布斯病情恶化，需要肝移植。在美国，病人没有合法途径在排队过程中插队，即使像乔布斯这样富有的人也不行。事实上他也没有那样做。"乔布斯的医生在全美各州搜索，最快也要等半年。乔布斯根本就没打算去"插队"。这也是出于乔布斯内心的敬畏和爱。

地头力法则 52：乔布斯敬畏创造、简化、成形和虚构之力，以万物一体之爱构筑苹果的扭曲力场。倾宇宙之力，造苹果的绝活。

乔布斯的命运与他所做的事，用西方的理论无法解释。而老子的《道德经》却有着很透彻的见地。那是乔布斯归根复命，找到自己的天性源头，一杆到底，拿出与众不同的绝活，引爆了商业生态的时空，形成一个其小无内、其大无外的开放场域，可以让乔布斯倾宇宙之力，造苹果的妙有绝活。乔布斯的巧妙处在于，利用移动互联网络，把一个深不可测的、开放的造物场域，整体呈现了出来。现在所有的公司，都已经开始自动或被动地接纳这样一个造物场域的现实。华为的造物场域比苹果更加开放，而其驾驭这个开放的造物场域的"灰度"理论，无疑更具有生命力。

地头力是一个生态系统中发生的事。这是每个人的内场域（心性与基因）与外场域（各种各样关系的总和）交互作用发生的事，这是每家公司的内场域（公司文化和体制）与外场域（客户、渠道、供应链、广义的生态等）交汇发生的事。地头发力，重在现场。这个"现场"是整体生态系统的一个聚焦点。当内场域和外场域聚合成一股强大的势能于某一个节点时，就可以倾个人、企业组织乃至宇宙之力，造公司当下之妙有！

稻盛和夫拯救日航：建构活力场

2009 年 2 月，稻盛和夫《人为什么活着》出版，出版社请我作序。稻盛和夫看了欢喜。6 月 9 日稻盛和夫约我晤谈。稻盛和夫开门见山问："你给我的书《人为什么活着》写的序打动我了，很感谢。你为什么那么给我写序？"

我说："1996 年在经营管理工作碰到难题时，我的老板向我推荐了两本书，一本是盛田昭夫写的《日本制造》，另一本是写您的《稻盛和夫：在逆境中奋进的企业家》。后来又读到了您写的书。您的两个思想给了我最大的启示：一是答案永远在现场，二是带着爱去工作。把这两个基本点注入血液中，我感觉所有的问题都可以迎刃而解了。"

稻盛和夫眼中有温度了。他说："是的，现场和爱！要带着爱去现场工作。爱，是一切的原点。"

稻盛和夫把心物一体之爱引入一点一滴的工作之中，拓展了撞醒员工生命觉醒的道路。他说："向工作倾注的爱，就是最好的老师。它能让你倾听到产品发出的'窃窃私语'，甚至听到产品的'哭泣声'。当你把一个个产品完全当作自己的孩子，满怀爱、细心观察时，必然就会获得如何解决问题、如何提高制成率的启示。"稻盛和夫与纪伯伦有着同样的哲学——带着爱去工作：

而我说生活的确是黑暗的，除非有了渴望；

所有渴望都是盲目的，除非有了知识；

一切知识都是徒然的，除非有了工作；

所有工作都是空虚的，除非有了爱；

当你们带着爱工作时，你们就与自己、与他人、与上帝会为一体。

什么是带着爱工作？

是用你心中的丝线织布缝衣，仿佛你的至爱将穿上这衣服；

是带着热情建房筑屋，仿佛你的至爱将居住其中；

是带着深情播种，带着喜悦收获，仿佛你的至爱将品尝果实；

是将你灵魂的气息注入你的所有制品；

是意识到所有受福的逝者都在身边注视着你。

——纪伯伦《先知》

稻盛和夫与纪伯伦主张"带着爱去工作"，这不是一般的说法，是塑造个人运势和公司活力场的重要法门。因为你带着爱去工作了，你内在的场域就特别纯粹和喜悦，就可以与天地万物连接，就可以把握住无穷的机会，简单地说就是把握机会的能力。把握机会的能力，是一个人身上整体素质的呈现。

2010年2月1日，稻盛和夫接盘申请破产保护的日航。日航公司濒临倒闭,人才流失,管理层松散,没人安心干活,人心已经死了,什么办法都试过了,"天老爷"来了也没有办法。稻盛和夫不懂航空业,没有放心的铁杆团队,没有掌握客源,没有航空业管理技术,没有日航先前的领导人和高管那样令人炫目的资深航空背景。看上去,这个年老的外来户,没有一丝胜算。

临危受命的稻盛和夫却没有这些担心。他回到"作为人何为正确"这个原点上来,用纯粹的视角看人看物,才有了不一样的发现。他从个人、员工的内场域开始,即从员工的心性开始,以身作则,用生命撞醒了生命。

企业经营致良知:以利他之心为本,一定实现高收益

> 以客户心为心和以员工心为心所产生的能量无法估量。

2015年5月14~16日,第八届稻盛哲学报告会在上海举行。稻盛和夫对他拯救日航又有了新的思考。他旗帜鲜明地在日航讲企业经营要"致良知"——以利他之心为本,一定要实现高收益!在前后两个场合,两个多小时的演讲中,老人以日本航空的重建为中心,以他长达半世纪以上的企业经营经验为例,说明致良知在企业经营中的重要价值。

每当挑战与压力环伺、几乎都没有出路时,他的利他之心就有如神助,一次次帮他创造奇迹。日航重生同样借助的是"他力之风":

"为了重建日本经济,为了保住留任日航员工的就业岗位,为了日本国民,我鞭策这把老骨头,不拿一分钱报酬,全力以赴,投入了日航的重建。同时,员工也抱着同我一样的想法,为了重建日航而拼命工作。看到我们抱着纯粹的'利他之心',奋不顾身、持续拼命努力的样子,'上

天'因可怜我们而向我们伸出了援助之手。我不得不这样去想。我觉得，如果没有这种远远超越我们自身力量的宇宙、自然在背后推动，日航如此奇迹般的回升是不可能的。

"在这个宇宙间，常吹着一股'他力之风'，它推动森罗万象不断向着好的方向、更好的方向前进。然而，如果一味地强调'我呀我的'，在用'利己之心'扬起的风帆上，因为布满了孔洞，任凭'他力之风'如何吹刮，那风都从孔洞中穿过，无论风帆升得多高航船也不会前行。与此相反，如果用'利他之心'扬起风帆，就能饱受'他力之风'的恩惠，一帆风顺，在茫茫大海中破浪疾驰。"

稻盛和夫在讲述亘古不变的生存之道，颠扑不破的生命法则。一个人、一个企业、一个地区、一个国家、一个地球，既是一个整体，又是更大整体的部分。

企业是个相对独立的整体，而又必须与更大的整体有共融力。这种共融力是强是弱，就看你是否有"利他之心"了。而经商的缘起就是动员员工去满足客户需求。为客户着想、为员工着想，才能融入大局，进而把握大局。利他之心也是一种卡位能力，一种做人做事的本领，一种人生修炼的功夫。

稻盛和夫从不空泛地讲心性。这回他却旗帜鲜明地讲企业经营要"致良知"——企业经营一定要实现高收益！这是企业经营的一个出口。没有在日航上下植入这样的一种意志，日航重生是不可想象的。

致良知，在企业经营中，就是要打造极致、有魂的产品，以实现高收益。这是"针尖刺破天"的针尖，有了这个出口，方可倾个人、组织和宇宙之力，释放潜能创造奇迹。企业经营若不能聚焦于打造有魂产品和实现高收益，空学西方模式和国学，都了无用处。这也是重要的地头力法则。

地头力法则 53：建构活力场：以"作为人何谓正确"为原点，以利他之心为本，以高收益为目标，以阿米巴为组织方式，开启内外场域能量大融合。

企业活力场，是一个在商业生态中高效率的组织方式，它的目标就是生产好产品或好服务，实现组织的高收益。如果没有高收益，活力场就没了出口。

上下同欲，重在现场

整合日航的难点在于，稻盛和夫如何能够把他的思维和精神贯彻到每一个一线员工。对于这点，许多企业家都会感觉很难。而稻盛和夫手到擒来。稻盛和夫放空自己，把困难、成见、经验、手段、身份、混乱、无效率、推诿等都扔进了太平洋。他从来不拿自己当经营之圣，他就是个不懂行的老人。这个老人是个新手，他愿意跟人学习航空业管理。他在 3 个月之内，与 3 万多名日航员工握手问计；他耳顺，乐意听从员工的好建议。他准备用生命去了解、体验和全部地验证事实。

稻盛和夫最重要的方法就是以心到心。他富有恻隐之心和同理心。据此他与团队心气相通，与全体员工心气相通，与乘客心气相通，与潜在乘客心气相通。以客户心为心和以员工心为心所产生的能量无法估量。

日航许多高管，都是从哈佛、牛津、剑桥、耶鲁回来的高才生，日航是日本顶级智慧人的集结地，这些人对任何理论都保持着高度警惕。稻盛和夫知道他们的自尊，他看重打开他们的心门，看重把他们的智慧源源不断地给激发出来。举凡企业业绩不佳时，大多是高管长期脱离现场，与现场实际情况有点儿隔膜。

一次聊天时，稻盛和夫告诉我，他每天上午去跟高管开会，下午就去跟一线员工交流，每天交流都会有鲜活的东西触碰到他。第二天稻盛和夫给高管开会时，又以一个新人的面貌出现。稻盛和夫贴近一线，说话有底气。当一些高管说话不着调时，他就用素直之心，直接指出他们的软肋，现场效果可以震撼到与会者的心。

稻盛和夫不是在日航宣贯稻盛哲学，而是把稻盛哲学改造成为日航哲学——发生在重振日航一个个现场的故事和心性。在稻盛和夫看来，公司要形成整体力量，就必须有一个统一的思维方式。这个思维方式的原点就是"作为人何为正确"。在不同的地头上，这个原点会有不同的体现。稻盛和夫给我打比方说，基督教每天要有早课。早课，重复、重复、重复，日子久了，一种精神就会被植入潜意识。这是把公司灵魂植入员工的便捷形式，由此形成一种上下同欲，重在现场的活力场。

"上下同欲，重在现场"，不是稻盛和夫概括出来的，是他这样做的。中国古典名著都在推崇这个原则。比如《孙子·谋攻》："故知胜有五：知可以战与不可以战者胜；识众寡之用者胜；上下同欲者胜；以虞待不虞者胜；将能而君不御者胜。"

地头力法则 54：上下同欲，重在现场。以生命撞醒生命，以生命激发生命，以生命开启生命。

许多企业家到处外求，到处拜神，到处学习新鲜的管理模式与方法。各种方法还相互打架。他们就是自己不肯修持做人做事的好品质，就是不肯修持团队做人做事的好品质，就是不肯弯下腰到员工那里走一走，既最大限度地鼓舞了士气，同时又可以建构一个"上下同欲，重在现场"而充满创造力的活力场。

以爱为原点的保护网：欲望的激发与约束

人有三个根性：一是动物的占有欲，占有更多自己需要的物质财富，以保障生命；二是被认可，被社会认可，极强的功名心或虚荣心；三是怠惰，懒惰不思进取，见好就收，不愿意一刻接一刻勇猛精进。

稻盛和夫创造阿米巴，把激励的重点放到了对员工欲望的激发和约束上。员工一定要有激情，激情一定来自对他的根性的延展，一个没有生命欲望的人，一个没有百分百激情的人，是很难做出点儿与众不同的事来的。稻盛和夫就是要用激发你的根性——物质和精神的双丰收，打开你的生命之门，让你自己去激发自己。勇猛精进，这是你的生命，唯有你这个主人可以为你自己负责！

尼采说："我反对什么？我反对把渺小和善的平庸性即灵魂的内心平静误认为是高等的东西，因为它不知道伟大力的聚集会产生巨大的激励，没有把激情看成是某种更高等的东西，甚至是人的标准。"

欲望是一把双刃剑。在欲望强盛的地方，欲望的控制与管理也恰好最为到位。军队就是一个很好的例证。而散漫的纪律和无章可循的日常管理，常常反映的是现实中人们没有什么英雄主义的生命欲望。日航当时就很难形成一种团队精神。数字浮夸不真实，公司管理形同虚设，令组织的道德水准大幅度降低。

稻盛和夫要开启日航员工的生命之门，要强化他们的耻感，激活他们的英雄主义。大刀阔斧裁员 1.7 万人，想方设法妥善安置。同时对留下的人反复说："那些人为日航的重生，离开了日航。我们这些还在的人，唯有一个目的就是早日使日航重生，让那些做出牺牲的兄弟们重新回来！"

稻盛和夫讲敬天爱人，同时也看重法则。人的天性中有怠惰和投机取巧的秉性，没有护佑的网络，人们容易出轨。这是许多组织道德水平下滑的一个源头。一旦规矩涣散，任由个人的欲望发散，很难形成组织"上下同欲"的一个场域，而一旦形成规矩，又有可能会捆绑天性。这就如同走钢丝。其实，许多规则制度，都是特定情形下的产物。当规矩已经成为人们的一种自然而然的意识，就不存在非人性规矩的事。

　　一一对应的要点，就是坚持原则。一一对应，看上去简单，但真正可以落地执行的不多见。制度是死的，一一对应是活的。分分钟的一一对应，分分钟的勇猛精进。这两个是相互关联、相互影响的。稻盛和夫在这里引出一个分分钟一一对应的管理制度，一下子赋予制度管理新特色。比如，盖一个公章，除了走正常的审批程序，还要经过这三个人一起拿出公章盖上。这种严格管理被引进了日航，形成了一个维护正气的保护网。

　　地头力法则 55：激发生命的欲望，同时也需建立一一对应的规则约束，激发愈强的欲望，召唤愈严明的规则和流程。

　　管理很奇妙，就是激发人的生命的欲望和工作的激情，同时又可以疏导、管控欲望和激情。人是活的，制度也是活的。日航重生与此关联度甚大。

稻盛和夫与我共振：场域的智慧，造物能量场

　　　　人类社会的本质是连接，连接就是场域。世界就是一个大大的互联网，每一个个体都是一个节点。分分钟醒觉自己的方位，还原一个大大的场域，这是整体观，这是属意驾驭更大的能量场所必需的醒觉。

稻盛和夫给日航带来的场域的变化，首先就是人的内在态度的改变。逻辑思维极其强大的人，永远看不到一种生命态度改变之于场域的巨变。透过"场域的智慧"，我们看到了稻盛和夫的本自具足的自性，从自性所发射出来的内在光华，已经形成了一个奇大无比的能量场域，开启着人们内在的源头活水。日航员工重新装载了一颗滚烫的、强烈经营未来之心。场域的变化，释放了员工潜意识能量，改变了日航内外的能量流向。

场域的构建，在稻盛和夫那里一直是一个系统工程。这个系统从根上说，还得从人的成就出发。于是，稻盛和夫反省自己一生的路程，他提出一个人生和事业的成功方程式：

$$人生 \cdot 事业成就 = 思维方式 \times 热情 \times 能力$$

在稻盛和夫看来，"能力"多数源于天生，我们很难改变；"热情"就是倾注到工作中的激情和努力，而"思维方式"则是人生态度与思维。如果说"能力"和"热情"是从 0 分到 100 分计算的话，"思维方式"则可以从 -100 分到 $+100$ 分计算。如果一个人的思维方式是邪恶的，那么就是负数，用负数相乘所得的积也就是负数了。

2010 年 10 月 30~31 日"稻盛和夫经营哲学青岛国际论坛"举行，我主持一个半小时的互动论坛：稻盛和夫成功方程式的威力。虽然私下里跟稻盛和夫交流过多次，但是当着经营之圣的面主持大型互动论坛还是第一次，心里还有点儿小激动。会前稻盛和夫的翻译陈忠还专门找我问，论坛上其他模块都已经翻译好了，就是这个互动论坛是活的，是否有什么新东西需要他翻译时注意？我就给他说，开场我会解析我对成功方程式的理解：

$$造物场域能量 = 场域的智慧 \times 身体的智慧 \times 头脑的智慧$$

稻盛和夫成功方程式中的"能力"就相当于我们"头脑的智慧"，相当于我们学习了一个新知识或一项新技能,也就是把迄今为止学到的所有东西呈现出来。

"热情"则连接着一个人的情绪能量。情绪是一个人"身体的智慧",那是你潜意识的本能所具备的能量。热情直通人的潜能。只有当它足够强烈时,才能撬动情绪扳机,打开内在的源头活水,释放潜能。

"思维方式"是一个人连接宇宙万物的桥梁,也可以被称作"场域的智慧"。有些人的思维如果格格不入,会制造对立,消耗造物场域的能量。当人纯粹素直,物我一心,天人合一,不仅仅是他自己能量场大,还会带动起内场域与外场域合作式互动和交融,使得造物场域总体能量倍增。

稻盛和夫特别推崇一辈子就干一件事的老木匠。老木匠说:"树木里面住着一个生命,我要用我生命的节律去跟树木生命的节律对接。在使用千年树木的木料时,我要经得起千年生命的考验。"一个匠人,一旦与一块木头同频共振了,就会不断有鬼斧神工的绝活出来。活用场域的智慧,提升造物场域的整体能量,正是做企业的魅力所在。

稻盛和夫成功方程式的重中之重是那个场域的智慧。如果说"头脑的智慧"为 1,"身体的智慧"是 3 万倍,那么"场域的智慧"就是无穷大。一个人,一个员工,一个企业家,都有头脑的智慧、身体的智慧与场域的智慧。只有活用这三重智慧,才有可能取得持续的成功。

在当晚欢迎稻盛和夫的晚宴上,我有幸与稻盛和夫坐在一起。我知道在晚宴上,向经营大师当面请益的机会是多么难得。我通过翻译陈忠请教稻盛和夫:"我下午对稻盛和夫成功方程式的体悟,是不是妥当?您究竟是如何把成功方程式植入每一个员工中的?"

稻盛和夫很兴奋地说:"你说出了我内心里的方程式!你今天主持会议的方式也非常好。为了节省时间,你满场飞跑递话筒,也形成了一个活泼泼的场域。"

稻盛和夫这次很从容，先给我解释了"敬天爱人"中的"天"是什么。这个"天"是人的良心、良知（良知即天道）。敬天爱人的原点，就是"作为人何为正确"。当一个团队中，人人都有这样一个"纯粹"的视角，对一件事情"如其所是"地做出判断，就会有一种积极的力量在团队中传递，这也就是你说的"场域的智慧"了。场域的智慧有一个形成的过程。

"场域的智慧"，当一个人的智慧渗透到潜意识中去的时候，能量就会随着一种气场散发出来。当个体与群体产生了很强的共融力，就会形成一个场域的整体力。这时，场域的智慧就是内场域与外场域合作，是互动与交融形成的一波一波的能量场。

"身体的智慧"，是一个人潜移默化的良知良能。只有当一种精神品质渗透到潜意识中去，才会成为人们不竭的动力。热情，就是无论遇到什么严峻的挑战，什么压顶的困难，都有一种意愿去接受。

"头脑的智慧"，人们学了很多东西，集结成理智。人们总是从逻辑分析开始接受一种东西。接着，人们就要不断重复、重复、重复，语言和行为的不断重复就把这种东西潜移默化或者渗透到潜意识中去了，渗透到良知良能中去了。

对于我把成功方程式的三个要素理解成场域的智慧、身体的智慧、头脑的智慧，稻盛和夫欣然接纳。当时我的感觉是，这些东西都在稻盛和夫的身体里。他就像佛陀，对着不同的群体说话，一定会以听众的接受程度和角度来说事。什么时候，当着什么样的受众说到什么程度，他都有着明确的意识。

稻盛和夫认为，要把成功方程式植入员工心里，最为基础的还是语言道。语言的重复、行动的重复、意识的重复，不断地在各种场合重复，把意念直接植入员工的潜意识中去。层层领导干部以身作则，就可能形成一个真实的气场。公司要建立一个流动的气场，要让思想真实地流动起来，要让潜意识流动起来，要让行为与意识流动起来。

一种被理解和欢喜的震颤裹挟着我。稻盛和夫是最擅长于运用场域智慧的人。遍布全球的盛和塾塾生，还主动向所有人散发小卡片："帮帮稻盛，乘坐日航。"稻盛哲学远播世界，世界上所有对稻盛哲学感兴趣的人，有机会都会选择乘坐日航，由此形成了一个广大的场域，在稻盛整合日航的过程中起到了重要作用。

地头力法则 56： 组织地头力，变现为开放的造物场域的整体能量。造物场域能量＝场域的智慧 × 身体的智慧 × 头脑的智慧。

稻盛和夫对"场域的智慧"的理解，已经不仅仅停留在个人的修为上了，而是放在一个团体，放在一个区域，放在一个国家，放在万千生灵于一体的生态中来看待"场域的智慧"了。他把致良知贯穿每一个环节，里面包含很大的信息量。稻盛和夫会把体悟往内走归结为王阳明的致良知，往外走归结为天地一体。这种内场域外场域之间的转化，在任正非领导的华为身上，体现得更为明显。

第九章 华为造物场域：生命价值链条的形成

一定是一个开放的天下谷，才可以容纳天下资源和能量；
一定是一个浩荡的天下溪，才可以汇融东西方智慧；
一定是一个贯通的天下式，才可以驾驭广域能量行正道。

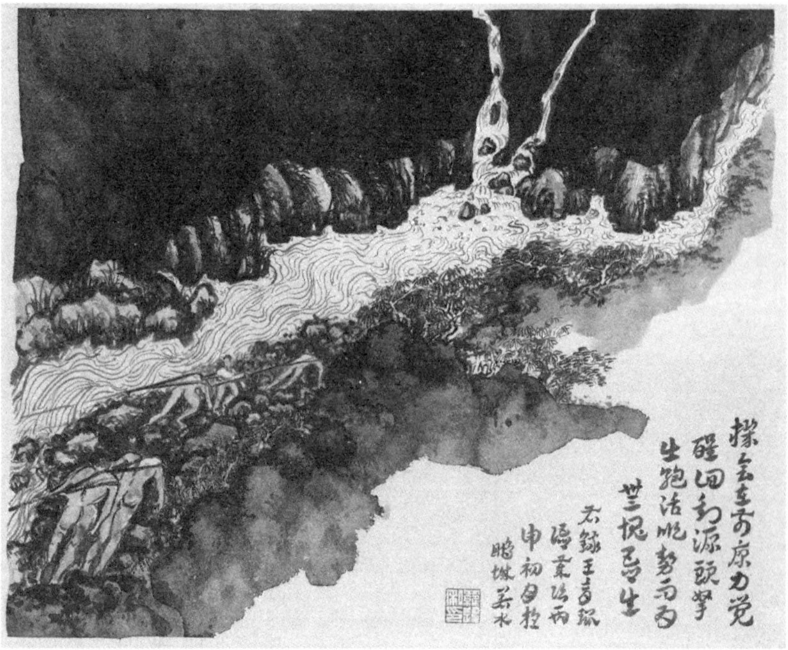

无论什么企业，都要和客户紧紧地贴在一起，客户用钱换一种服务，如果这种服务和客户付出的钱不对等，那么客户就走了，这家提供服务的企业也就难以存活了。当下中国商界的难题恰恰在此处：无论多少天花乱坠的理念和模式，客户不敢再轻易相信中国企业的产品了！有些人的造物精神淡薄了、焦虑不安，其原力被锁住了。

该怎样重拾他们的心性？该如何激发他们的原力？有上千条道路可以走，华为给出了一种选择。

以奋斗者为本的华为，原力觉醒，呈现了不一样的风景。在 2014 年已经达到 2882 亿元收入的高点上，2015 年继续以 35% 以上的速度扩展到 3900 亿元，2016 年更是达到 5200 亿元。

2016 年开年，任正非则进一步进行了大战前总动员："我们要敢于在机会窗开启的时期，聚集力量、密集投资、饱和攻击。扑上去，撕开它，纵深发展，横向扩张。"在通信设备运营、企业网业务、智能终端等三个领域，齐头并进，实现新突破。2016 年华为把收入定位于 818 亿美元，"终端要敢于 5 年内超越 1000 亿美元的销售收入"。高远的目标，意在撕开结构上、组织上、模式上、资源上、意识上的众多不适，促动华为上下"机会在前，原力觉醒；回到真源，拿出绝活；力出一孔，利出一孔"。同样的环境，却判若两重天。一时间，学习华为，成了国内外公司最热切的渴望。

华为之道皆可学，就怕你学不了！

"以众人之私，成众人之公。""后其身而身先，外其身而身存。"

中国企业界前几年学丰田方式、阿米巴经营，现在又汹涌着学华为了。大家一股脑儿奔向了《华为基本法》、人力资源管理、财务管理、营销管理、组织架构、流程管理、华为创新、组织变革、股份制改革等，甚至100人的小公司也尝试轮流CEO制度，结果大部分企业还是倒在了朝圣华为的路上。

华为之术你学不了！

华为之术你学不了。你看到一棵参天大树，就想搬到你那里去。可是树根与土地和水系已经成为一个生命体，在你那里它就不可能生长。那里面有太多你看不见的东西。道术一体，每一个工具背后都有着深深的经营之道。无根之木、无源之水，不可能有生命力。

比如学习《华为基本法》，如果你只想走近道，请咨询公司来帮着厘定基本法，最终了无用处。他们不知，《华为基本法》在制定过程中，由下而上、由上而下、反反复复的讨论最重要。在全员参与讨论的过程中，把思维厘清了，心往一处想，拧成了一股绳。而当《华为基本法》最终成形以后，华为就已放下《华为基本法》了。意识的一致在人的根性的贪婪与怠惰面前太软弱无力了！还必须学习西方的现代管理流程和制度，强化对欲望的激发和管控。华为 30 年炮轰一个城墙口，30 年向西方学习流程管理。华为现在还在学习过程中。

比如，一般人们看好华为的虚拟受限股，认为这是激发员工潜力的最好方式。可是，华为虚拟受限股产生的背景全然不同。首先，任正非创办公司之初，就悟透了公司的真谛：公司是奋斗者团队的，公司发展只能用众人之力；其次，当时民企没有贷款门路，华为缺钱。两个原因综合，有困难当然找公司的主人了！而到了现在，华为已受虚拟受限股的拖累——离开一线的元老持股多，一线上的奋斗者持股少。现在华为正着手研究如何把虚拟受限股转变成另外一种与时俱进的更向一线奋斗者开放的股份激励制度。

华为走到今天，从来不是照搬一个好的模式或做法就可以的。华为是脚踏实地、一点一滴做起，是在混沌的灰度中摸着石头过河走过来的。就是学习 IBM 和埃森哲流程管理，也是打碎了一点一滴在华为建设，十几年了还一直在削足适履与打破模具量身订制的反复中。建设、推进一项制度急不得，你必须把它变成你的血、你的肉、你的"灵"。想简单复制一个模式或方法，那是打错了算盘。

华为之道你当然可以学！

一个 44 岁的男人，在经营中被骗了 200 万元，被国企深圳南油集团除名，曾求留任遭拒绝，还背负 200 万元债务。他一个人带着老爹、老娘、弟弟、妹妹在深圳住棚屋，创立华为公司。已过了冲锋势头的他，没有资本、人脉、资源、技术以及市场经验，但他有着足够的谦卑，是一个看谁都比自己强的人。任正非逆袭成功，用 30 年把华为带到通信行业世界第一的位置,究竟凭什么?

任正非说:"什么驱动力使华为成功?我认为是华为的核心价值观描述的利益驱动力,驱动了全体员工的奋斗,是一场精神到物质的转移,而物质又巩固了精神力量。

"其实200多年前,美国是一个一无所有的小殖民地,是一种哲学精神、体制的力量促使它变得这么强大,并非什么上帝。而美国面对别人的成功,去怀疑别人的背景,这是很好笑的。别人难道不可以也由哲学、制度力量推动成功吗?"

华为哲学和体制,体现的核心价值观是:"以客户为中心,以奋斗者为本,长期艰苦奋斗,坚持自我批判。"

"以客户为中心",任正非诠释得最生动。他说:做企业就是把豆腐磨好,因为我的娘要吃,因为我的爹要吃。华为的"90后"和"80后",可以在利比亚战争和日本福岛核泄漏时,背起背包往一线冲锋,因为那里有客户的召唤,因为要"以客户为中心"!因为那是自己的爹娘在呼唤!因为客户的诉求是一切企业活动的始发点与终点,也是企业一切活动的评价标准。中国公司的头号问题,不是技术,不是战略,不是模式,不是体制,而是没有真正以客户为中心,没有把客户的最终需求作为企业运行取舍的最终标准。

以奋斗者为本,老板和员工都是奋斗者。奋斗者最知道奋斗者的心。奋斗者所要追求的财富自由、更多发展机会、更多精神品质,都必须得到彻底的尊重和极大的满足,才会激发出他们的生命动力,实现自我超越、勇猛精进。

长期艰苦奋斗,这是一条被跨越时代、跨越国际、跨越行业所反复证实的真理。无论精神境界有多高,无论今天取得了什么样的成就,你必须脚踏实地去为客户创造价值。

据我观察,中国企业体系偏离了三个基本点——道为本,德为基,用为靶：

一是忽视公司之本。没有意识到公司是个利他的公众平台。没有把客户看作主体，没有把员工看作主体，没有把协作商看成主体，没有把一个生生不息的场域看作主体。利他的绝活，是企业立身之本。本立而道生，是谓"道为本"。

二是缺乏灰度整体观。没有敬畏，不敬畏客户与员工的天赋、天性和灵性。做企业就是自虐的过程！企业家只能向自己抡板斧！只有把自己看成一个替天行道的管道，放下自己，才能开放、妥协和包容，是谓"德为基"。

三是没有稳定的价值导向，比如激励什么？谁来激励？瞄准的靶心总是在漂移，还如何能够赢得商战！没有"力出一孔，利出一孔"的机制，更没有"让听到炮声的人呼唤炮火"的体制安排，不适应商业生态变化，是谓偏离了"用为靶"。

华为在"道为本，德为基，用为靶"这三个层面都有突破。或者说，这三个层面也就是华为之道的呈现。以奋斗者的自我超越为华为的顶层设计，华为文化强调灰度整体观，深深敬畏巨大的无穷性，催生活泼泼的大生命。

华为的核心价值，是真抓实干地头力的具体描述，是任正非哲学思维的一个外显的层面，仅仅是华为文化的表。任正非哲学还有另一个内里的层面，一个形而上的层面。这里涉及任正非哲学的一个焦点，需要小心求证——华为的灰度哲学。

任正非接受《福布斯》杂志访谈时说："华为文化不是具体的东西，不是数学公式，也不是方程式，它没有边界。也不能说华为文化的定义是什么，是模糊的。'以客户为中心'的提法，与东方的'童叟无欺'、西方的'解决方案'不都是一回事吗？他们不是也以客户为中心吗？我们反复强调之后，大家都接受这个价值观。这些价值观就落实到考核激励体制上，流程运作上……员工的行为就被牵引到正确的方向上了。"

任正非的这个说法意味深长。从显现的层面看，华为文化是把"以客户为中心，以奋斗者为本，长期艰苦奋斗，坚持自我批判"作为落实在考核激励体制、流程运作上的稳定的价值导向。而同时华为文化还有一个没有边界的、没有定义的、模糊的、形而上的内里。这个华为文化内里就是灰度。灰度在华为文化中带有一点儿玄学色彩。通常华为人都会感觉到灰度无处不在，却又常常表达不出来。任何纠结的问题，比如考评升级的纠结、权力分配的权衡、意外灾难的爆发，一遇灰度，就瞬间释然。灰度可谓妙用无穷。

《庄子·应帝王》讲了一个关于混沌的故事：南海之帝为倏，北海之帝为忽，中央之帝为混沌。南海北海之帝，代表了人世间的人们，整天忙碌。他们中途在中央混沌大帝这里聚合。混沌大帝无眼、无耳、无鼻、无嘴，对谁都有无尽的爱，对谁都包容，南北两帝说话出格办事欠考虑了，混沌大帝还是谦下包容。南北两帝深受其恩惠，就聚在一起商量怎么报答混沌大帝。人人都长了七窍——双眼、双耳、鼻子、嘴巴，可是混沌大帝一样都没有。为了让混沌大帝可以像他们一样，能够体验到有双眼、双耳、一个鼻子、一张嘴的乐趣，他们排除万难，开始给混沌大帝每天凿一窍。结果第七天，混沌大帝死了。

谁害死了混沌大帝？是"倏忽"二帝的一念之仁，是他们那颗有着很强预设的心。按照他们的预设，混沌大帝精神意志不健全、黑白不分、善恶不明。他们想让混沌大帝同他们一样耳聪目明、拥有大爱与智慧，善良却杀死了混沌大帝。

对现实中人们有着强干扰的正是各种各样的预设判断，还有各种各样的经验、理论、教条、成功范例。当人们有了这样的预设判断时，就离开了当下地头，离开了鲜活的生命地头，跑到枯死的理论中去了。其实，不设预判，只需回到当下地头上，一切灵感应机而动，你只管愚直地往前走，就会走出宽广的大道。

随顺自然，这就是庄子说的天下大道。庄子从整体去看整个宇宙，都是一个有机的生命体。能够从万物一体看事物的人，他们不会仔细辨别耳目所闻所见，那是一个分离的、个别的、支离破碎的世界。而我们从道的整体观点来看，生命就各有所依。古希腊大哲学家苏格拉底常常说："我唯一知道的就是我一无所知。"面对这无穷宇宙的奥秘与珍藏，谁能懂得万分之一呢？人类的哲学、艺术、诗歌，只不过是一代代延续着的疑问罢了，无知并不可怕，可怕的是不敢承认无知的状态，混沌一旦跟"倏忽"二帝一样耳聪目明，却只有死路一条了。

天地万物太奇妙了，没有两片树叶是完全相同的，何况人呢！作为领导人，就要深深敬畏人的这种可能性空间，而不要用自己的知见把人框死。我们的经验知识，许多是从经验中来的，可是我们的情绪和欲望往往会对本真做出修正，而我们自己却恍然不知。我们把自己最爱的、最珍视的东西，要拿去与人分享，要把我们的大爱传递出去，然而就是这样的强行有为害苦了他人。

庄子借混沌大帝提出了圣明之王的四个标准：无为名尸，无为谋府，无为事任，无为知主。这是高明领导人的重要品质。

不要成为好虚名的人，不要成为好计谋的人，不要成为强行任事的人，不要成为好用智巧的人。要让自己的身体全面开放，感受体悟无穷无尽的可能性，千万不能用自己的知见把活泼泼的生命扼杀。作为领袖尤其要注意。因为，他们手里有这样强势的条件。对领袖来说，"至人无己，神人无功，圣人无名"。一个无私、无功、无名的领导者，自然会做到清静无为、随顺自然、无为而无不为。

"无为名尸，无为谋府，无为事任，无为知主"，是对灰度重要的开掘，也是很重要的领导力法则。

我们常常以自己的情绪和知见去面对事物、框定事物，因此成为自闭的人。只要是违拗我们情绪的，无论它的景象多大、声音多大，我们都看不到、听不到。当下难，意识牵。我们大多数场合是情绪的奴仆。

灰度、混沌、无常，无头无尾，无字无名，无背无面，无善无恶。这就是生命的本源。你不对所有的新发生开放，你就守不住灰度；你不妥协，你满脑子的条条框框就会排斥任何你不知道的，你也守不住灰度；你不包容，过去时空发生的事就永远在奴役你，你同样守不住灰度。因此，灰度意识是每个管理者的必备素质。

站在混沌、无常、灰度这个高地，看清楚了一切变化发展的实相，心中更有一种根深蒂固的敬畏。敬畏事物发展的无常，敬畏每一个人自性爆发的无穷性，敬畏事物昙花一现的本质。

要把这无穷性赋予现实，必须在专注、聚焦的同时，坚定不移地开放！开放是对灰度的敬畏，是对灰度中巨大无穷性的敬畏。唯其敬畏，才坚持开放，和世界进行能量交换。

任正非说："华为这 30 年来，坚持做一个开放的群体，始终没有停止过开放。我们以开放为中心，和世界进行能量交换。因为有开放，才有今天的华为。我们不强调自主创新，我们强调一定要开放，我们一定要站在前人的肩膀上，去摸时代的脚。我们还要继承和发展人类的成果。"

"追求自主创新"，这是许多中国企业渴望的，也反复出现在中国媒体报道和官方文件中，任正非却不强调。这是从灰度总体观来看的创新。在信息无边界时代，再划出一个"自主创新"的小圈圈，还如何创新？必须开放，必须与外界交换能量，不断突破自己的自满、自负和自闭，站在前人的肩上去摸时代的脚。唯其如此，才可以倾宇宙之力，造华为的妙有！

华为之所以能有这样的视野和格局，盖因任正非的灰度哲学。任正非对企业经营的哲学出发点和总体论是灰度。灰度是混沌，是无常。他在华为内部反复强调灰度领导力是每个管理者的必备素质：

一个领导人重要的素质是方向、节奏。他的水平就是合适的灰度。坚定不移的正确方向来自灰度、妥协与宽容。一个清晰方向，是在混沌中产生的，是从灰度中脱颖而出的，方向是随时间与空间而变的，它常常又会变得不清晰。并不是非白即黑、非此即彼。合理地掌握合适的灰度，是使各种影响发展的要素，在一段时间和谐，这种和谐的过程叫妥协，这种和谐的结果叫灰度。

做企业必须对混沌、无常和灰度有一种体认，但同时必须有一种东西可以划破混沌的太空的闪电。这个闪电就是你必须要拿出独一无二的绝活来，如此你就必须"以客户为中心，以奋斗者为本，长期艰苦奋斗，坚持自我批判"。这是任正非哲学的阴阳两面，缺一不可。

地头力法则 57：无穷性的灰度，给华为文化植入了一种开放、妥协和包容的灵魂，抱素守朴，以无形驭有形，无为而无不为。

没见到哪个管理大师对经营的实相有如此透彻的认识。华为文化，可以说是本末一体、道术合一，浸透着任正非独一无二的意识和魂魄。在华为内部，任正非没有资源调配权，没有下达任务权，没有人事安排权，没有工资奖金分配权，他牢牢掌握在手上的，是思想权和文化权。

学习华为，老板首先要有干掉自己的决心

华为人是有使命和信仰的人。他们为了使命和信仰，可以干掉当下很多人趋之若鹜的许多东西。

许多公司老板对员工的私欲都很恐惧。而华为却旗帜鲜明地激发员工对财富自由、更多发展机会、更多精神的生命欲望，去战胜怠惰。

充满私欲的员工是一支虎狼之师。什么样的人才可驾驭虎狼之师呢？清末有曾国藩，"以众人之私，成一人之公"。今有任正非，"以众人之私，成众人之公"。儿时母亲"舍己从人"，心里总是想着别人，就是没有她自己。这种不自私给了任正非最深刻的记忆。这种舍己从人的生存之道，已经被任正非用于华为公司的经营。他把他自己在华为的股份，缩减到不足1.4%，其余都分给了员工。舍得，舍得，一舍就得，不舍无得。任正非自己说最大的长处就是不自私，舍得分钱。

大私无私，后其身而身先，外其身而身存。在当今时代，要么主动把自负的自己干掉，要么早晚被自负的自己干掉。这里有一点儿向死而生的勇敢，蕴含着宇宙生命生生不息的密码。这是任正非从小在母亲那里学来的"舍己从人，便利从心"的生存之道，也是中国人世世代代传承的生存之道。

地头力法则 58：舍得，舍得，不舍不得。既以为人己愈有，既以与人己愈多。共生，共有，共建，共享，共赢。

华为可学，任正非可学。华为让18万人力出一孔、利出一孔，不断创造高收益的神话，是可以企及的。无论企业规模大小，无论从事什么行业，都可以先学习这样的生存之道。

其实，华为最应当学的，是华为造物场域的建设。这是华为逻辑的一个总体透视。

华为：一个世界级造物场域的形成

在无常、混沌的移动互联时代，企业已经从以生产线为基础的实体工厂转化为一个能量无穷大的造物场域。每个地头、每个节点、每个当下，都是场域能量的总体发力。

华为向美军学习组织架构

"全球利用互联网最好的组织是哪一个？"对这个问题的回答五花八门。有人说 Google，有人说苹果，有人说阿里巴巴。而 2015 年在他的办公室，任正非给我真实的答案是美军。美军不仅仅是互联网的开发者，掌握着最丰富的互联网 Know-how，而且是在组织结构上互联网应用最好的组织。最能表现出组织特点的是刺杀本·拉登事件。

奥巴马等少数统帅坐在白宫里，总指挥正在电脑旁操作，随时向尖刀突击队员发布新指令。几万英里之外的突击士兵身上装备了所有的东西。他们的方位，敌人的方位，分分钟可以有卫星告诉他们，他们可以随时呼唤发射导弹。他们不仅仅武装到了牙齿，而且经历过最残酷的训练。他们一个个训练有素，潜意识、潜能随时可以爆发。

美军一线铁三角令任正非心仪。以前师长才可以发布导弹攻击信息，现在"让听到炮声的人呼唤炮火"。一个突击队，有三个士兵就可以做决策了：一个是信息专家，一个是整体方案设计专家，还有一个是交付使用专家。从一线的突击队，到整个组织架构，华为都按照这个铁三角来组建。近期更探索如何强化一线团队的战斗力，如何给一线士兵赋能？

2015 年我三次应邀去华为学习，有幸跟随任正非参加了一个华为战略规划会。那次战略规划会议把我对未来公司的认识给颠覆了！我看到了华为的未来大画面，也看到了能量无穷大的华为造物场域的端倪。在"班长的战争"的背景下，华为重点考虑的是如何装备重装旅，赋予一线团队决策权力与整体能量，以饱和攻击，抓住战略机会窗。为此，华为正在构建"客户云""解决方案云""知识云"，给一线团队和士兵赋能。

第一朵云是客户云。任何一个士兵都该知道应当怎样为客户服务，都知道要在客户的喜悦和纠结中寻找机会窗。员工在一线摸清楚了客户的需求与市场信息，抓住了机会窗和现场，知道了客户的问题点，又知道了一些约束条件和渴望的目标，就把客户云极富价值的信息迅速传递给后台。

第二朵云是解决方案云。后台根据变量，在解决方案云中搜索和选择适应性的解决方案，与一线反复交流最后确定解决方案。解决方案云瞬息会给你若干种方案让你选择，你还可以现场把客户的新意见重新输进去，这样适应客户意愿的解决方案，瞬间就到了面前。形成解决方案后，交给强大的知识云。

第三朵云是知识云。强大的专业团队，整体平衡各种可能性，把方案落地的具体指导意见、具体模式和工具箱，以及明确的指导与操作手册，准确无误地交给一线交付的客户云，后者在与客户交流磨合的过程中把解决方案落地。

客户云、解决方案云、知识云都是充分开放的。任何一个时空交汇点有用的信息，都会被整合进来。一线团队承载了公司平台的整体智慧和能量。三朵云提供了一幅华为未来组织变革的结构图。其核心就是如何给一线赋能（见图9–1）。

在华为现场看见这幅图时，我惊呆了。这哪里单纯是为运营商，也是为华为自己的场域建设，还是为千千万万的企业建构的一个未来大画面！如果华为的"三朵云"付诸实施，将为千千万万的企业找到管理的新出路！

"三朵云"造物场域的特点是"其小无内，其大无外"。往外走，员工、客户、渠道、相关利益者、非相关利益者，甚至天地宇宙的因子都可以被囊括进这个其大无外的开放式造物场域中来；往内走，他可以走进每一个造物者的品质、念头、血脉、意识和灵魂中去，撞醒、激发和开启他们的原力。

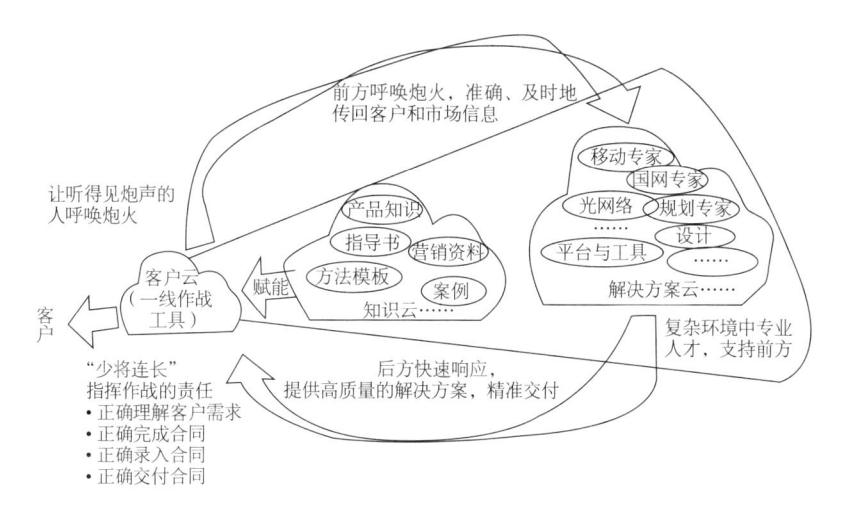

第九章　华为造物场域：生命价值链条的形成　253

图 9-1　华为未来组织变革结构图：三朵云给一线赋能

资料来源：《华为向中外军队学到了什么？》，田涛公开讲座，2016 年。

"三朵云"之对于华为这个世界级品牌，有着重大的意义。"三朵云"把造物者，从生产工人拓展为广义的客户以及供应链上的所有利益相关者。广义客户的一个抱怨、一个批评，或者一个喜悦，以及供应链上每一个环节诠释这个抱怨、批评或者喜悦的内涵与方式，都可以实实在在地影响或左右造物。

"三朵云"还改变了造物过程。造物过程已经超越了公司围墙，超越了国界，超越了人类，任何一个可以撞醒造物者心态变化的因子，都被纳入了造物过程。诚如任正非所说："一杯咖啡连接天地能量。"华为的造物场域可以向世界上的好念头、好主意开放，可以把造物过程伸展到你想都想不到的角落。

地头力法则 59： 在"班长的战争"中，让听到炮声的人呼唤炮火，由平台建构客户云、知识云与解决方案云，给一线士兵赋能。

"让听到炮声的人呼唤炮火"，是破除"怠惰"这个组织最大的天敌的有效路径。这里面包含着任正非对个人生命和组织生命的深度拷问，同时也是各层次的原力觉醒。这样闻所未闻的体制可以在华为落地，或许可称为中国在企业组织建设上的一个创新。"三朵云"给一线灌能的架构，实现了精兵简政、一竿到底的奇道！因为有了精兵简政、一竿到底，一个公司的场域，就可以连接天地的暗物质、暗能量，为自己打造绝活——好产品、好服务。那就不是一个华为，而是千千万万个企业都可以实现"倾宇宙之力，造当下之妙有"！

华为：世界顶级造物场域的内在层次

华为已经是一个世界级的品牌，一个世界级的造物场域已经形成。华为登顶通信行业的老大后，在想什么？任正非在想什么？任正非选择了一幅"烂脚"照片向世人表明他的心迹。他说："华为就是那么一只烂脚，它解释了我们如何走向世界……"

华为造物者的品质：推己及人，用赤子精神脚踏实地造物

任正非提到的"烂脚"，是美国摄影家亨利·路特威勒的作品——《芭蕾脚》。照片中的舞者，一只脚穿着优雅的芭蕾舞鞋光鲜完美，另一只赤裸着的脚满是疤痕，展示了芭蕾舞者的极致美丽与背后的艰辛。这幅《芭蕾脚》一出世，就荣获大奖。任正非一看到这幅照片，就怦然心动：这不正是华为的真实写照吗?! 这不正是自己一路走来的真实写照吗?! 于是买断了这幅照片的广告播放权。华为登顶行业老大，任正非一直如履薄冰。他深知"胜心为患"! 在外人看来，华为公司够光鲜的，但如何让团队避免自以为是而时时心存敬畏？华为凭着一双内里很烂的脚走向了世界，还要凭借这双烂脚走向未来！

1988年，华为以6个人、2.1万元起家，2016年已拥有了18万员工，收入达到3500多亿元。华为在全球部署的16个研究所汇聚了全球优秀人才：俄罗斯员工做算法，法国员工研究美学，日本员工研究材料应用……真正实现了"综合全球能力地图，创新为我所用"。还有，华为智能手机横空出世，有可能是华为打造的以太平洋为直径的管道和横向资源整合的系统的出口。

可有多少人明白，在光鲜背后，是华为人肉体上、精神上、心性上、灵魂上的磨砺。利比亚战争、日本大地震福岛核泄漏、也门战争、尼泊尔地震，其他国家的人都撤退了，华为员工背上行装向一线进发，因为那里有客户的呼唤……

芭蕾舞者必须有一刻接一刻的极致，一刻接一刻的磨砺。不能因为已经是顶级舞蹈家，就可以不训练了，不吃苦了。如果那样，很快会被时间甩到一边去。同样，华为现在是老大，但没用！关键还看奋斗者是否有一刻接一刻的磨砺，一刻接一刻的绝活。一旦停止了磨砺，华为人就不再是造物者了，就必然会被淘汰。

任正非借一双芭蕾脚想告诉世人和华为，他自己和华为的每一个员工都是奋斗者。奋斗者要活下去，就要有三个化身：第一个化身是负重前行的骆驼；第二个化身是一身绝活的狮子；第三个化身是素质纯粹的赤子。信奉"你应"法则的骆驼，处于奋斗者的第一层楼——私欲小我；信奉"我要"法则又有了无数绝活的狮子，是奋斗者的第二层楼——使命大我；信奉"我是"法则的赤子，则是奋斗者的第三层楼——纯粹无我。这三层楼，构成了三个观察世界和改变世界的维度。

任正非自己就曾经是个一无所有的奋斗者，他最知道奋斗者深切的内在渴求。他从来不让大家灭私欲，他知道那是天性；作为奋斗者，要得到最多的钱和得到最多的精神，要改变自己和家庭的物质和精神条件，要改变命运。

作为奋斗者或造物者，只有在造物上有了绝活，才可以实现质的飞跃：从骆驼演变为山大王狮子。成了大王的狮子也有一种被毁灭的危险。四处有众多狮子要抢占大王的位置。盛气凌人的自负与周边人的忽悠，让他们迷失了自我，很可能就会被干掉。狮子还必须超越自我蜕变为赤子，把自己变成一个绝活！

赤子，是舍弃与遗忘，是清静与专注，是开放与接纳，是原始天性的复归。天真、素直、喜悦、纯粹、好奇、开放、接纳、活泼泼，这是一个心物一体的状态，在生命的每一个当下都可以全力以赴，全然绽放。

这就是以奋斗者为本的造物者的蜕变过程。在华为，任正非和华为员工都勇猛精进，以自我超越为出发点和终点。公司的底部，就是每个人的自我超越。从起初为私欲负重前行，到掌握了绝活，再到一刻接一刻地呈现妙有妙用。华为奋斗者们，犹如骆驼背负最重的重负头拱地往前走，犹如有绝活的狮子成了自己的王，犹如天真的赤子连接天地万物干什么都是绝活。

一幅《芭蕾脚》诉说着一个奋斗者的中国梦：以客户为中心，以奋斗者为本，长期坚持艰苦奋斗！这个故事在海外大受欢迎，可以进入地球人的内心，具有普遍适用性。中华文明如果当真有生命力，不是去跟五大洲的人说道德、哲学、礼仪，而需要先来救赎我们自己，生产出有魂的好产品！

在移动互联大潮汹涌来袭时，任正非不标榜新理论、新概念，而强调这些做人、做事最朴实的生命状态中溢出来的品质，并在实践中量化，倡导一点一滴抱以专注的乌龟精神和芭蕾舞者的牺牲精神。70多年的人生阅历，让任正非深切体会到所有的思想意识，只有转化为品质这个人的绝活，才可以保障员工在岗位上出绝活。

这幅《芭蕾脚》，也以图片的形式进一步说明了华为抱元守一、回到了商业真源：芭蕾舞者以提升观众的观感为第一诉求，诠释了华为"以客户为中心"的核心理念；芭蕾舞者以天性爆发为出口，诠释了华为"以奋斗者为本"的核心理念；芭蕾舞者20多年依然艰苦奋斗，诠释了华为"长期艰苦奋斗"的核心理念；顶级芭蕾舞者勇于继续撕裂自己的双脚、思维和意识，诠释了华为"坚持自我批判"的核心理念。

这双芭蕾脚至少可以呈现一个奋斗者当有如下品质：

微笑。这是顶级舞者第一种重要的品质。顶级芭蕾舞艺术家还要经历惨痛的磨砺。苦大仇深不行！一味地咬着牙隐忍也不行！为着功名利禄也不行！她需要有一种更高境界的巨大喜悦。那是她生而为人的使命有了着落，那种喜悦是自然流露的。

自性。自性爆发，是顶级舞者的第二种品质。自性，是一种原始生命欲望的张力，一种无处不在、包容一切的能量场。她就是一个空空的管道，没有钩子，没有财权名等堆积物，一切都是自性真诚的涌动。

绝活。这是顶级舞者的第三种重要的品质。一刻接一刻地磨砺，一刻接一刻地出绝活。观众是没有良心的，最容易忘恩负义！一旦舞者瞬间显示出疲惫、无聊或者厌倦，就会被轰下台去！

大爱。大爱是顶级舞者的第四种重要的品质。爱是源泉，爱是动力，爱是灵魂。大爱不爱。她会以观众心为心，以角色心为心，以角色的生命为生命。只有赋予角色灵魂，才可以呈现芭蕾舞的美感，才可以打动观众。

毅勇。这是顶级舞者的第五种重要的品质。无论多么成功，还要向自己的肉体开火，还要继续撕裂自己的双脚，还要继续流血。撕裂双脚，同时也是向自己的精神开火，是干掉自己骨子里的怠惰。

任正非在"大道至简"的讲话中，突出强调了华为人当有的敬畏、谨慎、恭敬、精进、素直、广大、包容等七种大道品质（详细见本书第

5 章）。这七大品质整合起来，诠释了任正非提出的大道思维和大道品质：灰度。任正非提出"灰度领导力，是每个管理者的必备素质"。这是他自己保持的品质，也是他要求每一个管理者需要保持的品质。诚可谓如履薄冰，慎终如始的谨慎；如登高峰，刻骨铭心的敬畏；如做贵客，进退合度的恭敬；如泻瀑布，积极向前的精进；如赤子心，连通万物的纯粹；如大草原，空虚无边的广大；如初灰度，无所不含的包容。

地头力法则 60：以己推人，量化品质——微笑，自性，绝活，大爱，毅勇，谨慎，敬畏，精进，素直，广大，包容。用赤子精神脚踏实地造物。

具备了这样 12 种大道品质，也就具备了 12 种大道思维，才可以成为一个顶级芭蕾舞者，才是一个有绝活的华为造物者。如果在学习华为的过程中，老板和团队能把这些品质真正植入团队的每一个人，华为的魂就"附体"了！要给你一万个赞！

任正非所做的，实际上就是一个修身的过程。因为任正非个人重在品质的修持，他当然也是透过这些基本品质来看人、选择人。

以家比家，以奋斗者为本，让每个奋斗者都成为柱子和主人

"望子成龙"是每个家庭的信条。父母都期盼着儿女成为家庭的柱子，成为社会的柱子。任正非作为儿子和父亲，深谙此理。华为前 10 年，任正非充分放权，让员工当家做主，来了项目就自己去担责发展，当时就使员工释放了空前的积极性。

借鉴家庭"望子成龙"的信条，华为以每个人生命自我超越为顶层设计，不拘一格出人才，让每个造物者成为柱子和主人。当我们看到年

轻的华为人，在利比亚战争、日本福岛核泄漏等大的灾难面前，挺身冲向第一线时，不由得肃然起敬。怎样可以把一支队伍建成为了客户诉求可以置之死地而后生呢？这也只有掌握着华为思想权和文化权的任正非知道个中缘由了。

统一思想观念很重要，任正非琢磨着制定一部《华为基本法》，统一思想。任正非学习《毛泽东选集》很有体会。他知道"群众是真正的英雄"，"从群众中来，到群众中去"。他一方面请教外部专家，另一方面发动全公司，全员一起反复参与讨论。好的文化，一定是每个参与者发自内心参与形成的文化。许多年后，华为老员工都会深切地回忆当时几上几下讨论《华为基本法》对每一个人的触动。

《华为基本法》就要成形，思想认识开始统一以后，任正非又看到了《华为基本法》的无力。如果要继续放权给团队，又要保护员工不犯错，不触动制度底线，最重要的还是基本流程和守则。于是，华为又开始投资 100 多亿美元，聘请 IBM、埃森哲等国际顶级咨询公司用十几年建立流程规则。现在还在建立过程中。

与此同时，任正非提出了"班长的战争""让听到炮声的人呼唤炮火"的说法。他一定要在西方最先进的流程管理之中，赋予让一线员工当家做主的魂。

任正非是一个真正放下自己的人。他早早就把人权、财权、事权都交出去了。他就只抓住了一个看似虚空的思想权和文化权。他认为，生命的欲望和怠惰，这是人的两个根性。人一有机会就会偷懒，而唯有生命的欲望可以克制怠惰。虚空的思想文化权，只有通过分钱、分权、分功名这些实际的东西才可以承载与传播。任正非自誉最会分钱。最会分钱只需要一个前提：最无私。任正非说："我的不自私是从母亲那里继承来的。"

这是任正非的独门武器。一般公司都在用公司文化和精神来消减员工的私欲。而任正非偏偏要反其道而行之，用物质、权力和功名，激发起人们生命的欲望，去克服怠惰出绝活。人性有善亦有恶。二者只能朝向一端，务必倾尽全力一竿子到底。贼心死了，道心自然就生了。否则，一定会落个"打蛇蛇不死反而被蛇咬"的下场。任正非的这种果决和坚韧，使得他可以"以众人之私，成就众人之公"。

地头力法则 61：以家推家，公司树让人人自我超越成为自己的柱子和主人，不拘一格造物。

以乡推乡，造福乡里，华为在哪里发展就要造福哪个区域

华为开拓海外市场遇到层层考验。"中国制造"成了某些人眼中的"原罪"，部分西方媒体上关于华为的负面新闻也时常出现。这些报道往往捕风捉影，要么宣称华为是因为获得中国政府额外关照才发展起来的，要么在知识产权纠纷中先入为主地指责华为，美国思科公司 2002 年起诉华为侵权，美国政客公开宣称华为威胁美国国家安全，欧盟官员几次准备启动"双反"（反倾销与反补贴）调查⋯⋯

任正非在 2014 年第一次接受国内媒体采访时答记者问说："中国越强大，美国就越打击。打击不是抽象的，看好一个苗头打一个。其实美国打击的不是华为，是中国。因为美国不希望中国变强大，总要找到一个具体着力点。所以我们认为困难也是会存在的，而且我们也不知道接下来的困难还会有多大，就是努力前进，自己想办法如何去克服。"

或许正是因为高关注度，正是因为美国等多方面的打压，使得华为实现全球化经营，与大部分中国公司不一样。我们大部分公司还在国际化初级阶段，许多公司都在盯着国外的资源、技术或产品。这样就难免有圈占新殖民地的嫌疑。而华为全球拓展，看到的是各国的人才资源，

华为要给他们提供机会，人尽其用，要激发他们生命的潜能，创造与众不同的绝活。华为走到哪个区域，就把哪里当作自己的家乡，就要把福泽带到哪个区域。

最直接的好处是解决就业，而且发高工资。华为从事高科技行业，又使员工在当地的社会地位有所提升。在中国，看看谁家的孩子去了华为，都会感觉不错。给当地人带来高收入，直接繁荣了这个地方。华为全球 17 万人，有 4 万多人是国外员工，华为在所在国以本地化为主，70% 以上都是本地员工。

国内外大公司通常到一个地方建设园区，动辄以巨额投资为橄榄枝，诱使地方政府给地、给钱、给政策。华为决不这样切入一个城市。华为不要求降地价，不要求给贷款，不要求给特殊优惠政策，他们来这个地方发展，就是为了造福这个区域。华为在每个地方都严格照章纳税，买地款从不拖欠，也从来不拿华为的规模压人。

地头力法则 62： 以乡推乡，造福乡里。在哪个区域发展，就造福哪里。

华为还能开拓出一些为华为配套服务的产业。这些产业也能养活不少人。以国推国，做一国合宜公民，贡献就业机会，发展和繁荣所在国家的未来，建构公司的未来，遵守一国的价值和规则。

华为存在着身份证明问题，国际上一部分人对华为存在种种误解。华为坚持多做少说，心底无私做出来，活出一种与人为善的生命状态。目前这些误解得到了显著消减，如知识产权话题、网络安全问题、透明度问题等，同时，越来越多的利益相关人认可华为在创新、全球化、开放合作、本地贡献等方面的形象。

过去华为在网络安全问题上也承受了很大的压力。但通过持续投入、开放合作，华为建立了端到端的网络安全风险管理机制，并成为业界在网络安全领域的最佳实践者之一。包括英国、马来西亚和德国等国政府在内，一些关键的利益相关方对华为在网络安全问题上的信任不断增强。华为获得了马来西亚"年度最佳网络安全企业"奖、德国"网络安全透明度"奖等。

在贸易便利化领域，华为在降低关税税负和提升清关效率方面都有很大的进展。全球ICT（信息、通信和技术）产品的平均关税约为1.6%，而华为约为1.7%，在中国尚不是OECD（经济合作与发展组织）成员国因而无法享受相关优惠的情况下，能取得这一成绩相当不易。从清关效率看，全球的平均水平约为21天，华为公司只有10天。这些都可以转化为实实在在的生产力，支撑公司主航道业务的发展。外界也越来越多地认识到，华为是一家来自中国、秉持开放和公平竞争理念的公司。华为经过努力成功申请到欧盟的研发资金，这不仅仅是"钱"的问题，更体现了欧盟对于华为的认可，表明欧盟已经认识到了华为对于欧洲产业生态圈的积极意义。同时，华为还成功推动中国政府将研发资金向外国企业开放，让欧洲厂商成为中国的科研力量。

伴随外界对华为的了解越来越多，各种公开赞誉纷至沓来。2015年年初，李克强总理专程考察华为，特别肯定了华为在企业管理制度方面的创新。他说，没有制度创新，科技创新就无从依附。

2014年，有近300批副部长级别以上的团组访问公司，其中近60批是国家领导人，有6位G8国家领导人与公司领导一对一会谈。2015年2月，任正非在德国与默克尔总理会谈，默克尔总理对华为在欧洲的研发创新与发展非常认可。2015年3月下旬，荷兰首相马克·吕特到华为总部参观并与任正非会谈。这位帅气的欧洲领导人表示，在看到华为的高科技后感到非常震撼，并感谢华为在荷兰多年的贡献。2015年10月，任正非随习近平主席访问英国，并签署投资石墨烯研发项目，华为公司被英国人誉为"最佳雇主"。习近平主席还参观访问了华为英国公司。

海内外媒体眼中的华为也在悄然转变。《华尔街日报》《经济学人》、英国 BBC 电视台等西方主流媒体已经例行参加华为的各种活动，在 2014 年华为云计算大会（HCC）上，《经济学人》记者在了解到华为的 ICT 发展战略后，撰写了题为《伟大颠覆者的新目标》一文报道华为的这一转变，整篇报道调性积极，传播效果非常好。2014 年，英国 BBC 电视台还专门拍摄了华为专题纪录片，时长 27 分钟，这不仅在华为历史上尚属首次，对于任何一家全球企业来说，都是罕见的成功曝光案例。

地头力法则 63：以国推国，尊重所在国的价值和法规，做合宜企业公民，合作共赢，贡献就业、发展、繁荣和价值，做最佳雇主。

当华为员工冲在各国灾难第一线，不计较这种行为给自己生命带来的影响时，就已经是一个具有国家兴亡匹夫有责意识的负责任的国民了。把自己作为一个国民，来发展与所在国的关系，如此，不仅仅是利益，更有回报、回馈、回响。华为做到了。

以天和天，坚持自己的价值观，一嵞到底，连接天地能量场

当今，我们处在一个新的起点上，信息技术正在和各个行业深度融合，借助 ICT 技术对传统产业进行数字化重构，驱动传统产业的升级和进化，成为继机械化、电气化、自动化之后的第四次工业革命。无论对于哪个行业，这场革命的核心都是智能化，包括全链接、智能设备和基于大数据的智能应用等核心系统，比如智能电网、智能交通、智能制造、智能医疗等，各个行业的生产模式和商业模式因此而改变，进而深度改变人们的生活和工作方式，构成在信息时代背景下的新产业生态和新商

业文明。

从最终用户的角度看，伴随 20 多年的互联网发展，掌控未来的"连接一代"和"数字元人"已经长成。相比上一代人，他们的沟通、交友、娱乐、消费、工作、学习等行为方式和思维模式，已经发生深刻的变化，他们对于数字社会和互联网的依赖与生俱来，代表着互联网时代的新消费行为，可以归纳为"ROADs"——Real-Time、On-Demand、All online、DIY 和 Social。在数字青年的世界里，互联网的全链接、零距离、因我而变、万物智能，就像空气和水一样不可或缺，视频成为基本业务。

基于互联网化的思维和消费习惯，企业和运营商需要重新认识运营系统的价值和定位：新的运营系统不再是简单的支持系统，更不是简单的营销界面在线化，而是连接运营商、客户和合作伙伴，连接网络、应用和内容的价值创造系统和生态链系统。传统的线下营业厅将大幅减少甚至消失，取而代之的，是用户可以以在线模式按需、实时定制享受各项服务，运营商通过大数据分析洞察客户和精确营销，提供更加智能的客户服务。

地头力法则 64：以天和天，华为一蓄到底，节约资源，连接天地能量，形成最强能量场，利乐众生，共建生态和谐。

华为造物场域的建设，如何成就世界级品牌

> 如果我们想要自己的物种得以存活，如果我们发现了生命的意义，如果我们想拯救这个世界和每一个居住在世界上的生灵，爱是唯一的答案。
>
> ——爱因斯坦

在华为有一个精妙的层次，那就是推己及人、量化品质，以赤子之心脚踏实地造物；以家推家，以奋斗者为本，让每个造物者成为柱子和主人；以乡推乡，造福乡里，华为在哪里发展就要造福哪个区域；以国推国，做一国合宜公民，贡献就业、发展和稳定；以天和天，坚持自己的价值观，一竿到底，连接天地能量场。

这样一个生生不息、能量强大的造物场域的层次，不是华为的独家发明，更不是我的观点独到。老子在 2700 多年前，实际上就阐发了一个造物场域的能量汇聚之道，他已经画出了这样一幅大图画，可惜人们没有从造物场域的层次来解析。《道德经》第 54 章说：

> 善建者不拔，善抱者不脱，子孙以其祭祀不辍。修之于身，其德乃真。修之于家，其德乃余。修之于乡，其德乃长。修之于邦，其德乃丰。修之于天下，其德乃普。故以身观身，以家观家，以乡观乡，以邦观邦，以天下观天下，吾何以知天下之然哉？以此。

善建者不拔。犹如种一棵树，一定要把树坑挖得深一些，给它充足的水分，让它可以把根深深地扎到底层的深处，这样无论你多有力量也拔不出来；精于建造房屋的人，他们会把房屋的地基打得牢牢的，不会被飓风连根拔起。拓展开来，就是说，做任何事都要打好基础。基础不牢，就埋下了被连根拔起的隐患。你要建立一个基业，就要先树立一个信念，把这个信念深入到所有关联人的心底。

善抱者不脱。善于抱住东西的人，不是黑熊掰玉米，掰一个丢一个。这是在说一个人内在的修持。抱定一个目的，守住你的梦想，就不会被满天飞的金钱、权力、名位给刮跑了。唯其有了"内圣外王"这样两种修持，所创建的事业才会代代相传，永世不辍。

一个有大成就的大德之人，其实主要看两个层面——"善建者不拔，善抱者不脱"。大德之人必有内圣外王之道。而有些人，看上去戾气冲天，霸道张狂，即便他一时称王，也不可以长久。因为没了谦虚朴实平和，也就没有了内王，哪里可以长久！这是一个往纵深处去的修行，同时也是往宽广处去的修行。

修之身，其德乃真。三宝的修持，就是大道之精意，用于修持自己的身心，则可以使自己返璞归真，素直而和于自然。一如庄子所说："纯粹而不杂，静一而不变，恬淡而无为，动而以天行，此养神之道也。"

老子特别强调复归于婴儿。婴儿的心是全然打开的，你善良，他对你善良；你不善良，他还对你善良。你可以信赖，他对你信赖；你不可信赖，他还对你信赖。通常人们关注耳朵听到的、眼睛看到的，自己过往的经验教训和知识，成了捆绑自己的绳索。而成熟、返璞归真的修行高的人，却可以像孩子一样，打开自己，全然接纳所有的发生。这份修持，就是老子所说的修之于身。

修之家，其德乃余。若能把这份修为用之于持家，则德行充于家中每个人，便会妻贤子孝。兄弟和睦，使全家愉快而幸福，德性充裕，每个人都可以分享。现在中国这样的画面少了。

修之乡，其德乃长。在乡里之中，如能用大道来教化子弟，使老有所养，少有所归，人民敦厚淳朴，自然而快乐，这德行便更加宽广和增长了。这样的乡土画面也渐渐离我们远去了。城市化，即人口从乡村到城市的单向流动，已经破坏了乡村中功成名就的士绅反哺乡里的传统。这样农村就慢慢成了留守儿童和老人的聚集地。

修之邦，其德乃丰。如用大道以治国，使国家内外和平、四邻交好，上下同欲仁爱流行，繁荣而昌盛，那么这德行就愈加丰厚而充沛。老子画出了一幅理想国的图画，很美、很动人。可惜，工业革命以降，"人定胜天"开始弥漫，欲望贪婪成为目标和楷模，人们渐渐远离了慈爱和善，结果举世皆敌，人心惶惶。

修之天下，其德乃普。还要修大道于天下，使大道天人合一，心物一体之性深入民心，达到"不言而教"，无为而自化的目的。这样也就自然和谐，如日光普照大地了。遗憾的是，我们一味看重经济发展而忽视了生态平衡，以致雾霾严重，土地沙化，地下水系遭到毁灭性的破坏。生态平衡，成为我们重中之重的必修课。

如果只有上面关于修持的理论，那么可以说中国得道真人太多，都会说得有根有叶。老子毕竟是老子！这一章的重点在后面几句话。老子直接道出了他认识的来源，也就是他之所以会成为老子的具体成长过程和学习方法。

一花一世界，一即一切，一切即一。只关起门来修行是远远不够的，要建立深根固蒂长生久视之基业，你的心性还要在具体行为中罩得住相应的场域。一个人要以他人心为心，要以家庭的心为心，以乡里的心为心，以国家的心为心，以天下的心为心。作为个人，你要治理好自己的身心场域，还要建立、守护好家庭场域、乡里场域、国家场域，乃至天下场域。

一个人怎样可以一步一步连接天地？老子在这里可以说是倾囊相授。一个人、一家公司、一个国家的场域可以经过怎样的层次，形成广博的连接造福于更多生灵？老子在这一章透露了他知道天下事、知道天下大道的秘密。这个秘密，可以把前后文连起来，使其一目了然了：修之以身，以身的本真观身；修之以家，以家的本真观家；修之以乡，以乡的本真观乡；修之以国，以国的本真观国；修之以天下，以天下的本真观天下。

老子在这里阐述了场域建设的基本途径。公司造物场域的总体能量，首先取决于每个造物者的内在场域的能量。

修之以身，以身的本真观身。华为造物者修持和量化敬畏、谨慎、专注、精进、素直、广大、包容等品质。深深敬畏每一个人的天赋和天性。

老子曾经说过，因为我自性流露，我有与众不同的绝活，所以我才强大。如何可以保持这种与众不同的绝活呢？那就是要修持三宝，即修持一颗博爱、敬畏、恻隐、同理之心，修持啬道，一啬到底，让事物没有一点儿多余的东西；还要修持一颗分分钟拿出绝活（妙有和妙用）来的巨匠的心。造物者看重品质的修持和量化。做人要勇于自我超越。要跳出自己，甚至干掉自己的自负，干掉自负的滥情，以他人心看他人和对待他人。在每个当下，都可以以"作为人何谓正确"来看人看事，这样就有了如如不动的本真了。有了这样的本真，才可以看得清他人的欲求，才可以不过度管理，才可以不以自己的知见去框定他人的潜能。这是一种对他人天赋和天性的深深敬畏。守住这一条，就守住了真常之道。

修之以家，以家的本真观家。家庭是孩子培根生命教育的载体，处无为之事，行不言之教。让孩子成为自己的柱子和主人，让员工成为公司的柱子和主人。

以家庭的本真看家庭，会有不一样的总体观。家庭是一个传宗接代的载体，也是一个生生世世教育的载体。每个家庭都望子成龙，每个家长都迫切想让儿女成为自己的柱子和主人，成为家庭的柱子和主人。现在家庭教育，偏离了生命教育的主体。生命教育课，不是你说什么，而是你在真实地做什么。行不言之教，处无为之事。让孩子看到一个家庭的运转，让他们体悟一个家庭中角色的担当。唯其如此，才可以找到自己的方位。而今天的家长最缺乏的就是这样一种生命传承。他们往往自以为是，为了不让孩子输在起跑线上，而一门心思外求，让孩子参加各式各样的才艺班，却耽误了孩子培根的生命教育。

松下幸之助创立松下帝国，他提出"造物造人""自修自得"的说法。他深知，企业是否能够实现可持续经营，取决于是否可以开启每个人的生命之门。华为也是如此，不拘一格选人造人，不拘一格成就人。华为公司以人人自我超越与开启生命之门为前提和基础。"让听到炮声的人呼唤炮火"的体制安排，更使得成就每一个人成为可能。

修之以乡，以乡的本真观乡。乡里乡亲是以土地为连接的一个场域。深深敬畏土地母亲，华为在哪里发展，就造福哪个区域。华为造物场域生机勃勃。

以乡里的本真看乡里，会看重土地母亲的连接。乡里乡亲是以土地为纽带形成的关系。每一方土地，都是一个独具特色的场域。其中一定有适应这个场域的生产和生活形态。这里面最深的连接，是对土地深深的敬畏。比如，西藏那一片土地，生命的律动就是要慢一点儿。开发西藏，就要对"慢"有着充分的敬畏。如果把内地开发区模式搬到西藏去，那就是犯罪！

华为在哪里发展，就造福哪个区域：解决就业，创造收入，照章纳税，承担社会责任。融于所在区域，区域就会成为公司造物场域的重要因素，公司造物场域就会生机勃勃。

修之以国，以国的本真观国。以国家的需要和未来建构自己的未来。遵守一国价值和规则，贡献发展、繁荣和稳定。

华为把自己当作一个国民，遵守一个国家的核心价值和规则以及这个国家的传统，克勤克己服务于国家的经济和文化建设。

修之以天下，以天下的本真观天下。如果人类想活下去，就需要敬畏每一个居住在这个世界上的生灵。天地人和合，才是最强能量场。

以天下的本真观天下，会有一种天人合一的总体观。万物有灵，万事有君。一如爱因斯坦所说："如果我们想要自己的物种得以存活，如果我们发现了生命的意义，如果我们想拯救这个世界和每一个居住在世界上的生灵，爱是唯一的答案。"

什么是爱因斯坦的"爱"？那是超越人伦之爱的一种充满力量的"无形之力"，那是大仁不仁、大爱不爱的万物一体之仁，那是对居住在世界上生灵的恻隐心、同理心与敬畏心。或许正是这样的敬畏，才是天地人和同的最佳境界。

我问一个高管，为什么是华为人？他愣了一会儿，说道，一次他去南美戈壁，看着无垠的沙漠，那真是鸟不拉屎的地方，寸草不生。而就是在那片荒凉的沙漠里，华为的天线却在呵护着生命。那一刻，他的眼睛湿润了。他在想，中国公司都到达了这么偏远的沙漠，中国人真正融入了这个世界，在默默地给这个世界做着贡献。

任正非知道自己不能随大流，他同时体认每个人都是上帝的限量精品，他要让华为公司成为不同凡响的公司。他坚持以客户为中心，以奋斗者为本，长期艰苦奋斗，勇于自我批判，一直在创生极致产品的道路上勇猛精进，终于收到了凭借产品"针尖刺破天"的功效。他建立了与员工、客户、区域市场相融的华为场域，建立了与中国和所有国家相融的场域，建立并守护着与天地生态相融的场域。

我老娘对得起自己的良心，头拱地为孩子拱出一个未来，为中国人生命传承担当起责任。在这一过程中，她从不计较自己的得失，她的无私、无功、无名，已经合上了万物振动的频率，村里人喜欢她、照顾她。她头拱地的精神，已经成为儿孙们言行的依归。她以身传身，让我用她的精神意识透视企业，发现了在移动互联连接时代，地头发力的重要意义。

"心物一体，上下同欲"，这是建构各种各样的场域至关重要的灵魂。有了这个灵魂，可以治理好一个家庭，可以治理好一个公司，可以治理好一个区域，还可以治理好一个国家。重要的是要有修之身的功夫。修之身功夫的核心就是看破无常，做到无私、无功、无名这样的修持根本。这是大大小小内外场域的一个原点。

地头力法则 65：开放式造物场域的层次：以己推人，量化品质；以家推家，成为柱子；以乡推乡，造福乡里；以国推国，合宜公民；以天和天，和谐发展。

对于一个品牌，修到哪一级，就是哪一级的品牌。世界级的品牌，就一定是以天和天、以天下苍生关怀和丰富为己任才可以达到的。财富和企业规模都是短暂的。可持续的价值才是深根固蒂、长生久视之道（见图 9-2）。

华为造物场域建构次第阐释：
- 推己及人：量化品质，以赤子之心脚踏实地做事
- 以家推家：望子成龙，人人成为公司柱子和自己的主人
- 以乡推乡：在哪里发展就要以造福哪个区域为己任
- 以国推国：做一国合宜公民，贡献发展和稳定
- 以天和天：一舀到底，节约社会资源，连接天地能量

灵魂、思维、品质、修为定位在哪个层级上，其品牌就是哪个层级的品牌！

图 9-2　造物场域建构次第

华为造物场域生命链条

万物有宗，万事有君。我喜欢从整体上把握华为造物场域的逻辑节点。华为造物场域的始点和终点都是为客户创造价值。

对组织地头力的概括，是在我有幸跟随任正非参加了一个华为的战略规划会上获得的灵感。那是 2015 年下半年华为召开的一个战略规划会议。通信业可能要触碰到天花板，通信运营商的日子都不太好过。通信运营商 2017 年还不会跳崖式下沉。华为在班长的战争背景下，讨论如何装备重装旅，以抓住战略机会。战略规划会议重点解读了华为构建客户云、知识云、解决方案云的未来画面与阶段性成果。那次战略规划会议把我对未来的认识颠覆了，从中我看到了华为企业网业务的未来大画面。于是，我心里装着华为，当下形成了组织地头力的初步概念：

> 一个开放的造物场域，可以开启每个人的原力，可以倾宇宙之力造物造人。每个地头、每个当下，都是场域能量的总体发力。

力出一孔器成之：以客户为中心，成就极致产品，成就全人

华为 20 多年如一日，匠心匠魂铸造产品，不拘一格出全人。这两个维度相辅相成。出了极致的产品，也就出了全人；出不了产品妙有，也就不会有什么全人。"全人"，是指具有丰富的内涵，是一个人"志德运"具足的一种状态。

任正非很推崇精神，但是他坚持认为，所有的精神都只能体现在你的产品和你的绝活之中。工作不出色，没有好产品，只谈精神就是骗子。华为超越了一般人对中国公司的想象。华为拥有 3 万多项专利技术，其中有四成是国际标准组织或欧美国家的专利。《经济学人》指出，华为是电信领域知识产权的龙头。

在登上峰巅的 2014 年，华为进一步提出了"针尖战略"。在主航道上，进一步聚焦到"针尖"产品上。或许军人出身的任正非喜爱德国军事战略家克劳塞维茨的一句名言："不要在非战略竞争点上消耗战略竞争力量。"

针尖战略，这是华为独立的语系。针尖利用的物理原理包括聚焦和压强，不尖不足以形成穿透力。华为决策委员会顾问田涛指出："主力部队一定要坚定不移地放在主攻方向上，才有可能取得胜利。'针尖战略'就是超越式竞争战略，它将使华为在未来几年，进入真正的战略'无人区'，这既可以避开踩到美国对手的脚，又使得华为拥有更多的标准制定

权和定价权，华为在全球化扩张中的和平崛起将有可能得以真正实现。"

任正非很智慧，他深知，任何人的花费归根到底不能超过他所拥有的，一个人如此，一个公司也如此。一个公司把资源花费在权力、市值、规模、誓师大会、各种表演上，一个向这些方面付出了理解、认真、意志的能量，那么，这个公司在力出一孔做产品方面就必然有所短缺。人是过客，产品不朽。

纵观世界企业史，许多公司在从小到大的爬坡期，在客户的需求上很用心，千方百计要做到极致。可是一旦成功，成为上市公司了，尤其是一旦成为大公司了，惰性就上来了，便不肯再聚焦琢磨客户的需求了，由此也就走上了下坡路。在华为登顶世界行业第一的位置后，任正非很怕他的团队步一般大公司的后尘，因为短暂的成功，而丢失了对客户需求的敬畏、谨慎、居敬、精进、素直、包容和广大。日本每 10 年前 10 名企业的排序都全然不同。任正非认为，华为还仅仅是在成长，除非像日本公司那样九死一生后仍然存在，那才算得上成功。

其兴也勃也，其亡也忽也。要想摆脱历史怪圈，就要有不一样的精神传承。产品这个物的载体是时新的，而产品背后的精神和价值是永续的。任正非的针尖战略，暗合老子的道法。在宇宙生生死死跌宕起伏的常态中，老子特别强调深根固蒂、长生久视之道。这就是"为大于其细，图大于其易"，要找到一个出口，锁定一个针尖处用力。一如道家炼丹，一定要锁定金丹。而一旦锁定金丹，也就锁定了炼丹人。所以，金丹出，炼丹人也出。金丹与炼丹人不可分，以至统称"器成之"。

地头力法则 66：力出一孔器成之——成就极致的产品，成就全人。厚积薄发，一针刺破天。

全人，具有丰富内涵，志德运齐全的人。志德运，即指志向、厚德、运势。厚德包含素直、敬畏、谦卑等；运势则看是否头拱地深耕，是否虔敬诚实，是否有大义使命。

经营企业最终要看你是否能够"成大器"。"成大器"要看你在产品上下的功夫。日前我去日本考察，半兵卫麸第 11 代传人 81 岁的玉置半兵卫说："我们做面筋生意，看上去简单，实际一点儿也不简单。我们祖宗传下来的核心理念是'先义后利，不易流行'。我们半兵卫麸走过了 300 多年，最深切的体会就是'没有老铺，只有新业'。我们每天做出新品种的面筋，就会有上千家模仿。为此我们就要不断出新，才不辜负顾客对我们的期盼。"80 多岁的老人，站在那里给我们讲了 3 个小时，周身散发着巨匠的气息，给在场的每个人的生命都带来很大的震撼。

凡是衰败的企业，90% 以上都是产品出了问题，人才出了问题。也就是"器成之"出了问题。华为"器成之"的经验，可以为许多企业借鉴。华为究竟是怎样做到"器成之"的境界呢？它有一系列独特的资源优化组合方式。

利出一孔物形之：以奋斗者为本，让听到炮声的人呼唤炮火

资源优化组合方式千千万，但真正奏效的还是常识：以人为本。华为就是很好地守住了这个常识。不过他把"以人为本"改成了"以奋斗者为本"。以奋斗者为本，才有华为"针尖刺破天"的产品。

以奋斗者为本，没有对企业的深刻理解，就得不出这样的真意。如果是挂羊头卖狗肉的话，很容易被员工看穿。说给外面听可以，让员工确信就得有点儿不一样的功夫。任正非用他的方法解决了这个问题！那就是冲着自己开刀！在激发员工对财富、机会、荣誉追求的同时，还要把自己放下、放低、放空。放下了自己，才可以真正把员工看大，才可以真正以奋斗者为本！

以奋斗者为本，奋斗者最想什么？任正非是从苦日子中走过来的，他深知作为奋斗者，最想活下去，最想活得有尊严。物质财富是奋斗者的一个重要目标。当这个目标实现了，他才会有基础去追求精神上的目标。任正非深知这一点，他也专注做好这一点。他自称"最会分钱"。员工在华为的收入可以是"工资＋奖金＋分红"。当股权激励到位以后，却出现了一些问题——一些德高望重的高管，远离一线，已经不再是华为一线生产力的代表，难免会有怠惰之气蔓延。华为近几年做了重要的调整，突出税前工资部分的比重。这样向一线倾斜，就很好地保护住了一线员工的创造力，但是这样还不够！

以奋斗者为本，还要活化组织。许多人在华为工作 10 年以上，已经从开始时穷苦的奋斗者，蜕变为德高望重型，他们冲锋的精神和气势已经不再。人生命中最大的敌人——怠惰开始蔓延，成为阻碍公司发展的沉淀层。在任正非看来，一个组织时间久了，老员工收益不错、地位稳固就会渐渐地沉淀下去，成为一团不再运动的固体：拿着高工资、不干活。1996 年，为打破沉淀层、激活团队，时任市场体系总负责人的孙亚芳（现任华为董事长）就曾经带领自己的团队，主动辞职，重新竞聘上岗。

2000 年，任正非在"集体辞职"4 周年纪念讲话中，对 1996 年以孙亚芳为首的那次历史事件给予了高度的评价："市场部集体大辞职，对构建公司今天和未来的影响是极其深刻和远大的。任何一个民族，任何一个组织只要没有新陈代谢，生命就会停止。如果我们顾全每位功臣的历史，那么就会葬送公司的前途。如果没有市场部集体大辞职对华为公司文化所带来的影响，任何先进的管理，先进的体系在华为都无法生根。"

2007 年，华为发起了第二次"集体辞职"的大运动。华为公司要求包括任正非在内的所有工作满 8 年的员工，在 2008 年元旦之前，都要办理主动辞职手续，竞聘后再与公司签合同；废除现行的工号制度，所有工号重新排序。年资 8 年以上的员工，只要自愿提出辞呈，就可以获得与年资相对应的赔偿金。辞职后如愿意留在公司，华为也会再次聘用。既有的股份不变，但是职位与年资均按照该年度的绩效重新计算。

赔偿金的计算方法大致是：月工资 × (N+1)。N 为工作年限。比如满 8 年，N=12 × 8=96。以奋斗者为本，重金赎买老员工的年资。老员工和管理者，是为华为贡献了青春的人。现在让他们挪出熬上去的岗位，公司就要付出赎买金。两次辞职回聘率，均在 90% 以上。为了辞职，公司花巨资赎买员工的年资。据透露，两次涉及赎买金总额为 150 亿美元。这样巨大的投入，会让许多企业老板胆战心惊，任正非却眼睛都不眨一下。只要有利于贯彻针尖战略和以奋斗者为本，花多大代价都在所不惜。

以奋斗者为本，还体现在投巨资在员工教育上。华为的员工教育很有特点。一是高层普遍有带徒弟的责任和义务。每年新毕业的大学生，都会有高管出任师傅。这样既给高管提供了接地气的机会，也为新员工迅速掌握华为实情提供了极大的便利。华为教育基本上是自修自得、自发自动。在工作上，徒弟亲近师父；在生活上，师父乐意跟随年轻人玩。华为社区很活跃，各种各样的社区活动都可以自组织。即便是华为大学的课程，也不是由组织安排的，而是要员工自发主动报名。

与一般企业不一样，员工到华为大学上课，还要交课费。2014 年华为大学收入为 22 亿元，全部是华为员工缴纳。不仅仅交课费，上课算请事假，要扣全勤奖，还要自己负担飞机票和食宿费。这样就更强化了员工在课堂上的参与感。付出了精力，付出了时间，付出了现金，就要让每一堂课都榨出油来！

以奋斗者为本，还表现在体制安排上。华为一变大，任正非渐渐发现许多东西变味了。解决问题，不再是头等重要的事情，与庞大体系的协调才是重要的节点。一线员工为解决特定问题，要花掉 2/3 以上的工作时间向上面争取资源。从一线摸爬滚打出来的任正非，意识到了一种深切的危机正在逼近。他坐不住了。

2009年开年,任正非向华为全体员工发出了振聋发聩的呐喊:让听到炮声的人呼唤炮火!让一线直接决策!没有对企业经营管理本真的全神贯注,没有对答案永远在现场的心领神会,没有对滋生的每一个官僚癌细胞的深恶痛绝,没有头拱地不找借口解决问题的地头力,是发不出这么强势的呐喊的。

"让听到炮声的人呼唤炮火",这就是未来一个时期华为准备进一步完善落地的组织方式。任正非说:"为更好地服务客户,我们把指挥所建到听得到炮声的地方,把计划预算核算权力、销售决策权力授予一线,让听得见炮声的人来决策。打不打仗,后方决定;怎么打仗,前方说了算。由前方指挥后方,而不是后方指挥前方。机关是支持、服务和监管的中心,而不是中央管控中心。"

"我们系统部的铁三角,其目的就是发现机会,咬住机会,将作战规划前移,呼唤与组织力量,实现目标的完成。系统部里的三角关系,并不是一个三权分立的制约体系,而是紧紧抱在一起生死与共、聚焦客户需求的共同作战单元。它们的目的只有一个,满足客户要求,成就客户的理想。"[①]

任正非一贯重视最终出口。为了保证最大限度地满足客户、成就客户,从上到下一以贯之都以这样铁三角的模块形成对接。而且,管理层不断减少和下沉,还形成了独具特色的片联制。华为经历了曲折的道路,开始反省土狼旅程,发动全员厘定《华为基本法》,借此反省以往的成败,提炼出公司的价值;后来移植IBM的流程管理,削足适履,下足了决心。华为用了几年工夫,开始走出一点儿节奏。敏锐的任正非又发起

[①] 资料来源:《下一个倒下的会不会是华为》,田涛、吴春波著,中信出版社2012年出版。

了"让听到炮声的人呼唤炮火"的新体制。在今后 10 年左右的时间，单单为真正把这个体制落地，华为准备了 350 亿美元的资金。决心不可谓不大！起初，人们只把"让听到炮声的人呼唤炮火"当作一种说法，当作短暂的口号，谁能想象得到，任正非却要把它视作一种长久的制度安排。而且新制度的魂灵与新制度的具体安排，竟然都在"让听到炮声的人呼唤炮火"这句话中。这是华为体制上的大法，当然也是地头力的重要法则。

地头力法则 67：利出一孔物形之——让听到炮声的人呼唤炮火，建立一以贯之的铁三角机制。保持饥饿感，给足安全感，创造成就感，召唤使命感。

与任正非提出"让听到炮声的人呼唤炮火"同一年，美国著名管理学家亨利·明茨伯格在中国发出强烈呼吁："千万别复制美国式管理，这简直就是一种愚蠢的自杀行为。在过去数十年，美国培养了很多优秀的企业管理者，但是在未来依旧沿袭过去的美国式管理，将是一场灾难。"明茨伯格的逻辑是，美国数字精英管理过于强调分析、工具，而忽略了作为管理者，实践和经验才是智慧之源。他判定"英雄式管理是一个诅咒"。可以说，华为将走出自己的道路。

这是一个群雄并起的时代。苹果、Google、京瓷、索尼、松下、腾讯、阿里巴巴、京东、百度、小米、海尔、联想、TCL、华大基因、海底捞、德胜洋楼、华西希望集团、量子高科、大三湘茶油、百草味等公司，都在做出有益的探索。各种优化组合的模式和做法不断涌现，都在头拱地做出许多有益的探索。

老子站在高处，用"物形之"来概括资源组合方式的优化。老子特别注重通过匠心匠魂的产品来呈现意愿和美德，"载营魄抱一，能无离乎？"无论多美好的意愿和厚德，都与一定的物结合才有价值。任正非也坚信，没有空泛的精神和理念，没有超脱的、高迈的境界和思想，任何一个好的创意，任何一个梦想，都要与具体的物理形态相连接。所以公司创立之初，他就聚焦产品，而且开始时就极其重视研发投入。在互联网思维、新商业模式的狂飙中，他依然坚持聚焦人才和产品，聚焦做极致的产品，这是华为崛起为世界一流公司的重要支撑。

"物形之"没有成形的模式，但是组合方式背后的精神世界是很重要的。像华为选择"让听到炮声的人呼唤炮火"来命名自己的新体制，就是一个富有创见的设想。这里面直接说明白了企业最终要做的就是"致知"，就是让一线员工发炮弹击中靶子，这就为资源组合定位了一个出口。就这一句话，就让你知道了所有体制流程设计的方向：发射炮弹命中目标。整个体制就是这个目标！或者说，这是整体力的一个最终出口，这是"针尖刺破天"战略的另外表述。这个说法接地气，不像"人人都是经营者""让客户给员工发工资"等说法，有点儿高妙，有点儿不知所终，有点儿不那么聚焦。

选择什么样的"物形之"方式，并不是由工具或技术的熟练程度决定的，而是由物形之背后的精神世界决定的。华为选择"让听到炮声的人呼唤炮火"，是因为华为有这样的精神和厚德。

厚德载物德畜之：以客户为中心、以奋斗者为本的价值闭环循环

做企业是任正非生命方式和道路的选择。父母的言传身教，让任正非领略了什么是无私、无功、无名的厚德。43岁的他才开始创业，已经过了一览众山小的冲锋势头。他把自己看得很低很低，把他人看得很高很高。这样他就有了一种内在的聚合人气的磁场。敬畏、谨慎、居敬、素朴、精进、广大、包容，这些已经不是他的美德，而成了他自然而然的呼吸和饮食。于是，他的发心，虽然看似柔弱，却有着源源不断的厚

德来蓄养，可谓深根固蒂。

坚持以客户为中心。他清楚自己生命的价值体现在是否做出了极致的产品上。成功也好，落魄也好，他对客户始终有着刻骨铭心的敬畏、谨慎和居敬，30年坚持以客户为本而不变。那是他生命的价值，那是他生命的归属。他从不高调讲"爱心"。在催人泪下的《我的父亲母亲》一文中，他都很少触碰这个"爱"字，但是字里行间流露出来的全是爱。他深知，爱不是说的，而是行的。每一刹那的爱，都不可能空泛存在，只能存在于一定的行为和行为的结果中。他把爱倾注在客户身上，同时也把爱倾注在他的员工身上，倾注在奋斗者群体身上。

坚持"以奋斗者为本"，30年如一日关注员工物质和精神两方面的幸福。华为培养了无数的亿万富翁，培养了无数的中产阶级，培养了无数的有志向、有底气的创业者。他很幸运自己是一个名副其实的奋斗者。作为奋斗者，他不会把年轻的奋斗者当工具，给他们钱，吸食他们年轻的气血。他坚持以生命撞醒那些年轻的生命，以生命激发生命，以生命创造生命，否则一些财富、权力、地位的堆积物，会把你压扁、压死。他每天都在思索着如何撞醒那些可爱的、迷途的年轻奋斗者。他要把自己的七项品质——敬畏、谨慎、居敬、素直、精进、广大、包容，毫无保留地植入员工的心里。这些品质才是为生命旅程护航的灯。

坚持"长期艰苦奋斗"。穷困时艰苦奋斗容易，富有时艰苦奋斗就有点儿愚蠢了。而任正非就要守住艰苦奋斗，就要这份愚蠢。因为这是灵魂的方向，是生命醒觉的光照。他深知怠惰是生命的天敌，是组织的天敌。他向自己的怠惰宣战，动员员工向组织的怠惰宣战！他的话虽然土一点儿，但实际上与乔布斯的座右铭如出一辙。乔布斯的座右铭："求知若饥，虚心若愚。"分分钟不忘初心，不忘你生命的追求。你要把自己当成一个无知的孩子，对每一个美好的东西都保持着极大的兴趣。聪明人会讥笑你"愚蠢"，你就干脆"虚心若愚"给他们看。那种一刻接一刻的精进，是活泼泼生命的必由之路。

坚持自我批判。对付自身怠惰，最好的办法就是开展自我批判。自我批判已经不是一般的需求，而是华为生死攸关的环节。为此，提升每个人对灰度的认识至关重要。接纳了"灰度"，才会有开放、妥协和包容。灰度，也就是无常。面对无常和灰度，人们只能深怀敬畏。敬畏一切人和一切事。当众人皆因经验和学识的积累而沾沾自喜时，任正非却像一个孩子，保持素直，保持对新事物的喜悦和敏锐，保持着勇猛精进的态势。他感受到了其中的欢乐，感受到了充盈的幸福。于是，他想把这种幸福传递给华为可爱的年轻人！老板的状态，也就是华为团队的状态。凡是与华为人打过交道的人都会深有体会，华为人说话都很直接。这可能与这种批评与自我批评风气的养成有关系。

地头力法则 68：厚德载物德畜之——敬畏混沌、灰度，开放，妥协，包容。

厚德载物德畜之。畜养什么？畜养初发心，或者说像王阳明说的"志"。合道发心的人多了，但成功者几人？原因在于合道的发心像一个刚刚鼓出地皮的幼芽，狂风暴雨太过强盛，很容易把它给抹掉。因此，幼芽特别需要厚德的蓄养。华为的核心价值观——"以客户为中心、以奋斗者为本、长期艰苦奋斗、坚持自我批判"，这既是厚德本身，又是厚德的外显。我们看到，敬畏、谨慎、居敬、素直、精进、广大、包容，都成为畜养华为核心理念最重要的资粮。

自我超越道生之：机会在前，原力觉醒；顺势而为，无愧吾生

2015 年年初，任正非随李克强总理去参加达沃斯领袖会议，到了华为互动论坛，主持人开口第一问："是什么促使你创立了华为？"这是个重要的缘起。

每件事都有着错综复杂的缘起。当年任正非在部队经过勤学苦练已成了技术尖子，可惜又不得不退伍；退伍后在深圳南油公司一个部门当副经理，不懂市场规则被骗 200 万元，给公司造成巨亏又不善人际关系，被公司除名；被除名后无收入承诺还 200 万元账款，家庭也跟着破裂了。43 岁的他，要养活一大家子，只好创业。任正非表面很沉静，骨子里却不安分，有股天性的孤傲。看上去是多重厄运同时降临在这个 43 岁的汉子身上，把他逼到了墙角，实际上却很可能是任正非主动召唤来了这样的双重机遇，让他义无反顾地去追求内心深处一直渴求着的超越和梦想。"不要随大流！"一颗渴望超越的种子很早就在任正非心底深处种上了。他不能忍受生命在无意义中消遣，他的灵魂需要创造独一无二的东西。一旦做了"没魂"的事，他就总是出错。茫茫大地，何处去找立锥之地？

为讨回 200 多万元账款，他下苦功读了所有的相关法律和案例，最后让他弄明白了经营公司的三个核心问题：你是不是有独一无二的产品资源？你是不是有离不开你的客户？你是不是有全身心服务客户的员工？他跟他的同事分享心得，想要在产品空白区创造最好的产品满足客户。纪平、张燕燕等 6 人跟他一起，毅然辞掉国有企业铁饭碗，注册资金 2.1 万元，成立了"华为"。"中华有为！"一如"任正非"这个名字给他植入了放下是非、渴望超越的种子，"华为"这个名字，给一家世界级公司植入了一颗"创造价值、改变世界"的种子。

离开国企还一直为国企追债，任正非这个不同凡响的德行，打动了广东电信的石清泉处长。石清泉是一个务实、有深度的专家。从他那里，任正非领略到未来通信业在一个国家发展中的革命性的作用。任正非是一个善于把最微观的细节和最宏观的景象联系为一体的思想者，会在一个不经意的细节中形成一幅波澜壮阔的画面。任正非意识到：数字式程控电话交换机，不仅是他个人的机遇，也是国家的机遇，还是地球人的机遇。

任正非深知，唯有当下聚精会神地做产品，才有可能承载"不要随大流"的初发心和梦想。从未来前进到当下，他看到了通信的空白，选定了通信设备产品来承载他不随大流的梦想。技术精英的背景，让他看到了产品改善的无限可能性。

任正非和他的团队怀着极大的热情，投入调研、选型、考察之中。开始他本想以自己持有的磁悬浮技术为基础开发出产品，但是市场接受能力有限。他们最终选择了代理香港鸿年公司的 HAX 交换机。因为苦干与巧干，华为终于赚到了第一桶金。在归还南油公司 200 万元欠款后，还剩了几千万元。创业团队的心态有了很大变化。大多数人主张把钱分了，下辈子都够花了。因为通信设备是国际厂商一统天下，资源雄厚的国营大公司都不敢碰，小小的民营企业，头拱地捡漏，含辛茹苦挖掘到第一桶金，将资金投入到无底洞般的高科技研发当中，无疑要冒倾家荡产、血本无归的风险。

这也难怪。当时占统治地位的思想是，在国际科技巨头压境的背景下，"以市场换技术"即"贸工技"是可行的，想来个"技工贸"开发自己的技术是没有机会的。可任正非不是为了钱创办华为的。他是为了"创造意义，改变世界"。他的心里早就有了一幅大画面，那是中国自鸦片战争以来前所未有的发展机遇。他知道他注定是这幅大图画的绘图者之一而不仅是旁观者。对此，他在 1995 年发表的《目前的形势和我们面临的任务》中有清晰的表达：

> 跨国公司转让技术的手段，都是希望过几年你还要再引进，然后，引进、引进、再引进，最终不能自立。以市场换技术，市场丢

光了,哪一样技术真正掌握了?从痛苦中认识到,没有自己的科技支撑体系,工业独立是一句空话。没有独立的民族工业,就没有民族的独立。

这里显示了任正非的一个深层意识:在通信行业必须有中国自己的企业撑起来。没有自己的科技支撑体系,就没有独立的民族工业,就没有民族的独立。这是一个关乎未来发展的很强势的判断。有资源、有背景的国有企业,看到的只是欧美大企业集团的成熟,对于我们的一穷二白,都选择退避三舍。而任正非是有一种整体观的人,他不仅看到了,而且还看到了中国民族工业崛起的内在驱动力和必然性。一如两条变化着的阴阳鱼,别人只看到阳鱼在上,他却看到了在下方的阴鱼必定要转上来。这是一个生生不息的循环。处在底部少有人涉足,不正好是华为这样民企的机遇吗?!他欣喜若狂。

在任正非的字典里,就没有"以市场换技术"的影子。他根深蒂固的信念是,以技术独一无二的产品占有市场!他确信,没有什么事是不可能的。"最大的敌人是自己,聚焦到很小的事情上,实力就强大起来。"任正非提出要冒险涉足通信行业,立即遭到创业元老的反对。他力排众议,孤注一掷,冒着巨大风险把全部资金投入到 C&C08 万门机的研发中。

七位创业元老走了三位。在一般人看来,任正非简直是不知天高地厚。凭"家徒四壁,中华有为"的痴狂理想,就可以向世界级企业发出挑战?任正非不信邪,带领一群年轻人开始一次由中国人发起的真正的进军。其背后有着厚重的愿力支撑。那不是为了某个人的技术或思想,而是为了中国工业独立的支撑体系的强大,是为了天下苍生而运行的公司!他把华为看成了中国的一个公有物,一个社会公器。正因为如此,这给华为这棵参天大树植入了深厚而广博的树根和土壤。这是华为强大起来至关重要的环节。

任正非在《我的缺点与优点》的内部讲话中说："不要做一个完人，做完人很痛苦的。要充分发挥自己的优点，使自己充满信心去做一个有益于社会的人。一个完人，抹去了身上许多的棱角，自己的优势往往被压抑了，成了一个被驯服的工具。我希望把你的优势充分发挥出来，贡献于社会，贡献于集体，贡献于我们的事业。每个人的优势加在一起，就可以形成一个具有'完人'特质的集体。"

任正非有觉性。他深知真正的成功都源于原力觉醒：认识自己，发现天赋，发现天性，发现自己生命力的特质，唤醒内心沉睡的力量，把自己的优势发挥到最大限度，拿出与众不同的绝活。这是他的方法论，这是他的知行合一之道。在 2016 年开年总动员中，他又一次强调不做"完人"，不选拔"完人"，要不拘一格用人才，一切为了胜利。

任正非在 2016 年开年就向世界发出了最强音："时代在呼唤我们，祖国的责任、人类的命运要靠我们去承担，我们处在这个伟大的时代，为什么不用自己的青春去创造奇迹？人的生命只有一次，青春只有短短的几十年，我们要无怨无悔地度过它。我们的目的一定会达到，也一定能达到。"任正非的这一系列思想，可以简单归结为：

机会在前，原力觉醒；
回到真源，拿出绝活；
力出一孔，利出一孔；
顺势而为，无愧吾生。

地头力法则 69：自我超越道生之——机会在前，原力觉醒；力出一孔，利出一孔；顺势而为，无愧吾生。创造价值，改变世界。

本末一体势广之：舍己从人，便利从心——做有魂好产品，传入心好文化

力出一孔器成之、利出一孔物形之、厚德载物德畜之、自我超越道生之。上面每一个环节都涉及一个外势。或者说，在每一个节点都有一个势凸显出来，这个势也就是通常说的品牌效应。华为的品牌效应，今天在中国如日中天，在世界上也广有影响。

成就华为品牌的，有一个强大的内在逻辑：道生之，德畜之、物形之、器成之、势广之。每一个环节都满载着品牌的势能。诚可谓，"本末一体势广之——做有魂好产品，传入心好文化"。

华为原来主做通信行业运营商，全球大客户掰着指头数得过来。那是不为大众所熟知的领域。然而，华为一不做广告，二不参加各种社交圈子，三是任正非也从不出席论坛评比，却硬是把华为传播的天下无人不知，为什么？

华为内部文化的病毒式传播，是华为品牌的重要推动力。华为文化不是舶来品，是任正非和他的团队用汗水与生命，承传了这片土地上几千年生生不息的中华民族优秀文化基因。对生命和生态的敬畏是一切的出发点。归根复命，回到真源，找到生命的方向，拿出绝活。

几十年如一日，他能把本末一体的华为文化，一点一滴渗透到华为人的每一根神经末梢中去。他不断地在华为一线穿行，不断地接触圈外人士，不断地针对现实问题与员工、团队、见到的所有人碰撞，不断地反复思索。他的一篇篇讲话和一篇篇文章，都是华为文化最好的呈现，是经过上上下下多个过程才呈现出来的。

华为团队在真抓实干，任正非在不断参悟和思考。真抓实干的团队会提供源源不断的资粮，体悟深思的任正非会不断给团队剥掉迷雾、注入灵魂。而这样的故事和过程，不仅仅在华为内部。华为早就把任正非的每一

次讲话和文章，以最快的速度透露出去，在中国形成病毒式传播。

任正非的每一次讲话，都是针对现实中的一些真实问题。问题发生了，任正非就下去视察和学习，跟员工及外面的朋友交流此类问题的看法与解决办法。这样经过半年多的摸底，任正非会形成一个整体的观念和解决问题的思路。然后他再在各种各样的场合宣讲，再根据各种各样的反应，形成一定的文章。任正非的文章，一般都要经过高层和周边顾问提意见并做出改动的过程。经过这样反复的过程，一篇篇凝聚着华为团队热血与灵性的文章和讲话就出世了。因为是企业真实脉搏的结晶，所以一出来就能走进公众的心里。

任正非的文章《我的父亲母亲》《北国之春》《华为的冬天》《灰度领导力》《一江春水向东流》等，每一篇都恰好摸准了中国企业的脉搏，形成病毒式传播。有些文章还被翻译成几十种文字，在华为人走过的国度，就会有任正非的思想和意识的传播。华为人发现，这是华为品牌最好的载体。

所以他经常给高端专家、干部讲，"要望星空"，要多参加国际会议，多与别人喝咖啡交流，在宽松的环境下，可能听到世界最高层的人讲话的真谛。"向上是大喇叭口望星空，吸收宇宙能量；向下喇叭口传达到博士、准博士……培育未来的土壤，这两个锥形体连接在一起就是一个拉瓦尔喷管。拉瓦尔喷管就是火箭的发动机，依靠它产生的强大动力，火箭就上天了。这样，华为的未来才会像火箭发射器一样。"任正非如是说。前几年华为还鼓励高管在外面开微博。华为终端的总裁余承东的粉丝超过了400万，对此，任正非要考虑给予奖励。华为高管组建微信圈，多层面与外界互动已经成为一种常态。华为这两年还大规模做了两次广告，也是别出心裁。

一次是中科院院士李小文为华为代言，一次是以在美国获奖的一幅《芭蕾脚》作品为代言。移动互联时代，人们快要被大数据淹没了，各种各样的机会主义甚嚣尘上。华为该怎么办？华为该有怎样的极客精神？华为从上到下该有怎样的绝活？

为改变世界而凝神定志出绝活的李小文，青衣布鞋、满头灰白的"布鞋院士""学术界的扫地僧"李小文，为研究遥感坚持数十年，在国际上享有盛名，创建了"李小文—Strahler"几何光学学派，让中国在多角度遥感领域保持着国际领先地位。李小文身上具备的纯朴、勇猛精进的品质和精神，就是移动互联时代最需要的品质和精神。我们要努力向李小文学习。在大机会时代，千万不要机会主义。要开放，开放，再开放。

华为芭蕾脚，已经成为奋斗者群体中华为故事的最好载体。那是任正非和华为风风雨雨30年的真实写照，也是华为核心价值观的最好呈现。这在国际上反响很大，人们一下子就知道了华为是如何走过来的和如何保持不败战绩的。其中所显露的精神正是华为登顶以后最需要的品质：不同凡响的完美，不同凡响的磨砺；一刻接一刻的极致，一刻接一刻的磨砺，一刻接一刻的喜悦。

地头力法则70：本末一体势广之——造物造人铸灵魂，开启生命的巨大无穷性能量场。万物一体之真善美，容易融入广域大众的心里。

从华为的最终产出"针尖战略"器成之，到华为"让听到炮声的人呼唤炮火"物形之，从"开放妥协灰度厚德载物"德畜之，到"不随大流出绝活"的道生之，最后又提到了"本末一体"势广之。在这里我有一个重大发现：华为公司的造梦神器，也是华为的造物场域，是由以下生命链条组成的：道生之，德畜之，物形之，器成之，势广之。

由道生之，而德畜之，而物形之，而器成之，而势广之，这是一个开放的生命链条循环。道生之是发心，德畜之是上善之水，物形之是心物一体优化组合，器成之则是一针刺破天，势广之是品牌效应。这里前两个层面有点儿虚，后三个比较实。物形之是激励体制，器成之是绝活产品，势广之是能量场。从做企业来说，一是不拘一格出极致的精品，二是不拘一格出全人。

"道生之、德畜之、物形之、器成之、势广之"，这五个节点组成了一个有机的生命链条。老子在《道德经》第 51 章中提出：

道生之，德畜之，物形之（器成之），势广之。是以万物莫不尊道而贵德。道之尊，德之贵，夫莫之命而常自然。道生之，德畜之，长之育之，亭之毒之，养之覆之。生而不有，为而不恃，长而不宰。是谓玄德。

通行本《道德经》中原句是"道生之，德畜之，物形之，势成之"。在帛书《老子》中则用"器成之"取代了"势成之"。器，既指金丹，也指炼金丹的"人"。在老子时代，"器"与"势"同音。实际上"器"是"势"的子集。有了炼丹人和金丹，就会形成一种势能。而且，道、德、物、器，每一个都可以是"势"的子集。道有道的势，德有德的势，物有物的势，器有器的势。当道、德、物、器生命链条穿在一起，会形成一个其小无内、其大无外的势！

企业经营不是只生产产品就行的。企业产品全球化，企业经营网络也要全球化。品牌推广要"势广之"，这是企业经营很重要的一环。几经对比，联系企业经营的实际，我还是保留了"道生之，德畜之，物形之，器成之，势广之"。可以理解成，"道生之，德畜之，物形之，器成之"都是"势广之"的子集，也可以理解为我把通行本的《道德经》中"物形之"细分为两个子集：资源组合方式的"物形之"与最终产品的"器成之"。

地头力法则 71： 无穷性造物场域之生命链条：道生之，德畜之，物形之，器成之，势广之。其小无内，其大无外。

经营不仅仅是思维颠覆,更是一个生命链条的逻辑体系的张力。有了生命链条,经营企业将进入一个新的境界,那是在做场域的场域!一如乔布斯领导的苹果公司,它就不跟你在一个点上竞争,而是在一个纵横整合的体系上跟你较量。那纵横整合的体系,就是我们这里讨论的生命链条。用任正非形象的话来说,就是在打造一个"以太平洋为直径的管道",这个管道可以给人类带来福音。"道生之,德畜之,物形之,器成之,势广之",是被华为与苹果已经验证了的现代企业完整的生命链条或逻辑体系。由此会形成一个"其小无内、其大无外"的造物场域,出好产品,造福天下苍生。

任正非很务实。他知道:深爱员工,成就员工,成就人才,成就独一无二的产品,是华为的战略核心。任正非深知,唯有打磨出人才和产品这根银针,才有可能实现他"针尖刺破天"的战略抱负,才可以"从延续民族文化血脉开拓中前进"。

这就是中国人的信仰,这就是中国人的文化自信(见图 9-3)。

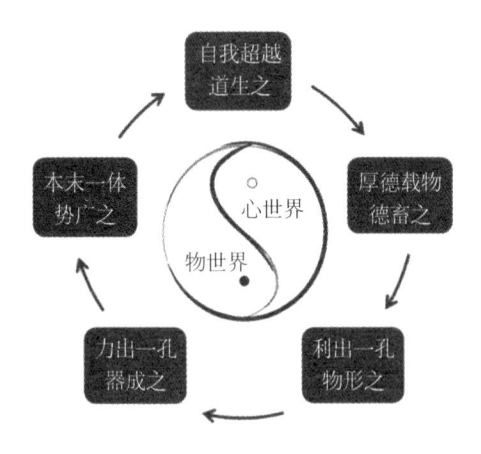

图 9-3 华为造物场域生命链条

地头力——造物场域的五种驱动力

> 人类如同万事万物一样在大宇宙中是全子,这意味着什么?我们怎样去适应永远超越于我们之上的那个东西?解放是意味着我们成为完整的自身,还是意味着从属于更大的整体,或是两者的结合?如果历史只是我们要从中醒来的梦魇,那么我们所要唤醒的又是什么呢?
>
> ——肯·威尔伯

一个开放的造物场域由五种基本动力驱动。这五种驱动力是一个开放的闭环:自理力、共融力、消解力、超越力、灰度力。它们既是闭环又是开放的,矛盾却是实情。

这项研究的重要启示来自肯·威尔伯的《万物简史》(又译《万法简史》)。其中富有最令人信服、最具穿透力的思想,提供了一个清晰的逻辑和无限的想象空间。同时这又是东西方智慧整合的百科全书,是理解今天无常、混沌的移动互联网时代的奠基之作。

肯·威尔伯在《万物简史》中提出一个全子理论,全子是一个整体兼部分。它既是个整体,同时又是个部分。每个细胞,每一片树叶,每一个生命,每一个组织,每一个物质,每一个星球,小至夸克大至宇宙都是一个全子。威尔伯详细解释了全子运行的 22 条法则,给我们观察造物场域提供了一个更为宽泛而具体的视角。

作为整体兼部分的全子,服膺多种驱动力:成为整体的驱动力——自理力,成为部分的驱动力——共融力,往下的拉力——消解力,往上的驱动力——超越力。在肯·威尔伯的理论里,自理力、共融力、消解力、超越力不断循环往复,构成了一个闭环。生命就在这样的闭环运行中得到了伸展。

公司造物场域是一个全子，它既是一个整体，又是更大整体的一个部分。这个更大的整体因时空变换而随时更换。它可能归属于一个行业造物场域，可能归属于一个国家造物场域，可能归属于世界行业造物场域，还可能归属于天地自然这个造物场域，也可能归属于生命这个整体。而生命又可以派生出个人生命、公司生命、区域生命、国家生命、宇宙生命。往下分也是无限的，可以分为公司内部场域和公司外部场域，也可以分解为设计、生产加工、流通服务等场域，最终可能分解为产品一个细小的流程，以及细小的流程中一个鲜活的生命。

一家公司、一个人、一条供应链、一个国家经济体，都可以称为一个全子。所有全子都有几个重要特性：整体兼部分、四个驱动力、全阶序进化等。

自理力

每一个全子都是整体兼部分，因此全子都有两种"驱动力"。每一个全子都必须自己把自己拾掇起来，保持自己的整体"完整性"，同时也必须保持自己的"部分性"，能融入一个更大的整体。一方面，全子必须保持自己完整的身份、自主性及自理力；如果无法保持自己的身份或自理力，就只有消灭一途了。所以不管是哪一个领域，全子的特性在于面对环境压力时保持自己完整性的能力。原子、细胞、生物体或观念都是如此。

共融力

任何一个全子，都是整体系统的一部分。因此，全子除了必须保持自主以外，既然身为其他事物的一部分，就必须配合其他事物。这种共融力是双向的，单向融入是不可能的。全子的存在有赖于其适应环境的能力。原子、分子、动物或人都是如此。所以，每一个全子不但有身为整体的自理力，也有身为其他整体之一部分的"共融力"。不管是自理力还是共融力，只要其中有一项做不到，就会被消灭。

一个人、一家企业、一个地区、一个国家、一个地球，要融入更大的整体，要与更大的整体有一种共融力。一个开放的造物场域是一个全子，是一个与众不同的活力场。有不同凡响的绝活，这是这个全子存在的依据。如果这个场域没有与众不同的产出，没有对更大系统独一无二的奉献，就不会再有更大的系统对它有需求了。这时就不会产生共融力，即全子与它所归属的更大全子之间一种相互吸引、相互排斥的共融力。为了获取这样的共融力，全子必须向所有更大的系统开放，必须给更大的系统独一无二的奉献，越是有奉献，就越是有自己的价值。独一无二的奉献和与众不同的自性，两者相互需要、相互奉献的纽带，使得大小全子之间更有张力，是企业造物场域能量的源泉。一旦一个造物场域对特定的场域关闭，这说明这两个场域已经不再相互需要了，它们的共融力趋于零。

共融力的强弱，实际上体现了全子与比它更大系统的相互需要、相互奉献、相互对拔的张力。就看全子之间是否可以做到"舍己从人，便利从心"。只有在不失自性的基础上，保持着与众不同的绝活，才有资格舍己从人，才能融入大系统、融入大局；如果舍掉了自性，舍掉了独一无二的绝活，就不会融入大系统，而会被吞没，因为你的自性已经不被大系统需要了。

只有"不为人制"，护住自性，才有可能从心出发为伟大系统做贡献，从而"便利从心"。"便利从心"，即在融于大系统的同时，进而可以把握大系统，把握大局。"舍己从人，便利从心"是一种生活的能力，是一种做人的本领，是一种人生修炼的功夫。

消解力

全子如果无法保证自理力和共融力，就会崩溃。全子崩溃会分解成次全子，次全子又可以分解成次次全子，依此类推。比如细胞分解成分子，分子分解成原子，原子又会分解成质子……

这个解体的奇妙之处在于，总是回到当初建构起来的全子间的，这也就是自我消解。一旦全子与比它更高一级的全子共融力消耗尽了，就会毫不含糊地回归到原来的形状。就像当一家企业与一个员工的缘分尽了，这家员工就不再是这个企业的一员了，但他还是一个自主的人，还可以去其他的公司，还有可能从事另外的职业。

全子建构及新全子浮现的过程，真是妙不可言。无生命的分子如何开始聚集形成有生命的细胞呢？进化有一部分确实是照达尔文式的天择进行的。然而天择这个"择"其实只是"择"出已经发生的转变而已，至于这个转变的机制本身却没有人知道。拿"翅膀是由前肢演化而来"这种标准观点来说，前肢也许是经过100次的突变才变成有功能的翅膀，半翅半肢还不行；因为半翅半肢既不能跑，也不能飞，没有一点儿适应环境的价值。如果是半翅半肢，你可能只会沦为他人的晚餐而已。若要产生有功能的翅膀，那么几百次的突变必须在一只动物身上的一生之内完成，而且还得有一只异性同类也完成了几百次的突变，然后它们还得找到对方，两者都已经有晚餐吃、有东西喝，再进行交配，下一代才会产生真正有功能的翅膀。

这才是极度的、无限的、绝对令人惊奇的一幕：突变，新的物种，新的人类，新的事相，新的意识，新的生命。翅膀演化没有证据表明是渐进的，同样人类社会诸多的变革也是如此！

超越力

意识的转变瞬间发生，死就是生，生生不息，就是超越。超越力表现为自我超越的进化，内里支撑意义的信念却死掉了。旧的支柱垮掉，新的支柱才可能出现。旧的支柱，无论如何想象不到新的支柱的样子。这就是矛盾！人需要一种自我意识的转变，而"转变"的发起须得在旧意识掌控的时段发生。如何可能发生？一如动物的进化，意识的转变大多是瞬间脱落。意外事件，突发无常，猛烈撞击，醍醐灌顶，大悲大喜，都是转变发生的由头。可惜，人们过往的惯性和意识，会顽强地扼杀这些新的契机。想抓住这些契机，必须有一些基本品质的修持：敬畏、谨慎、恭敬、精进、素直、广大、包容。把握住这些契机，还需要化浊为清的沉静力、破惰通变的创生力。

也可以说，消解力与超越力是同一事物的两个层面。自我超越这个"连续"过程会有"中断"的现象，所以就变成一种跃进、创造性的跳跃。因此进化是断续的，也是连续的。断续指的是心智无法再化约成生命，生命无法再化约为物质；连续指的是进化在物质、生命、心智三个领域都采取了共同的模式。

自理力、共融力、消解力、超越力，这样四种驱力是一个自转的轮。超越力是一种突破性连接，每一次超越都是一种新生。需要一种自理力重新开始把全子的自性拾掇成一个整体，需要一种共融力融入一个更大的系统，同时还要有消解力分分钟、秒秒钟去掉臃肿、不适应的全子，还要有自我超越的超越力，自我超越这种力量是内建在宇宙当中的。法界有一股塑造万物的驱力，有一种最终目的及方向，会朝着某个地方走去。

肯·威尔伯提出的全子四个驱动力说，非常深刻、微妙，我第一眼看见它就被它征服了。现代社会和科学的发展，已经一再证实，场域对单体的生命有着至关重要的影响，而且我自己的生命感受，让我大胆地提出第五力：灰度力。

灰度力

灰度力又称场域力，可以分解为全子的内场域力和外场域力。对于个人全子来说，内场域是内在的心性，内在的品质建构了一个人内在的场域。一个人的外在场域，随时会变。可能是家庭，可能是企业，可能是城市，可能是农村，可能是国家，可能是世界，可能是宇宙，可能是乘地铁，也可能是一次活动……内场域力与外场域力的相互作用，形成一个总体的场域力。

内场域，是指由自身千丝万缕心念纠结而成的内心场域，简单说就是心境或心态；外场域，是指由实体世界与虚体世界构成的外场域，简单说是各种各样的关系和交接。人类与场域原本无二无别，天人原本合一。人类除了以物质的方式与外场域相互影响和改变外，更以心意识与外场域相互影响和改变着。内外场域，皆由我们心意识所造就。

场域，涵摄了内场域与外场域，是一种混沌，是一种虚无，是一种空性，是一种灰度。场域力，也可以称为混沌力，或虚无力，或空性力。灰度，是一种超越二分法的总体观，是一种无所不容的空性，是一种容纳万般实有的空性。

灰度力，是生命力的最重要的层面。什么是生命力？生，就是创造机会；命，就是格局限制。生命力是各种各样的关系中或突破或适应或变通的生长力。在关系中的生长力，是不可以没有灰度的。因为每一个刹那、每一个存在都有着巨大的无穷性。一清二楚的格局限制会捆绑了生命力。

可以说，灰度力是一种超越二分法的万事万物的总体观，是一种生命无所不容的空性，是一种万物一体之仁的达观。灰度力，是全子自理力、共融力、消解力、超越力的背景与桥梁，把这循环往复的四种驱动力连接在一起，让它们形成自动的闭环循环。唯有灰度力，赋予自理力、共融力、消解力与超越力一种灵魂和方向。

自理力、共融力、消解力、超越力、灰度力是造物场域的内在驱动力，也是地头力内在的五个驱动力，可以简称为"造物场域的五力模型"。

地头力的全阶序

法界由全子组成，一路往上、一路往下都是如此。全子又是以全阶序的形式存在，所以你根本无法逃脱这种彼此兼容的秩序。

所有的进化模式和发展模式都是依循"阶序化"和"整体性与完整性不断增长"这种秩序在进行的。基于这个道理，较高或较深的层次提供原理，将原本互相分离、冲突、孤立的各部分统一起来，连接成和谐的一体。而每一个部分，既是整体又是部分。原本各自分离的部分在这个空间中认识到彼此共同的整合性，因此摆脱了只作部分、只作片断的命运。全阶序提供了较高或较深的空间，连接才得以进行。

一个全阶序里只要有一个全子僭越了自己的位置，只想当整体而不想当部分，那么这个自然阶序或正常的阶序就会落为病态阶序或支配者阶序。即便在互联网世界里，每一个节点都有自己的目标和整体的自己，都是一个庞大的系统的一个节点。离开整个网络，节点也就没有了意义。

低阶所有的成分高阶里面都有，但高阶里面有些成分低阶却没有，这是建立阶层或全阶序不变的法则。细胞含有分子，反之则不然。分子含有原子，反之则不然。句子含有单字，反之则不然。维系阶层、全阶序、"整体而不断扩大"这种秩序的，就是这个"反之则不然"。

肯·威尔伯提出了极富穿透力的四问

肯·威尔伯在《万物简史》中提出了前无古人的问题："人类如同万事万物一样在大宇宙中是全子，这意味着什么？我们怎样去适应永远超越于我们之上的那个东西？解放是意味着我们成为完整的自身，还是意味着从属于更大的整体，或是两者的结合？如果历史只是我们要从中醒来的梦魇，那么我们所要唤醒的又是什么呢？"

"人类如同万事万物一样在大宇宙中是全子"，这意味着什么？——每每看到一些修炼程度很高的人，说自己是沙子是尘埃的时候，我的心都会被触动。我登过雪山，也走过戈壁沙漠。当看着万年积雪和无垠沙子的时候，心底一种敬畏感就会升起。这是我们生命的去向。那时候，对"人定胜天"等的许多痴心妄想，会有一种说不出的悲悯。人能够体悟到沙子尘埃就是自己的时候，心里的狂躁就会减少许多。同时，没有两片树叶是完全一样的，你一定有与别人不同的东西。你不能偷懒，必须提升你的生命动力，去发现你的天赋、天性和灵性，去发现你在这个社会的方位。

"我们怎样去适应永远超越于我们之上的那个东西？"——无论什么存在，哪怕是太阳系，在其全子之上也有一个更大的整体。我们永远只是一个部分，归属于一个更大的整体。那个整体包含了跟我们一样的有血有肉的众多的人，还有许许多多的生命。那个整体，提供了生存的条件，同样也提出了不得不适应的"你应"。当你还没有把"你应"化为你内心机理的一部分时，这个"你应"是强制性的。在一定的场域中，有无数个"你应"在撕扯着你。你唯一的处事之道就是敬畏、谦卑、谨慎、恭敬、精进、纯粹、广大、包容。没有这些基本品质的修炼，你会活得很累而且四处不讨好。

"解放是意味着我们成为完整的自身，还是意味着从属于更大的整体，或是两者的结合？"——人人需要解放，人人追求自由，可究竟什么是自由？什么是解放？当世界剩下你一个人，你可以独来独往，那就是解放？或者当世界全听命于你一个人的时候，你能够担负起对那么多生命的呵护？解放，是要有你自己价值的实现，但是仅仅有这一点还不够！这一点与自我膨胀没有什么两样。人还必须合于一个更大整体的"你应"，并且变成主动，还要提出"我要"。我要适应更大整体的利益，要为更大整体的利益承担责任。

"如果历史只是我们要从中醒来的梦魇，那么我们所要唤醒的又是什么呢？"——毫无疑问应该唤醒我们的"良知"！一刹那接一刹那的变化，一刹那接一刹那的良知。良知是活的、流动的。每一个时空点致良知的内容都不一样。你需要像一个赤子一样，放下所有的条条框框，当下那个场域活泼泼的生命如何跳动，你就直接合上那个韵律，因为你是赤子，你信奉的法则是"我是"。没有任何强加的东西，一切都从你生命的本源流出来。这就是肯·威尔伯说的神性，也就是我说的人生第三层楼上的纯粹赤子之心。

肯·威尔伯的这四问，问出了地头力的究竟。

地头力法则 72： 地头力应机而生，是千钧一发之际的自然明觉。自理力、共融力、消解力、超越力、灰度力等五力循环决定了地头力的张力。

全子可以是一个人，也可以是一个组织。作为一个人，其自理力、共融力、消解力、超越力、场域力的循环，成就了他的能量场。作为一个组织，其自理力、共融力、消解力、超越力、灰度力的循环往复，成就了它开放的造物场域之能量场。

新造物生态下的地头力

开放的造物场域，一定是一个开放的天下谷，可以容纳天下资源和能量；一定是一个浩荡的天下溪，可以融汇东西方智慧；一定是一个贯通的天下式，可以驾驭广域能量行正道。

移动互联时代，把无常和混沌一下子推向了极致，把巨大的无穷性也推向了极致。在无常混沌而又有巨大无穷性的移动互联时代，企业说到底是一个造物场域。每个地头、每个节点、每个当下，都是场域能量的总体发力。这个造物场域的边界，纯然是设计和驾驭者内心的边界。如果设计者和驾驭者内心无边界，那么这个造物场域就是无边界的。一切资源都可以汇集在这个开放的场域中。

老子以混沌、灰度、无常为基础的场域理论，给我们提供了一个新造物时代的总体观。世界上各种各样的作用力，都可以统一于特定时空的场域中，推而深入，天地万物都统一于自然这个巨大的场域之中。人类只有掌握这个场域的运行规律并能够随顺自然，才会成为自己的主人和这个场域的主人。

正是因为华为在开放式造物场域方面的大胆探索，才使得老子有关场域理论有了一个总体呈现，才使得地头力有了真正的落地支撑。公司是由一个个鲜活的个人主体及合作式互动构成的种种有效性行为的集合，所有主体也都服从整体驱力的影响，由此可以引发出开放的造物场域之地头力概念了。

地头力概念：开放的造物场域。

一个开放的造物场域，可以开启原力觉醒，可以倾宇宙之力造物造人。每个地头、每个当下，都是场域能量的总体发力。一个开放的造物场域，有五种驱动力循环往复：成为整体的驱动力——自理力，成为部分的驱动力——共融力，消解的拉力——消解力，创生的驱动力——超越力，整体的驾驭力——灰度力。

开放造物场域能量场 = 目标愿景 × 热情努力 × 高维意识

无穷性造物场域的生命链条：自我超越道生之——机会在前，原力觉醒，回到源头，拿出绝活，顺势而为，无愧吾生；厚德载物德畜之——灰度，开放，妥协，包容，敬畏事物的无穷性；利出一孔物形之——让听到炮声的人呼唤炮火，一以贯之铁三角；力出一孔器成之——铸造好产品，成就全人；本末一体势广之——造物造人铸造灵魂，开启生命巨大无穷性。

地头力从个人在特定地头力的有效性行为，到个人能量场，再到组织平台造物场域能量的转化，是把无极能量场外化为一种有形和无形聚合的开放的造物场域。华为能量场是三层次地头力的直接贯通。可以说，地头力诠释了华为能量场，华为能量场诠释了地头力。

华为适应"班长的战争"商业生态，落地"让听到炮声的人呼唤炮火"体制，通过"三朵云"给一线团队灌能，形成一个开放的、充满活力的造物场域，可以倾宇宙之力造物造人。

这样一个其大无外、其小无内的造物场域，给现代公司的建构提出了全新的要求和挑战。还是那句话，没有什么东西拿过来就是你的！但愿这样生生不息的造物场域在每家公司落地生根。这才是百年企业的一条深根固蒂、长生久视之道。表9-1总结了开放造物场域的理论及应用。

表9-1　开放造物场域的理论及应用

造物场域五种驱动力	成为整体的驱动力——自理力，成为部分的驱动力——共融力，消解的拉力——消解力，创生的驱动力——超越力，整体的驾驭力——灰度力

（续表）

造物场域的建构内在层次	推己及人，量化品质；以家推家，成为柱子；以乡推乡，造福乡里；以国推国，合宜公民；以天和天，一竿到底，连接天地能量
造物场域的生命链条	自我超越道生之：赞天地化育造物造人；厚德载物德之：灰度，开放，妥协，包容，敬畏事物无穷多的可能性；利出一孔物形之：让听到炮声的人呼唤炮火；力出一孔器成之：铸造好产品，成就才全人；本末一体势广之：造物造人铸造灵魂，开启生命巨大无穷性
造物场域的特征	一定是一个开放的天下谷，才可以容纳天下的资源和能量；一定是一个汇能的天下溪，才可以汇总东西方的智慧；一定是一个贯通的天下式，才可以驾驭广域能量去完成大义之业
灰度力	灰度力，是一种超越二分法的万事万物的总体观，是一种生命无所不容的空性，是一种万物一体之仁的达观。唯有灰度力，赋予自理力、共融力、消解力与超越力一种灵魂和方向，并使它们彼此连接形成闭环的循环

移动互联时代，把无常和混沌一下子推向了极致，把巨大的无穷性也推向了极致。在无常、混沌而又有巨大无穷性的移动互联时代，企业说到底是一个造物场域。每个地头、每个节点、每个当下，都是场域能量的总体发力。这个造物场域的边界，纯然是设计者和驾驭者内心的边界。如果设计者和驾驭者内心无边界，那么这个造物场域就是无边界的。

第十章 与任正非一起解读华为逻辑

一如潘恩当年的《常识》撞醒了美国建国之父们,让他们在困顿中找到了政体上的真北;任正非谈常识,最先撞醒的一批人在哪里?他们会找到商业的真北吗?

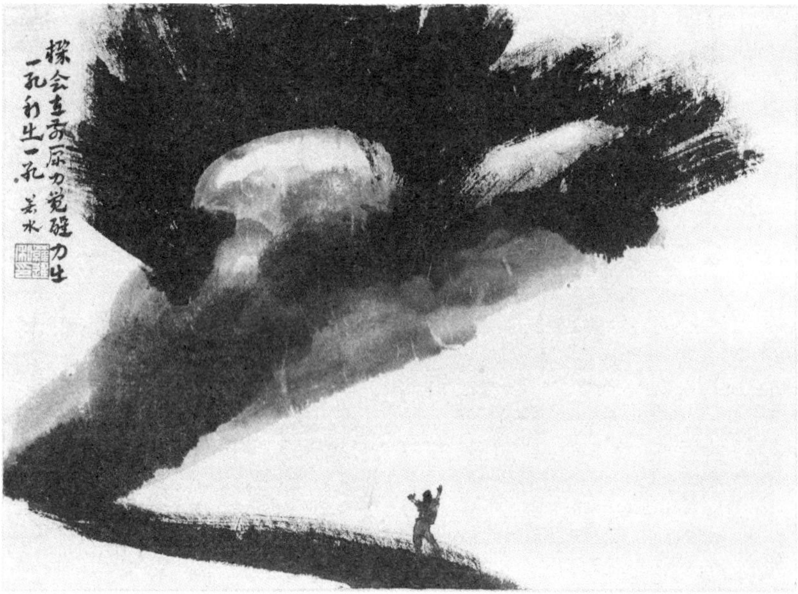

在快变的时世中坚信常识

爹还是那个爹,娘还是那个娘。你给客户满意的产品,他们付钱养活你。华为走到今天,就是靠着对最终用户需求宗教般的虔诚和敬畏,坚持把对客户的诚信做到极致。

2016年2月22—25日,我应华为之邀去巴塞罗那参加"世界移动大会",期间参观了华为6000平方米全联接管道与新锐终端的展位,现场观摩了华为终端CEO余承东发布震撼业界的MateBook,聆听了轮值CEO郭平"共建全联接世界"的演讲,参与任正非举行的小型恳谈会。一连几天下来巨大的信息量不断地冲击着我,一种内在的力量逐渐形成。一如同行者蔡洪平所说:"华为展示的是融合产业链,这种心态值得其他公司学习。今天的华为是包容这个世界,而不是占领这个世界。"

华为此次邀请了郑渊洁、田涛、蔡洪平、秦朔、包政、吴伯凡、方兴东、苏芩、胡泳和我共10个人,参加了与任正非在巴塞罗那进行的小型恳谈会。这次恳谈会是一次精神的饕餮盛宴,也是华为逻辑的一个总体呈现。

这次小型恳谈会上，我随顺坐在任正非侧对面。与会者的渴望都是任正非多说，无论谁问问题都一样。秦朔和蔡洪平就主动担当，保持着对话的热度。我大部分时间一直在那里聆听。常常是与任正非四目相对，他的每一句话都特别入心。任总说话风趣幽默，整个过程常常让人忍俊不禁，发自内心的笑声喷薄而出。

一个多小时的交流，竟然分分钟有万事万物的真自然流淌。回过头来觉知这次恳谈会，我发现这是一次任正非与外部专家合在一起解读华为的制胜逻辑。是的，这是由任正非主导的在 2016 年开年华为逻辑的最新解读。

我们一进入小型恳谈会会议室，还没有坐稳，任正非就借着跟人打招呼，直奔主题说起了开场白：

> 欢迎大家！我认为发展应该是循序渐进的。突跃会产生，但需要很长的酝酿过程。怎么能创造价值呢？我们认为是循序渐进。欧洲其实也是发展几千年才进步的，也是一点一点进步来的，欧洲一千多年前是中世纪的黑暗时代，GDP 的增长不到千分之一。我们那时是唐宋文明，《清明上河图》的时代。有时候我们看欧洲的昨天，觉得怎么这么傻呢？其实我们是以今天的眼光在看昨天。我不相信大跃进可能成功，所以我们公司没有大跃进。爹还是那个爹，娘还是那个娘，辘轳、泥巴、女人和狗一个都没有变化，你怎么就成了富二代呢？这不现实嘛！路要一步一步走，饭要一口一口吃。

华为是国际公认的中国企业的标杆。人们关注华为逻辑，想知道华为经验对中国企业的借鉴意义究竟是什么。任正非知悉这一点，所以开场就谈常识。

有人问：华为从小企业走过来了，对于今天的中小企业有什么方法论的建议？

任正非直接回应:"不要把管理复杂化了。小公司只有一条,就是诚信,没有其他,就是你对待客户要有宗教般的虔诚,把豆腐好好磨,终有一天你会得到大家的认同。中小企业还想有方法、商道、思想,我说没有,你不要想得太复杂了。你盯着客户,就有希望。就是要诚信,品牌的根本核心就是诚信。你只要诚信,终有一天客户会理解你的。"

任正非在这次恳谈会上再三强调一个常识:"你给客户满意的产品,客户付钱养活你。做企业就是要对得起客户,要恪守住不变的诚信。"任正非反复在说,华为走到今天,就是靠着对客户需求宗教般的虔诚和敬畏,坚持把对客户的诚信做到极致。

商业上没有捷径,华为没有秘密。很多企业学华为,却只看到了表面的成功,没能够坚守商业常识。你抱着自私自利、走捷径的视角看成功,永远也学不了华为;你抱着创造客户最终价值的视角看成功,华为与你高度共振。这里的关键是看待商业和成功的视角转换。意识不转,学也白学。

中国企业被一轮又一轮的语言泡沫搞得晕头转向,总是想走捷径以寻找"飞上天"的"风口"。中国企业到底该怎样活?

任正非说:"供给侧改革的中心,就是提升产品的品质。首先我们要抓住货源,要保持高质量,供给侧一定要保持高质量。其次,产品的高质量有了,就会有客户群。供给侧改革中的核心是质量。质量的关键是要提高成本。低成本就不可能有高质量,低成本必然带来地沟油和假冒伪劣产品。高质量为什么不能卖高价格呢?卖不了高价格,政府就要减负,企业才能有余钱投入创新。我在达沃斯讲的我们坚决不走低价格、低成本、低质量的道路,这会摧毁我们20多年后的战略竞争力。"

任正非说,你不提高品质,就会驱赶老百姓到国外去暴买。提升产品品质,需要巨大的投入和决心,需要几十年的积累,一步一步,厚积薄发。你一味低价,就没有办法动员更多资源提升品质。而消费者根上的需求是好产品,是高品质的产品。

确实,华为走到今天,就是一心一意提供好产品。为此,几十年如一日,每年都拿出巨额资金搞研发。过去10年,华为累计投入2400亿元搞研发,18万员工中研发人员的比例高达45%。华为在全球设立16个研发中心、31个联合创新中心,加入170多个彼岸准组织和开源组织。截至2015年12月3日,华为累计获得专利授权50337件。全世界第一流的数学家、物理学家、化学家纷纷聚集在华为。任正非还透露,华为准备去乌克兰建立研究中心,那里一流的科技人员需要一个环境贡献出他们的才智。现在是乌克兰人民的困难时期,特别需要有良知的企业去投资以振兴经济。

200多年前,美国作家托马斯·潘恩撰写《常识》,让在犹豫不决中的美国建国之父们,如华盛顿、富兰克林、亚当斯这些独立战争时期著名的政治家,找到了政体上的真北。

潘恩的《常识》影响深远。常识,在所有的识见中最珍贵;常识,是在大多数人"不敢说的"怯懦时刻说出真相;常识,是在大多数人不明白的困惑时刻说出真相。潘恩的《常识》之所以成为影响美国人的优秀读本,就是因为他所说的常识令人蓦然惊醒:啊,原来是这样的啊!

当下,某些企业的作为引发了人们的惶恐。五彩斑斓的泡沫,各种各样的虚妄之相,各种各样迷乱的执念,各种各样有形的、无形的捆绑,已经让人失去了自由,屏蔽掉了自性。我们到底该怎么办?或许,唯有常识才可以撞醒人的原力!

常识,那是人们世世代代经历过考验的生命法则。任正非,一如《皇帝的新衣》中的赤子,说出了人人都可以知道的大白话。而有时,人们偏偏忽视了常识、法则或公理中的智慧。

老子对常识——生命运行的法则和规律很看重。他做了一个很强势的判断:"知常曰明。不知常,妄作凶。""知常容,容乃公,公乃王,王乃天，天乃道，道乃久，没身不殆。"

曼德拉说："如果天空是黑暗的，那就摸黑生存；如果发出声音是危险的，那就保持沉默；如果自觉无力发光的，那就蜷伏于墙角。但不要习惯了黑暗就为黑暗辩护；不要为自己的苟且而得意；不要嘲讽那些比自己更勇敢、热情的人。我们可以卑微如尘土，不可扭曲如蛆虫。"

老子、潘恩、曼德拉与任正非一样，都在说常识。抱素守朴，抱元守一。说起来简单，行动起来很难。各种各样的虚妄之相，如"飞上天""走捷径""先赚钱生存下来第一"等，都会涌出来搅乱你的静心，让你离开客户。而只有那些理想主义者，才可以在黑云压城的环境中，默默地头拱地往前走！不要以为自己今天凭忽悠客户赚到了钱，就自以为是了，要知道违背客户根本利益，迟早要得到报应！人在做，天在看！

地头力法则 73：爹还是那个爹，娘还是那个娘，你把豆腐磨好就成！对客户有宗教般的虔诚和敬畏，坚持把对客户的诚信做到极致。

富有理想主义的任正非带领华为，走出了一条坚守常识、现实报的康庄大道。任正非所谈的常识，是一种觉性。

如潘恩当年的《常识》撞醒了美国建国之父们，让他们找到了政体上的真北；任正非的常识，最先撞醒的一批人在哪里？他们会找到商业的真北吗？

华为主旋律：抓住机会窗，厚积薄发、坚韧不拔去取得胜利

一种走捷径的躁狂症正在中国商界蔓延。而华为人却分明听到

了上帝的脚步声,勇于抓住转瞬即逝的机会窗,厚积薄发、坚韧不拔去取得胜利!

2016年开年,华为接连释放出高能量的信号。媒体被华为终端将在5年之内创造年收入1000亿美元的神话所吸引。其实,这仅仅是华为的冰山一角。华为在运营商BG(业务集团)、企业网BG两个主导板块上,还有更精彩的大剧没有揭幕。华为的主航道还是管道战略。

华为今后一个时期的主旋律就是"植入优秀品质,抓住机会,厚积薄发"。

任正非上来就说,我拜托你们媒体,以后转发我文章的时候,不要改我的文章,也不要给我改标题。比如我1月13日的讲话,我的重点就是第一段。第一段是战略,是方向。现在华为就是在管道建设上发现了战略机会。我的讲话重点是强调这一块。而媒体很容易被未来5年内华为终端收入要达到1000亿美元吸引,解读抓不住重点。

这回我们老实一点儿。任正非开年讲话的题目是"决胜取决于坚如磐石的信念,信念来自专注"。讲话的第一段是:"当前4K/2K/4G和企业、政府对云服务的要求,使网络与数据中心出现了战略机会,这是我们的重大机会窗,我们要敢于在机会窗开启的时期,聚集力量、密集投资、饱和攻击。扑上去,撕开它,纵深发展,横向扩张。我们的战略目的,就是高水平地把管道平台做大、做强。"

这篇经过上下集体智慧反复修改的讲话稿,用词直击人心深处。在股市跳崖、经济下滑、不确定因素增多、人心惶惶的时刻,华为却有这样一股一往无前的冲击力,一下子就可以撞醒很多人。

任正非不厌其烦回应着各种各样的问题,集中阐发的还是华为的主旋律——管道战略。他还特别拿2016年的三则企业形象广告说事,上帝粒子研究最新发展,那是厚积薄发!跌倒了的乔伊娜,依然抬起头来冲锋拿冠军,那也是厚积薄发!

据说，华为企业形象广告的制作，任正非从头到尾都参与其中。

2014 年华为选择"扫地僧"李小文作为广告代言人，那是任正非一次坐飞机翻阅材料时得到的一个灵感。

为改变世界而聚精会神的李小文，身上具备的品质和精神，就是移动互联时代最需要的品质和精神。

地头力法则 74：守住初心，方得始终。一竿到底，大做减法，聚精会神，把时间和资源用在最当用的地方。

2015 年华为的企业形象广告《芭蕾脚》说明了华为是如何走到今天、走向未来的。任正非一见这幅照片，就有流泪的感觉。这个芭蕾舞者的双脚，也就是今天的华为。华为就是凭借一双烂脚走到了今天。而且，即便已经是顶级舞者了，华为还要继续撕碎自己的脚，那不仅仅是肉体上的痛，更是精神上和灵魂上的痛！她勇于向自己的成功动刀！她不活在昨天的套路中，她要根据剧情挑战新的意境，她要不断撕裂自己实现自我超越！在这个过程中，她所感受到的没有痛苦，而是原力觉醒，是更高境界的巨大喜悦。任正非或许想借这双芭蕾脚，强调一个华为奋斗者当有的品质：生而为人的使命，天性爆发的原力，独一无二的绝活，赋予灵魂的大爱，干掉怠惰的毅勇。

顶级舞者的双脚诠释了华为人为给客户完美的价值，不惜一刻接一刻撕裂自己的肉体、思维、精神和灵魂，其中展现的毅勇和敬畏，令看过的人心里发抖，产生极强的生命共振。

地头力法则 75：怀有巨的大喜悦，经历磨砺走向活泼泼的大生命，需要继续从肉体、思维、精神、灵魂上撕裂自己，以便天性爆发，吸收宇宙能量。

312　地头力

　　2016年华为企业形象广告为三幅图片，它们集中展现了华为的主旋律：

捕鱼的瓦格尼亚人——不在非战略机会点上消耗战争竞争力

上帝的脚步声——欧洲核子研究中心，数十年的厚积薄发，
似乎听到了上帝的脚步声

微笑的冲刺——0.01 秒是一生心血的厚积薄发

2016 年这三幅广告图呈现的华为主旋律是管道战略：听到上帝的脚步声，华为人勇于抓住转瞬即逝的机会窗，厚积薄发、坚韧不拔取得胜利！

地头力法则 76： 听到上帝的脚步声，抓住转瞬即逝的机会窗，厚积薄发，坚韧不拔，拿出绝活，利乐社会。

一个全联接的世界一直在那里！就看你是否可以看得到。那是人与人、人与物、物与物全联接的世界潮流，是一个开放的造物场域，是一个与世界连在一起的开放造物场域，那是一个把人内在场域打开、心生万物的、活泼泼的、开放的造物场域。此前华为发布了 MBB 2020 战略：人与人连接依然是首要目标，关注连接的数量，也要关注质量；连接的需求正从人扩展到物，业界须着手解决标准、成本以及生态三个方面的问题，以开辟物联网蓝海市场。

别被新名称吓唬住。人与人的连接，依然是全联接世界主导的枢纽。其实，一个万物互联的宇宙，与一条河流或一个人一样，它不过就是一个全子。它既是一个整体，又是一个部分。全子无非是受着自理力、共融力、消解力、创新力、灰度力五力循环从而生生不息，波澜壮阔。

宏阔的历史逻辑与华为闭环的价值机制

> 渗透华为上下的灰度哲学，赋予华为机制和文化强大的生命力。

在全球经济普遍低迷的情况下，华为却以6000平方米展位宣示一派大跃进景象。而任正非确凿地说，所有这一切跟大跃进一点儿关系都没有。你今天看到的，都是30年的厚积薄发。一定发展阶段上的突跃，同样是厚积薄发！他对时下走捷径的浮躁风很是忧虑。

任正非说："虚拟经济是实体经济的工具，我们不能把工具变成目的，我们用锄头去种地，不是说我有好多把锄头就创造了好多财富。锄头就是工具，目的是拿来种地的嘛，如果我们玉米不丰收，啥也不种，就没有创造直接价值，锄头永远就没有意义。虚拟经济是实体经济的工具，它不是一个目的，如果我们把虚拟经济变成目的了，这个迟早会有一些挫折。"

互联网有泡沫，假货横行，粗制滥造，以致部分产品不能让人放心地去使用。当今企业的价值导向出了问题！习惯于走捷径，大家都在期盼着"坐等风口飞天猪模式"，很少有人专心提升产品品质。

任正非不屑于就一些具体"神风口"的说法较真，他更关注宏阔的历史逻辑。他说："法国大革命，提倡自由、平等、博爱，但它没有讲清楚谁来做蛋糕，没有蛋糕，怎么会有自由、平等、博爱呢？法国大革命讲的口号非常美好，死了几百万人，流血啊，没有实现美好。所以你看英国的 1688 年光荣革命，英国大权不由女皇掌握，而是由议会掌握。所以英国此后 350 年几乎没有战争、没有死人，而且也拥有了很大一部分世界版图，英国这个东西也很好，就是世界不能只有唯一的一种方法。同样，一家公司不能把希望寄托在一个优秀人才身上，万一飞机掉下来了呢？怎么会就摔别人不摔你呢？对吧？这个时候我们实行的这种制度就是，离开谁公司都得转。"

一家公司想要持续经营，不是看你编制的口号是否吸引人，也不是看你所谓的商业模式是否一流，更不是看你唬人的广告是否抓人，而是看企业背后扎扎实实的东西。这次任正非提到一个很重要的东西：规则、机制和文化。任正非说："所以我们要建立一种规则，这种规则是有利于所有人发展的，而不是利己的。如果我们建立一个狭隘的利己规则，迟早是要灭亡的。你看，成吉思汗垮了，他建立了一个利己的规则。那么，我们还是要建立一个规则，这个规则让大家共赢发展。"

任正非是在说共建全联接世界的规则。而这个规则，是华为内部规则的外延。当一家公司建立规则时，最忌讳只是从老板的利益出发所看到的问题、漏洞和相应的规则。纯粹从股东利益出发的规则也不行，即使扩大到公司主体员工也不行。一如任正非所说"不抬头看路"，不看最终用户需求，找不到真北。

华为 20 多年来孜孜以求，一点一滴积累，于今有了一套套成形的企业文化和机制："以客户为中心，以奋斗者为本，长期艰苦奋斗，坚持自我批判。"这四个向度彼此依赖、相互促进，形成一个"价值创造——价值评价——价值分配"的闭环循环。这样既解决了公司最终价值取向和判断——以客户为中心，又找到了公司主体力量——以奋斗者为本，还找到了上帝预设的自然法则——长期艰苦奋斗，更有了生生不息的动力源——坚持自我批判。

而渗透华为上下的灰度哲学，更是强调不从自以为是的自我视角看世界，而要善于从他人、客户、供应商的视角看世界，善于从万事万物的真出发去看世界，这就赋予华为机制和文化强大的生命力。

聚集——华为保持正确方向的法宝

聚集，是开放的组织设计，开放的聚集，是不自以为是，不自负，不自矜，让各种各样的视角对同一事件的看法，在一个透明的平台上交流碰撞，形成一个公约的明晰战略方向。

唯有强者，才有可能把自己的生存状态宣布为幸福！

在巴塞罗那的恳谈会上，大家都好奇，任正非是如何把握华为经营管理的呢？

任正非说："我不懂管理。一次中国银行董事长肖钢来访，我们面对面坐着，我旁边坐着徐直军。徐直军就跟肖钢说，老板懂什么管理，我们的变革IPD（集成产品开发），他就知道那三个英文字母。肖钢下面坐了一群人，都吃惊了，你们怎么这样说老板？本来就是这样，那也不是我要做的事情啊。我主要关注方向要正确，所以我不需要做很多事。对于蓝血十杰这个大会，你们没有注意我的讲稿和蓝血十杰大会主题不一样。我在蓝血十杰大会上的讲话是反蓝血十杰的，蓝血十杰关注内部管理，我就告诉他们要关注以客户为中心，不能以关注内部管理为中心。我们要肯定他们的贡献，但是也要叫他们抬起头来，要以客户为中心。"

我知道任正非会说"我不懂管理"！"华为没有管理"！这几乎成了他的口头禅。

水低成海，人低成王。正因为任正非意识到了自己很低很低，自是、自负、自傲、自矜、自闭等，跟他都没有关系。他从一开始就知道公司要活下去，就必须"用人之力"。他耳顺。他懂得授权。他知道汇聚大家的力量才是华为活下去的关键。

72岁了，在快速变化的领域，如何把握华为的战略方向呢？

任正非说："与所有人交流，包括高层、客户，我们心声社区经常在炮轰华为，也从这些帖子中吸取营养。这也包括在互联网上的阅读……今年市场大会讲话，就是先放在华为心声社区上，我们华为员工跟帖全都在炮轰华为，这些跟帖是什么？一代将星在成长。我不知道是谁，但我知道这些年轻人将来一定会走向我们高层的管理者。所以我认为方向的来源其实还是一种聚集，而不是哪一个神仙能感悟出来的。"

"聚集"，正是任正非反复说到的一个词。正因为任正非自认为低，他就最懂"聚集"。可以说华为凭借"聚集"走到了今天，华为还将凭借"聚集"走向未来。

聚集与把握华为的方向有什么关系呢？类似巴塞罗那这个小型恳谈会，是华为聚集宇宙智慧的亿万条路径之一。几年前任正非提出"一杯咖啡接受宇宙能量"，鼓励华为高管出去与圈外的人喝咖啡，他自己更是在内部和外部发展出无数种"聚集"方式。华为坚定正确的方向，不是来自哪一个能人，而正是来自这种正式的和非正式的"聚集"。

任正非说了一个把握战略方向极其重要的方法。这个方法就是作为一把手，要耳顺，要不仅用自己的眼睛看世界，要学会用客户、供应商、行业本真、员工、社会、国际大势的眼光看世界，然后设计一个通道，让从不同视角看到的实相有一个碰撞交流，聚集各种各样的视角，密切关注同一个事件，形成一个大致公约的认知。一家公司有了这样的视野和思维，当然可以把握正确的方向。

任正非说到的华为制胜的逻辑，深深地打动了我。这让我想起了任正非的眼泪。据说，1993年年初，在深圳蛇口的一个小礼堂里，华为召开了 1992 年年终总结大会，当时全体员工 270 人，第一次目睹了任正非满脸沉重、嗓音沧桑的真情流露。会议开始后，只见任正非在台上说了一句"我们活下来了"，就泪流满面再也说不下去了，双手不断抹着泪水……

或许，那时任正非想到了一路上的孤独与艰难。当众多公司都在为着利润奔忙，为着上市融资操劳的时候，任正非和他的团队，却坚持走一条以客户为中心的道路。什么是以客户为中心？就是不为眼前的利益所动，从客户长久的基本诉求中，寻找发展的根由。这话说起来容易，真能够做出来，可就难了。

在巴塞罗那，我与华为终端 CEO 余承东有一个交流。他因为发布 MateBook 而一时成为全球移动大会上最忙碌的人之一，但他推掉众多约会，与我们几个交流。余承东说了一件事，特别引人关注。

20 世纪 90 年代末，关于是否投资上马小灵通，华为内部争议很大。华为内部甚至还把没有上马小灵通，作为失败教训在内部高管课堂上讲解。大致逻辑是这样的：这违背了以客户为中心，而是以技术为中心了，太自以为是了，不能满足客户的需求。

而事件的亲历者余承东坚定地说，华为恪守一切以最终用户为中心的价值，在小灵通事件上完美地呈现了出来。小灵通是因为当时相关部门不给固网运营商发放移动网络牌照而造成的。当时说的客户，是电信和网通两家运营商客户，而不是最终消费者。20 世纪 90 年代初小灵通技术在日本达到鼎盛后，转身就面临被淘汰的局面。当时任正非坚持认为，从最终消费者的利益看，小灵通是注定要被淘汰的通信模式，中国更需要 2.5G 和 3G。于是，华为坚定地认为要考虑投资的长远性。

投资长远要付出代价。当时国内市场只对小灵通发放牌照，国外移动网络市场还没有得到开拓。在这样的背景下，华为被逼从零开始去开拓国际市场。那份无奈和艰难，很难用语言表达。2000 年，华为销售收入空前绝后地下滑了 39%，任正非一度面临着发不出工资的尴尬。或许，这也是 2000 年任正非癌症第二次动手术、重度抑郁症第二次爆发的诱因。

亲历整个过程的余承东，至今依然感慨万千。当时任正非受到了内部的严厉质疑，有些高管甚至辞职而去。为着最终用户的利益，华为坚持自己的投资方向没有变。没过几年，小灵通这样的通信方式就被淘汰了。竞争对手在小灵通市场上赚了几十亿元，从容地投资到 2.5G 和 3G 网络上来。而华为却只能困苦地一点一滴积累。华为虽然没有在小灵通市场上赚到钱，但是修炼了一切为最终用户创造价值的"诚信"！正是从最终消费者的视角，华为今天既能推出"共建全联接世界"的战略，又可以推出二合一的 MateBook 的新品。

华为坚持以奋斗者为本，坚持用奋斗者的勇猛精进和自我超越构筑公司的地基。奋斗者渴望得到最多的财富和最多的精神，那么，如何让奋斗者拿到最多的财富和最多的精神？这里面有一系列独一无二的华为逻辑：聚焦"针尖刺破天"战略，以客户为中心，以奋斗者为本，长期艰苦奋斗，坚持自我批判……

聚集，不从一个商人的视角看世界，而是从一个纵横交错的整体视角看世界，把不同的视角放在一个平台上 PK，负阴抱阳冲和自然，混沌灰度中形成一个明晰的方向，由此演绎出华为的无二逻辑：无二绝活、无二路径、无二思想、无二文化、无二战略……

聚集，与开放是同义的。自闭的个人和平台没有办法聚集，唯有彻底开放，才可能有真正的聚集。

地头力法则 77：公司经营就是聚集资源、聚集智慧。不自以为是、不自负、不自矜、不自闭，向所有智慧开放，形成一个公约的、明晰的战略方向。

行文到这里,一件事清晰起来:任正非说,"华为没管理","我不懂管理"。华为确实没有官僚主义的管理,但是华为有激发,有"聚集"的通道。任正非不懂官僚体制的管理,他懂如何激发每一个人,他懂得设计聚集的通道,懂得通过一系列流程和体制安排,激发每一个为自己生命负责的华为奋斗者。

有就是无,无就是有,任正非在"耍宝"。聚集,是可以供中国企业广泛借鉴的路径,也是具有普遍适用性的管道。聚集,是管道战略的重要内容。

共建、共有、共享一棵全联接的大树

"我们是理想主义者,谷歌也是理想主义者。苹果是现实主义者。现实主义的苹果注定要衰落。而理想主义的华为必定有未来。"

理想主义者任正非,借用一棵大树来描述华为的总体战略,很有深意。

任正非说:"华为是一棵大树,上面树枝结了许多果子。树干就是我们的大数据管道,树枝上的果子是千万家内容商与运营商的业务。我们的云原则是上不碰内容,下不碰数据,而是支撑平台,这同样也是管道。树干上面挂了很多果,其实就是运营商、内容提供商等各种商,几千家、百万家将来都在这棵树上开花,服务社会。根在哪儿呢,根在最终用户那个地方。我们吸足营养,这样会使得我们的树干更强壮。"

任正非说这话时,有人说华为与运营商一体共赢,任正非迅速对此做出了回应。那时任正非要廓清一些事情,既撇清华为不进入运营业务,同时也廓清华为主体战略已经从运营商客户调转到最终用户了。

把华为比喻为一棵大树，形象而生动地呈现了华为的总体战略。华为这棵大树，树干就是大数据、云，是管道；树干上有许多枝杈，枝杈上边挂着许多果子，就是现在的近1000家运营商，是内容提供商和企业用户。他们都要在这棵树上开花结果。大树的根是最终用户的需求。最终用户的需求和体验，是华为最丰富的营养。只有最终用户才是华为这棵大树的根。

在接下来的谈话中，任正非还有意无意地回到这个主题上："终端光芒闪耀，很容易被别人注意。但是我们在管道业务上占据的世界领先地位，短时间内是不会被颠覆的。"

任正非的话，2016年11月17日才获得了认证。据报道，2016年11月17日凌晨，在3GPP RAN—187次会议的5G短码方案讨论中，历经千辛万苦，中国华为公司的Polar Code（极化码）方案，最终战胜之前具有垄断地位的高通、爱立信等著名公司的短码方案，成为5G控制信道eMBB（增强移动宽带）场景编码最终方案。

这是以华为为首的中国厂家推荐的方案第一次获得编码级别标准认定，代表华为地位获得国际认可。2G时代华为跟着跑，3G时代能够看到，4G时代参与一部分，到了5G成为重要组成部分。

任正非在恳谈会上重点描绘的是华为管道拓展的具体路径：向全世界最具智慧的大脑开放，包容所有的智慧，接纳一切新发生，促使管道变粗。"一杯咖啡接收宇宙能量"，华为的咖啡杯特别大，那是华为人的心量，可以接受有华为工卡的和没有华为工卡的人的智慧和能量。华为包容了许多科学家，支持世界许多卓有见解的专家，与他们合作、资助，用"一杯咖啡"这个词，表示要与世界沟通。

终端是管道战略的一环，是水龙头，可以撑大管道，或者说不断把管道拓宽，使得管道越来越粗。华为借助终端战略直接接触最终客户，把华为大树的根须深深扎在最终用户需求的沃土里。

任正非提出一个很重要的区分，就是运营商客户与最终用户。运营商是客户，但不是华为考虑战略的基点。华为的战略是要考虑最终用户的诉求，这样一下子就把自己的产业链往前拓展延伸了。"战略前移"，在华为与消费者之间建立了巨大的战略空间，通过掌握最原点的终端用户反过来掌控运营商需求，同时又通过技术创新应用与互联互通实现 C 端的超级延展，打造一个无线连接的"域场"，以万物互联实现"华为＋"，进而"客户＋"。这是一个人与人、物与物、人与物全联接的世界。用同行者蔡红平的话来说，"华为是一个融合世界产业的生态链，华为是包容一个世界，而不是占领一个世界"。

把最终用户与运营商客户区分开来具有重要意义，这关系到华为到底有没有自己的长远战略。目前华为的业务分成三个部分：运营商 BG、企业网 BG 和终端 BG。任正非 2016 年开年讲话中提出终端 BG 5 年内达到 1000 亿美元，其他两个 BG 没有涉及。如果把三个部分加总起来，5 年内华为的收入将会是一个爆炸性的数字。

运营商的利益维系在对最终用户需求的开发和满足上。华为的战略前移，可以更好地帮助运营商服务最终用户，会给运营商和一般企业提供更为宽泛和有价值的服务。而华为不从事运营商业务，它是为最终用户服务的伙伴，它们的利益是一致的。而聚焦最终用户的诉求，给了华为这样的制造企业一个不一样的视角。华为就可以从最终用户的立场和感受来看待通信行业，进而来看待这个世界了。这是一个客观的视角。

聚焦最终用户的诉求，使得华为这个通信设备供应商，在"利益"之上，又有了"大义"的照耀。这是一个企业家从商人到价值创造者的升华，这是一家企业从单一产品打市场到全生态产业链共建发起者的升华，这是从一个产业到一个全联接世界共建发起者的升华！

根植于最终用户无限宽广诉求思维沃土上，深深地扎进最终用户的内心深处，华为这棵大树就根深叶茂了。从这个意义上说，华为终端是没有止境的，其产品包括手机、手表、笔记本，以及各种各样的智能仪和智能机器人。我个人预计，不排除未来华为从事精密医疗仪器生产的可能，因为那是智能机器人的一个必然的延伸，也是最终用户诉求的延展，可以进一步拓展华为管道的宽度。那将是一个巨大的市场。

2015 年我考察日本时，夏普独立董事、庆应义塾大学的花田教授说，据联合国统计，世界医疗市场规模巨大，已经超越汽车晋身为第二大产业，规模已达到 520 万亿日元；第一为能源产业，规模达到 800 万亿日元；第三为汽车行业，规模达到 300 万亿日元。日本松下、索尼、夏普、日立等电子半导体公司，已经整体转移到医疗市场上去了。这不极大地拓展了华为管道的宽度吗？这是人与人、人与物、物与物连接的重要节点。

"共建全联接世界"是华为轮值 CEO 郭平在巴塞罗那世界移动通信大会上发布报告的主题，也是对华为这棵大树更为理性的阐述。郭平的演讲透露着华为这棵全联接世界大树的新视野：共建，共有，共享。

2016 年 2 月 16 日，华为在北京、伦敦同时召开 2016 世界移动通信大会华为沟通会。华为常务董事兼战略 Marketing 总裁徐文伟在伦敦会场表示："数字化转型，不仅是电信产业自我超越的机遇，更是推进各行各业变革的创新动力。华为将坚持开放平台能力，使能[①]运营商，构建开放、合作、共赢的产业生态，加速数字化转型进程。"

华为常务董事兼产品与解决方案总裁丁耘先生在北京会场也表示："华为聚焦管道战略，进行长期战略投入，厚积薄发，以产品和解决方案的创新与实践，支撑运营商的数字化转型。"

共建全联接世界，这是一场思想革命，一场商业革命，一场技术革命。首先华为要革自己的命！革自己独行侠的命！革自己为大的命！革

---

① 一般指控制信号的输入与输出。——编者注

自以为是的命！然后方可以随顺自然，顺势而为。

地头力法则 78： 共建、共有、共享一棵全联接的大树。大树深深植入最终用户需求的沃土里，以最终用户需求为战略支点。

以运营商客户为主业的华为，却提出了以最终用户需求为转移，这是一各重要的战略转变。对运营商客户说，这是为了更好的帮助运营商服务最终用户，实质上是把战略的基点放在了最终用户的诉求变化上。华为的战略基点转变，具有里程碑意义。或许运营商客户的需求已经见顶，华为必须寻找新的更坚实的土壤，必须需按照新的战略支点。任正非深谋远虑。

华为这棵全联接的大树，是理想主义的大树。需要动员全方位的资源，共建、共有、共赢。"图难于其易，为大于其细"，随顺自然，顺势而为，水到渠成，厚积薄发，故能成其大。

一件大事和一件小事

> 物美价廉是个伪命题。

你给任正非提出概念性问题，他却对故事更有感觉。从案例故事切入思维，让他的谈话具有了无限丰富的内涵。

恳谈会上，有人发了一个感慨："中国如果满大街都是便宜货，中国人就惨了。如果中国的产品价格越贵，越有人买的时候，中国的品牌就真正上来了。我们中国人一直在说'物美价廉'，德国人却说，什么品质就什么价格。哪一天中国到处都在买华为的高品质和高价格，中国就真正进步了。"

任正非接过了话题。他不去辨析概念，而是讲了一个 A3 的故事。

任正非亲手抓的一件大事：A3

我们有家餐厅叫 A3。高管一开会，前 5 分钟就都骂餐厅，说餐厅没吃的、饭菜品质太差。我就来管管餐厅这点儿事吧。

我把行政主管叫过来，问为什么人人都在骂。行政主管说，在网上有声音说价格要低，于是，A3 就降低价格了。价格降下来，但食材的价格又在上涨，就没有办法保证品质了。

他说的也有道理。低价格这个拦路虎，断绝了改善品质的可能性。我让他们对就餐的人做一项调查，问他们到底喜欢低价还是喜欢品质。调查结果出来了，实际上喜欢低价格的只有 16 个人。

十几万人吃饭，只有 16 个人喜欢低价格，怎么就把低价格放到首位上来了呢？后来我说我这个高级领导者，就来直接抓抓 A3 餐厅。在 A3 餐厅，提高了价格，有资本去采购好的食材，雇用更好的厨师，结果饭菜品质一下子就上来了。我让他们打广告："我们质优价高。"结果吃者云集，生意都好了。

其他餐厅一看，也纷纷提高了价格，因为它们有钱赚了，也就有了动力去想方设法提高品质。品质上来以后，大家都喜欢了。这样就把所有的食堂价格都提升了。我们的好面条也就来了，其中最好的面条叫"老西安"，就是一根面，也来落户了。我们各种各样的好吃的就都来了，都能够赚钱。

关键是，开会时高官们再也不抱怨了，人心安定了。现在各种吃的品质越来越好。坂田基地 3 家小咖啡厅都是赚钱的，我去看了下，家家都是满员。我们规定 300 公尺之内，不可以有第二家。大家生意就都好了。

接着，任正非说了一个重要的观点：

"我相信'物美价廉'是个伪命题。拿O2O来说，前边这个'O'买地沟油了，后面这个'O'去日本买马桶盖了，中间就只剩个'2'了。国家说要供给侧改革，就是提升质量，提升质量就是要提升成本。我们首先要抓住货源和材质，提升品质，有了高质量才会有客户群。"

华为走过了沼泽地，走过了低价格的道路，现在发现了品质的重要性。尤其是在当下假货较多、低品质流行，部分国人被逼跨洋去日本、德国、瑞士等地扫货的时候，华为产品却可以在西方国家和日本等国卖高价，而且市场份额不断扩大。

"物美价廉是个伪命题"，很切中时弊。任正非的提法，让人尤其愿意接受。他不跟你去辨析概念，他跟你说活泼泼的案例，说他这个高级管理人才在华为亲手抓的一件大事。他回应供给侧改革的话题，却跟你说常识。

常识也是双向的。"质优价高"与"价廉物美"都有存在的空间，正是两者的不断拉抻，一个都不能少，使商业走上了提升性价比的宽阔大道。一如吴春波教授所说："需求侧的'物美价廉'与供给侧的'质优价高'，在博弈中实现完美的市场均衡，否则，必然是结构失衡。这就是常识。原来如此！"

这个对话让我惊喜。专家学者喜欢提出一个大的趋势判断，在那个宏大的背景下，展开他的思维。而任正非这样的企业家，却更喜欢从案例和故事切入思维，让他的谈话给人留下丰富的想象空间。即便是你提出提升性价比、物美价廉是商业的意义，依然消减不了A3的故事所显示的常识的力量。提升性价比，那是螺旋式上升。在假货、烂货充斥的市场上，"质优价高"成为当下螺旋式上升的拐点。

三年前的一件小事：氮化镓事件

在恳谈会进行中，任正非两次提到了王育琨和氮化镓。最后还停下来，在那里一笔一画写出"氮化镓"三个字，并伸手递给了我。

任正非反复提到"氮化镓"，这里面有一段渊源。之前我们提到，2013年5月14日，任正非在与我喝茶时曾经指出：你不懂稻盛和夫精密陶瓷的产品氮化镓，就很难真正理解稻盛哲学。一棒敲醒梦中人！正是那次喝茶，让我梳理出直接贯通本书的主题：人靠绝活立身，企业靠好产品实现高收益；回到真源，拿出绝活！

当时，我就请教，什么是氮化镓？什么是新材料革命的具体内容？那个下午几乎成了科普。任总很有兴致地给我谈了氮化镓，还重点解说了石墨烯和新材料革命的大趋势。果真，任正非在2015年10月随习近平主席访问英国时，就投资了石墨烯的研发。

任正非一棒唤醒梦中人！通过那次谈话，任正非帮我梳理出这两年我的一个主题："回到真源，拿出绝活"。由此改变了我的思维方式和讲课方式。我意识到，做任何事，不管是生产物质产品，还是生产精神产品，都必须"回到真源，拿出绝活"。回到客户需求的源头，回到生产者天赋天性的源头，回到生产产品的地头，回到产品最终实现时效能的源头，带着爱和灵魂，聚精会神拿出绝活。当时我们在谈话中有一个约定，不要对外发布谈话内容。任正非的担心是，那么多媒体都想采访他，而他一概谢绝。如果跟我交流的消息散发出去，就不合适了。我遵守约定，没有对外发布。一直到2015年，我才就其中谈到稻盛哲学和京瓷的部分写就专栏文章。可能是任正非读了，看到我没有提氮化镓，他就知道我没有真正弄懂这个问题。

三年了，这件事一直影响着我、改变着我、塑造着我。谁知道，任正非心里也没有放下这件事。他还能在节奏非常快的对话中，暂停下来，一笔一画写下"氮化镓"三个字送给我。这其中蕴含的温度很是暖人。

任正非跟团队常说，"一杯咖啡连接宇宙能量"。此话不虚。坐在那里不出声，我就收到了满满的能量。但是，在那个当下有许多问题冒出来，我也有问题要问呀！

灰度哲学照亮了全联接世界

> 用灰度哲学武装的华为，已经不用自己的眼睛来看这个世界了。华为在用客户的眼睛看世界，在用运营商、供应商的眼睛看世界，用万事万物的真来看世界，用大自然最节俭、最经济的那个真来看世界。于是，看到了全联接的世界。

此前华为一直提"灰度哲学"，而在这次恳谈会中，任正非又提到了"灰色哲学"，同时在任正非改定的会议纪要中，也用到了"灰色哲学"一词。凡经比较，本书还是选用"灰度哲学"。巴塞罗那华为小型恳谈会的后半程，一个有趣的提问引发了一个微妙的问题。

灰度哲学：用万事万物的真来看世界

秦朔说："任总自己的管理智慧和管理思想的来源是哪里？有的企业家学习西方管理译著，有的学习国学，有的学习历史哲学，有的学习毛泽东思想……"

任正非："是学习。……我们不要认为依托任何一种文化就可以促进任何一种发展。你应该广泛吸收能量。一切先进文化都可以为我所用。"

不错，毛泽东思想曾经对任正非有很重要的启发。比如"群众是真正的英雄"，"从群众中来，到群众中去"，他现在都深信不疑。但是，经营现代企业，不能不关注人类科技进步与智慧的最新发展。华为一直在向世界上最先进的组织学习，比如请 IBM、埃森哲、HAY 等国际知名公司帮助其建立流程制度管理，十几年投资超过 100 亿美元。比如，华为分分钟关注世界一流公司如谷歌、苹果的动向，关注新兴公司 Uber 和小米的最新动态等，从中汲取一家大公司的能量源泉。再比如之前提到的向美军学习，美军提出"班长的战争""让听到炮声的人呼唤炮火"，把美军整体的能量赋予一线团队，而同时在锻造军人的基本品质上大下功夫。"不偷窃，不撒谎，不欺骗，也不允许身边任何人这样做。"这就是西点军校要求军人遵守的律条。西点军校校长的信条是："随便给我一个人，只要不是精神分裂症，我就可以把他培养成为世界上最伟大的领导者。"

任正非有着同样的信念。为了学习美军，他甚至在阿富汗战争期间，在那里待了一个月来感受美军的真实律动。学习美军好榜样，他由此深刻改变了华为的体制，并计划在未来 10~15 年，落地"让听到炮声的人呼唤炮火"、一以贯之的"铁三角"体制。

任正非借这个话题郑重申明，他的灰度哲学就是向所有的智慧开放，向最前沿的科学思想开放，向最新的技术思维开放，华为就是个拿来主义者。华为既是一个理想主义者，又是一个现实主义者。他不给自己设限，他用万事万物的真，来看待这个世界，来触摸这个世界，来建设这个全联接的世界。

时间在飞快地流逝。任总提到了灰度哲学，这是我的兴奋点，所以我接过了话题。

我说："任总，我是个文科生，这次来巴塞罗那，好像刘姥姥进了大观园，目瞪口呆，对一切都感到新奇。我突出的感觉是，华为不用自己的眼睛来看世界了，华为在用客户、供应商、供应链的眼睛看世界，在用万事万物的真来看世界,在用大自然最节俭、最经济的那种真来看这个世界……"

或许是我用"万事万物的真"来诠释灰度哲学触动了任正非,还没等我提出问题,他就接过了话题。任正非说:"我就讲一个最简单的道理。我国互联网上,很少有科学论文,这些论文是全球科学家研究的最新成果,有利于创新。我们可以从 Google 的搜索引擎上看。小公司看不到,那小公司怎么知道这个世界该走什么路呢?为什么我们国家不能在互联网上把外国很多的论文都拿过来呢?这些论文都看不到,你就不可避免要重复别人犯过的错,或是你不知道这个方向而走了很多弯路,或者你根本就走不到。"

天地万事万物的真,是天地万事万物所呈现出来的新特点,这是万物的生存发展法则,是天地万事万物的天性,也就是通常说的"天真"。灰度是万物一体,是不用自己的眼睛来看世界,而是以万事万物的本真来看世界,是以"天真"的视角来看世界。

灰度哲学的第一层意义也是最重要的意义,就是要跳出小我来看世界。相比宇宙演化的历史,人类来到地球只是一个微小的瞬间,对宇宙的认识,人类基本上都是盲人摸象。如果我们在那里就知道自以为是、自负、从自己的小我出发看世界,那么就注定会产生分歧和战争,就不可能得出一个整体的真相。而跳出小我,开始用万事万物的真来看世界,是混沌中领路者必须做的。现实中还有许多狂躁的人,自以为拥有了财富和权力,就可以当宇宙的主宰了。人类历史,从某种意义上说,就一再重复着这样的帝国君王的覆灭史。可惜,人们并没有从中汲取教训。

尼采说:"庸人们围着演员转,世界围着新价值的创立者转。"华为,经历了在蛮荒中求生存的艰辛和磨砺,有灵魂中的英雄主义在升腾,更有神圣的博爱与希望在茁壮成长!那就是根植于中国土壤和最新科学发展的华为灰度哲学。这是一种全新的价值!

世界围绕着价值旋转！由灰度哲学浸润和滋养的华为人，已经不用自己的眼睛看世界了，他们开始用客户、供应商、供应链的眼睛看世界，用万事万物的真来看世界、感触世界和建设世界。那种不设限的"开放与聚集"，那种在所有层面分分钟"聚集"全球最先进与最接地气智慧的努力，让华为卓而不同。

诚可谓："贵以身为天下若可寄天下，爱以身为天下若可托天下。"

当一个人可以把天地万物看得跟自己的生命一样珍贵时，就可以把天下寄存在他那里了；当一个人可以把天地万物跟自己的生命一样爱惜，才可以把天下托付给他。

任正非知道他自己什么都不是，他不会管理，不懂科技趋势，他什么权力也没有，就是一个开心的老头儿，毫无负担地放下自己。他就是一个为了真，随时准备纠正自己的孩童！这就是活泼泼的灰色意识。

地头力法则 79：灰度哲学，贵在以天地万物一体之真善美来看待世界和触摸世界。在灰度中执两用中把握平衡点。

这时，任正非脸上有了温度，放松下来，点着头听我说。我抓紧提问。

灰度哲学：万马奔腾不拘一格出人才

我说："华为最核心的文化是灰度哲学，我感到在华为公司内部'二分法'还是很有市场的，尤其美国更是以'二分法'在看世界。您提出全联接世界有难度呀。"

任正非说："你这个说法错了！田涛最近写文章说，乔伊娜是不完美的英雄，即使如此，也是英雄。我们也要改变公司对人完美的要求和评价，此前这抑制了很多干部的成长和发展。我们现在看，什么是英雄？

在那一段时间做出了贡献，就是英雄。不要求他在孩童时代就有远大理想，也不要他在以后背负着这个荣誉包袱，时刻要求自己不能玷污了我们这个队伍。不这么过度要求，我们千军万马就能上来。你不能要求一个英雄是完人、圣人。我们对人有完美的要求，就抑制了英雄的产生。大多数人认为英雄是要完美的，但我们高层领导认为，英雄是不完美的。每个人对每个人的行为承担责任。"

"你这个说法错了！"任正非开头这一句，简单、直接而又有一种亲近感。顺着他的思路走，最后他同意了我的说法：华为内部大部分人恐怕还是"二分法"思维，他们大部分认为有污点的乔伊娜不可以作为华为英雄的象征。任正非的灰度哲学要落地，也就是如何能够转化这些人的视角和意识。我的问题就是如何转化团队意识。问题还没有说出来，他就已经答出来了：我让他们大辩论！哪怕是骂下天来都可以！大家在辩论乔伊娜，实际上是在想着身边的人。不同观点在一起碰撞，没有人给出结论。只要一个人有良知，他就会知道他人在说啥。以这样的方式，拉抻当事人的视野和思维。

在华为随时有这样的互动。心声社区上面登出任何一篇文章，你都可以批评，也可以支持，甚至可以推翻作者的动议，只要你敢说。有一次我在华为观摩高管培训课。任正非对我说："在这样的培训班上，主要就是看谁敢提出假说，提出自己的一家之言，哪怕最后证明你错了，但是你的提议激发大家讨论了，参加这一次培训班，就可能在你的履历上有了很出彩的一笔。相反，那些老好人，就是一次次参加培训班，交很多钱，却一点儿用处也没有。因为你太平庸了，没有引起人们的注意！"

不完美的英雄依然是英雄。在灰度哲学的旗帜下，缺陷是正常的，不完美是应该的。只有圣人才完美，但圣人千年不遇。用人之长，不必无其短；责人以全，天下必无才！华为现在呼唤英雄，新长征要开始了，需要千军万马齐上阵。哪怕仅仅有 0.01 秒的辉煌，乔伊娜就是英雄！虽然她重病缠身仅仅活了 38 岁,虽然她一直背负着服药的骂名,但是她在太阳光底下有那 0.01 秒的辉煌,她就是华为要学习的英雄!"

与会的朋友纷纷插话。我还是要赶紧把我的话问完。

我说:"任总,灰度哲学,对内部来讲,'蓬生麻中,不扶自直'。华为的方向、大战略是共建一个全球连接的世界,在这种情况下,最重要的思维交锋就是你的灰度哲学与美国的'二分法'之间如何兼容?"

任正非说:"其实你们误解了,美国也是一样的,美国比我们做得还好。第一,我们有一个技术团队,有几十个院士,还有做预研的两三万人,他们是理想主义者,专攻最先进的技术。另外,我们有 5000 个技术专家和营销人员,他们倾听客户的声音。他们在一起吵,达成一个产品开发目标。你也可以说这个是两分法,一部分是技术专家,他们看未来世界是这个样子的,一部分是倾听客户需求,最后达成现实目标,投入 100 多亿美元的预算一起去开发,非常多的人一起做这项工作。其实是妥协达成了理想主义、现实主义都能接受的目标。"

任正非在说美国创新型公司的一般做法——就同一个课题,组成全然不同的攻关组,各自封闭把一条路走到底。在彼此不受影响、排除干扰的情况下,拿出独一无二的解。然后大家再聚到一起 PK。任正非在说华为美国公司的运作,其实也就是美国人今天的思维范式。大家来自五湖四海,都没有放之四海而皆准的真理,都是可以在互相 PK 中,彼此推动对问题的深入理解。

这种思维和意识的开放、对冲与碰撞,也就是聚集!聚集,正是灰度哲学的一个具体呈现。可见,灰度哲学在西方是可以找到同道的。

地头力法则 80:不完美的英雄也是英雄,不拘一格出人才。没有一种智慧是完备的,不同思维意识抻拉冲和,才会有当下致良知之灵然明觉。

在任正非那里，灰度哲学是一个能量场。华为能量场不设限地"开放与聚集"，那种在所有层面分分钟"聚集"全球最先进与最接地气智慧的努力，让华为卓而不同。

不管你的发心是什么，不管你的方式如何，只要你可以激发昏昏欲睡的人们，只要你能激活这个能量场，让能量流转起来，你就是不可多得的人才！

算法突破最难：算法与心法

我原本想要问的是：华为要共建全联接的世界，美国从安全角度考虑会对华为进行排斥，这恐怕是一座难以攻破的堡垒。华为准备怎么办呢？任总把我的问题听成了华为美国公司如何达成共识。他说"聚集"法宝。这算是超额回报了。时间在嘀嘀嗒嗒流逝，已经有电话来催促任正非了。我当机立断问了另一个问题："换个角度问这个问题，华为这次提出要'共建全联接的世界'，在思想上、意识上、技术上最大的难题是什么？"

任正非答："最难的说穿了还是算法上的突破。我们公司擅长搞数学逻辑，在物理研究方面不行。在去年（2015年）达沃斯论坛上我讲过我们不进入物理领域，所以日本人就死心塌地跟我们合作，因为日本人就是搞物理逻辑。你刚才说的'氮化镓'那个词，就是物理。

"我们在日本有很大的研究所。我们只是研究新材料的应用，不会研究新材料本身，所以我们在全世界研究的过程中没有伤害所在国和所在企业的利益，只是梳理逻辑。我们在应用技术上发挥我们的作用，最大的难题还是数学的问题不能错，但是我们公司已经有10年的储备。

"人类世界的未来是啥样子，我们现在都不能想象。第一点，生物技术的突破你不能想象；第二点，人工智能的突破，你不能想象。人工智能最后的突破，两极分化更厉害，资本雇用机器人，不再雇用真人。工人如果没有文化，如果我们不高度重视农村教育，农村孩子也没有文化——现在我们农村一胎尚且没有受到完善的教育，二胎只有五六年时间就上学了，这五六年时间怎么能完善？如果我们没有做到完善，那么他们怎么在信息时代就业？这个时代已经不是凭人口红利就能取胜的时代。这个时代是后技术时代，如果这个时代西方重新恢复竞争，你用机器人我也用机器人，不就是插个电嘛，如果西方重新成为制造雄狮了，那么我们的制造也会垮了。"任正非在谈中国以及人类发展中既宏大又很具体的问题：什么样的教育可以让又一波婴儿潮的人们在高科技时代就业？那是一个智能机器人无所不在的未来呀！我们如果不搞好教育，这不是要出乱子吗？！任正非提到的数学逻辑和物理逻辑的关系吸引了我。

我问："任总，您刚提到的数学逻辑和物理逻辑的关系。您说华为偏重于数学逻辑，日本很多地方是物理逻辑。我这个'文科男'可以弱弱地问一下，数学逻辑可以引领物理逻辑吗？"

任正非说："不可以这样说，不是引领。物理本身就是客观存在的，5G几千万年前就有，只是我们不认识，我们拿什么工具去认识呢？就得用数学的工具来认识它。物理现象早就存在，我们认识它们需要工具。数学引领物理世界不可能，物理世界早就存在，只是我们没有掌握。"

共建全联接的世界，不经意间，任正非说出了一个强音：算法上突破最难、最关键！难怪2016年华为的形象广告里有一幅上帝粒子的图片，旁注为："欧洲核子研究中心，数十年的厚积薄发，隐约听到了上帝的脚步声。"

这是我这个"文科男"不熟悉但又直觉是个全联接世界根本性的问题。开放的造物场域，可能成为未来的一种资源组织方式，或许会经由"算法"上的突破，再配以超强的计算能力，才可以形成一个足够强大的认知架构，去破解网络连接的密钥，那时才可以理清这个开放的造物场域具体隐含的物理逻辑。

"算法"是外显，是一种原力，"心法"是内里，是驾驭原力的意。"算法"的突破，有赖于"心法"的突破。算法上成兆亿的组合方式，保持密钥不被解开，需要一颗沉静的心，唯精唯一，算法方可有点儿突破。

在"灰度哲学"灌顶的华为文化里，心法上的突破是不言而喻的。万物生于有，有生于无。"心法"不可能独立存在，它必须附着于一个载体上，或者是"算法"，或者是任何一个存在。而任何一个存在和算法，后面都包含着"心法"。

记得，2013年5月14日与任正非喝茶交流时他曾经说："未来是虚拟社会时代，虚拟时代中国的玄学、哲学是有极大的价值的。西方要在中国大规模搞研发机构，才能在未来占领制高点。因为西方的思维方式比较机械，主要受形而上学的影响；未来的虚拟世界，中国的玄学应该是有作用的。"

任正非这段话很深刻，充分显示了他对灰度哲学的信心。西方要到中国来搞大规模研发机构，因为这里有玄学，有灰度哲学的土壤。任正非把灰度哲学作为华为文化的魂魄，当然分分钟看重华为人在心法上的突破和进境。

任正非对算法的推崇由来已久。在2013年5月14日那次晤谈中，任正非跟我说："物理学的时代结束了，要开启一个数学的时代。我在公司大会上讲话，说物理学时代要过渡到数学时代的时候，有员工就找我谈，'老板你说错了，石墨烯要重建物理学的时代，又找到出路了。'硅原子，4个原子的宽度就代表电子工业的宽度，我们现在已经做到28个纳米了，理论上4个纳米可以做到一个绝缘通道，一个头发丝是70微米，1微米是1000纳米，就是说我们头发的宽度是7万纳米，电子的通道是4纳米，也就是相当于1/20000。硅时代只能做到这一步了。要靠数学来解决这一步。"许多话尽在不言中。任正非一直处在跟员工学习的过程中。

全联接世界的方程式

华为提出共建全联接的世界的愿景和三原则：共建、共有、共赢。完成这个系统工程，需要确立全联接的愿景：提升人类福祉，造福宇宙生态；还需要催动每个人的热情努力；同时更需要植入一系列心性品质。这些心性品质需要内化为每个参与者的血液和灵魂。

我的这个体悟，没有来得及请教任正非。其实，有时语言都是多余的。在与任正非一个多小时的对视和交流中，不用语言也可以读懂。我这里，就暂时隐去我自己的视角，隐去我以为的任正非的视角，隐去众多管理理论的视角，仅仅从万事万物的真的视角，从一个场域能量建设与聚集的视角，对华为"全联接世界方程式"做一个畅想，用公式表示如下：

华为共建全联接世界方程式＝愿景目标 × 热情努力 × 高维意识

提升人类福祉，造福宇宙生态，大自然中最节俭、最经济的资源组织方式的真，共建、共有、共享，是全联接世界的基本特征。

在任正非与华为团队身上，深深植入一系列内心品质，比如愿景、素直、敬畏、绝活、精进、担当、接纳、开放、包容、信任、坚韧、诚信、博爱、谦下等。

因为内化了高维意识，所以华为人的磁场就会无比祥和、强大，会毫无声息地走进任何一个人的内心，走进天地万物的天性，从而连接世界，连接宇宙，提升人类福祉，造福宇宙生态。

地头力法则 81：共建全联接世界方程式＝愿景目标 × 热情努力 × 高维意识。

我还沉浸在华为全联接世界方程式的畅想之中，这时任正非说起了恳谈会的结束语。

任正非说："第一，中国首先要保护知识产权，才会有原创。第二，我们的人要耐住寂寞，现在泡沫化的社会中不会产生真正的科学家。如果几十年以后我们还在泡沫边缘化上，最后会被历史抛弃。所以我们还是要踏踏实实耐下心来做学问，太难了。社会重归理性，需要几十年的回归。本来社会就不应该主动泡沫化，过多的泡沫化再倒回去太难。要几代人重回冷静，队伍中才会有真正的科学发明。像日本人得了诺贝尔奖后，日本媒体都在批判、反思，这些成果是几十年前做出的，现在的日本社会还能抓到这样的机会吗？日本社会浮躁了、泡沫化了，媒体批判，社会就反思为什么几十年前能做到，几十年后却做不到了。日本比我们还要踏实得多。2015年屠呦呦获得诺奖以后，我们则是沉浸在过去的温床上，一种复古的潮流又在兴起。这就是差距。所以我们要成为世界文明的主导，还是要回归理性。"

任正非接着说："我认为，第一，我们的创新要向美国学习。美国的创新是不竭的动力。第二，要向日本、德国、瑞士学习，发挥工匠精神，要踏踏实实地做东西。日本有家小公司研究螺丝钉，几十年就研究一个螺丝钉，能把螺丝钉做到不会松开。全世界的高铁、飞机高速运转的设备都用它的螺丝钉。如果不是劳动法律的影响，全世界的汤勺都会是德国制造。高级水晶杯、高级的银餐器都是德国小村庄生产的，我去过两个小村庄，他们打出来的表格说他们从来不谈销售额，他们谈占世界份额的多少，村办企业啊，讲的是占世界份额的多少。所以从这一点来说，我们要回归踏踏实实的经济，经济的增长不可能出现大跃进。"

任正非点出了当今中国乃至全球面临的一个紧迫而深远的问题：走捷径、大跃进、泡沫化贻害无穷。

泡沫化的社会如何回归常态？难道人类必须走上一条毁灭的道路

然后重生？从任正非深深的忧虑中，我也感受到了问题的严重性。一个多小时的交流，不管你提出什么样的问题，这是任正非始终抓住不放的主题。

这是灰度哲学可以用力的地方！这个世界一片混沌灰度。在当今泡沫化的社会中，任正非依然是个坚定的理想主义者，还在华为建立英雄主义文化。这是一种坚定的信仰！唯有这种信仰，可以划破混沌、驱散泡沫，照耀这个全联接的世界。

在混沌而泡沫弥漫的社会，任正非坚守灰度哲学，凭借信仰走出黑洞驱散泡沫。对于这种毅勇，老子曾有过经典描述。《道德经》第 21 章中这样写道：

> 孔德之容，惟道是从。道之为物，惟恍惟惚。惚兮恍兮，其中有象；恍兮惚兮，其中有物。窈兮冥兮，其中有精，其精甚真，其中有信。自今及古，其名不去，以阅众甫。吾何以知众甫之状哉？以此。

大意是这样的：大德的形态，是由道所决定的。大道表现为物时，是恍恍惚惚的。惚惚恍恍中，有若隐若现的大景象；恍恍惚惚中，存有千姿百态的物质；在混沌暗昧之中，万物有宗主，万事有灵魂，这个"精"就是基因或灵魂；这个灵魂是实实在在的，就维系在一个"信"字上。你信，它就有；你不信，它就无。从远古到现今，众生万物莫不呈现这样的规律和真。

最重要、最基本的就是一个"信"。任正非走过了抑郁症的崩溃的边缘，他有了灰度哲学的真，有了理想主义的信，有了接地气的常识，就不会被躁狂的东西打扰。"爹还是那个爹，娘还是那个娘。辘轳、篱笆、女人和狗都没有变化，你咋就变了呢！"任正非坚信，恪守诚信，保持对客户需求宗教般的信仰和敬畏，脚踏实地，就可以一步一步走出黑洞，最终拥有一个生机勃勃的全联接的世界!

任正非的谈话,赢得了与会者由衷的热烈掌声。小型恳谈会也落下帷幕。有人提议拍照。任正非立刻回答好!他一直很配合,选好地方站好队与 10 个人一起拍了合影,然后又摆姿势,配合每个人照了合影。

我也跟任正非照了合影。我当时脑袋木木的,就知道傻笑了。后来我看到,原来我们俩在同步地傻笑。

跟任正非的合影,是 2016 年让我最开心的合影。

第十一章 结论：地头力场域理论基础

> 未来是虚拟社会时代，虚拟时代中国的玄学、哲学是有极大价值的。西方要在中国大规模搞研发机构，才能在未来占领制高点。
>
> ——任正非

自力救済家招之成之图

一位听完我们《生命的力量》7天课程的女企业家，无论是站在台上分享，还是作为班委表态，甚或路过打招呼，都念念不忘这一句："头拱地出绝活。"许多华丽的桥段入不了她的心。这个女企业家白手起家，现在手下员工近万人，各种各样的课更是听了不少。她为什么会念念不忘"头拱地出绝活"呢？

"头拱地出绝活"，是她一路走过来的真实写照。她没有多少知识，原本不懂经营管理，但就是能做到心无旁骛。她屏蔽掉泛滥的信息，放下七情六欲的牵引，撇开房地产和投资的诱惑，聚精会神把当下的事情做好，就一路走过来了。现在她对产品很有感觉，对客户需求十分了解，一打眼就知道员工在想什么，知道激励什么和谁来激励这样的常识，懂得了无为而治，还保持着开朗喜悦的秉性，走到哪里都是一个自在欢快的活力场……所有这些都是靠着"头拱地"。头拱地不仅仅让她熟中生巧，干啥都是绝活，还让她有了生命的觉性。

在把老娘说"头拱地"演绎出一本厚厚的书后，听到这位女企业家的话，又让我回到了源头：头拱地本来就是一句话的事儿！

头拱地的真谛

  头拱地的人自修自得，没有课程，没有老师，没有教室，然而又以自己为师，人人是老师，事事是课程，处处是教室。头拱地在事上磨，新发生会催动你去拿出绝活。

地头力是指当下头拱地拿出绝活，是一种生命的原力，包含三个层面：一是一种生命欲望，对健康长寿，以及物质、情爱、机会和荣誉的追求；二是一种当下天赋天性爆发，一种当下超能力爆发，唯精唯一极尽物和人的天性出绝活；三是一系列连接万物的高维意识，把天地万物作为自己的生命来珍重和爱惜，是一个万物一体之仁的无极能量场。

对每一个生命真正重要的，就是可以静下来，回到你的地头，头拱地拿出绝活来。这不仅仅是让你有事做，有饭吃，有精神寄托，而且还会给你内心植入一种强大的自信：所有发生都是可以接纳的，没有什么困难和挑战是不可以应付的。这是生命最究竟的智慧。

头拱地，本自具足。头拱地，是起始，也是结论。想要出绝活，头拱地！想要回到真源，头拱地！想要原力觉醒，头拱地！想要修炼一等一的高维意识，头拱地！想要创立世界级品牌，头拱地！想要活出与众不同的生命，头拱地……

本书中提起过一些寓言人物，如梓庆木匠、庖丁、王骀、哀骀它等，也说过一些企业家的案例，如任正非、稻盛和夫、乔布斯、松下幸之助、扎克伯格、王卫、张雷等，他们都有着极高的觉性，都是得道高人。

他们做什么都无关紧要！关键是他开始了头拱地做事，于是，他们对一草一木，对客户诉求都渐渐有了深深的敬畏、虔诚和喜爱。他会把万事万物的真当成自己的生命一样珍重与爱惜，因此干啥都是绝活！正因为他们身上凝聚的心性品质，使他们自身就成了上帝缔造的绝活！

脚踏实地头拱地，从根本上说，是一种自我认识的过程，是经历担当、喜悦和磨砺的过程，是自我超越之路。所有的抱负和理想，都要在做好一件事中得到体现。或者说，能够扎扎实实坚持做好一件事，才是通往心灵之从容、精神之宁静以及深知自我的大道。一旦你想通了这一层，就使自己获得了真正的自由。

头拱地出绝活，就是地头力。地头力是一个内场域与外场域综合作用的过程，是一个"回到真源，拿出绝活"的过程。

第一个真源是一个人的先天装备，是一个人的先天潜意识和直觉力，是一个人的自性。这就要求认识自我、实现自我、忠实表达自我。自修自得，没有老师，你自己就是自己最好的老师。一旦你有发心了，有立志了，就有了担当和诚意。这也就是心灵手巧的来历。如果你不立志，那就什么也没有了！

第二个真源是事物的真相或本真。物有宗，事有君。以素直之心直接面对现实的真问题，接纳事物的发生，并对发生有办法，摸索着向本真前行。问题和危机从来都是真源。需要有一个颤抖意识、整体意识、良性意识。在聚焦试推的过程中，一切能量都将聚集。

第三个真源是自然明觉，即带着"为什么"去工作生活！领袖和创造者最重要的与众不同的品质，是习惯于发现惯常事务背后的"为什么"。"为什么"可以直击人们心灵的柔软处，穿越后天意识壁垒，随时唤醒先天真源的按钮。这是为什么，30年前没有人脉、没有资金、技术、资源的任正非，可以带领华为进入世界领军者的行列。人人都知道要"磨好豆腐"，而任正非更关注"这是你的爹、你的娘、你的孩子要吃的豆腐！你必须把它磨好"。带着觉性去工作生活，你注定不同凡响！

第四个真源是造物现场。答案永远在现场，现场有神灵，现场有绝活。回到造物的现场，回到那个万缘具足的场域，连接、整合多重的造物因子，就会形成不同凡响的绝活。华为未来15年要落地的新体制，就是"让听到炮声的人呼唤炮火",简单、通透、直接。

第五个源头是人格品质。比如,敬畏、谦虚、素直、俭朴、精进、包容、担当、坚韧、喜悦等。头拱地拿出绝活,可不是简单的技术能力,而是做人做事最基本的心性品质和高维意识在发挥作用。本书概括、提炼了3个地头力概念与81条地头力法则,每一个概念和法则的后面,都是一系列高维意识在发挥作用。

许多人常常恐惧不确定性,恐惧没有办法做好的选择。其实,更深层的恐惧是没有勇气去追求良知认为正确的事。因为思想被贪婪占据,就没有了从错误中筛选正确事物的能力;即便有能力去选择正确的事,也因为缺乏毅勇去头拱地实践而一筹莫展。

地头力是知行合一的。在知行合一头拱地往前走的过程中,醒悟生命、发现天赋、创造妙有、超越自我,这就是地头力。本书从地头力视角解析了任正非,任正非也最好地诠释了地头力的超越自我之道。

地头力的超越自我之道

> 地头力之超越自我之道:自知者明,自胜者强,强行者有志,不失其所者久,死而不亡者寿。

任正非曾写出《我的优点和缺点》一文,透露他超越自我的玄机。

人生就十几秒钟的光照。一天跟一万年没有什么区别,十几秒跟百年没有什么不同。"人生出来最终是要死的。人不努力就可以天天晒太阳,何必努力奋斗以后再去晒太阳呢"?任正非不止一次思考过这个问题,尤其是在人生的转折点上,他一遍又一遍地追问:我是谁?我来这个世界干什么?

在人生路窄时，担当和责任挽救了任正非！他必须为父母、为家人担当，必须做一个对社会有担当的人！

在那个时点，他认识到了自己的软弱和无奈，认识到了自己的渺小。于是他拥有了谦卑、敬畏和居下的品质，因此他也拥有了最强大的本领——聚集！聚集华为年轻员工的智慧和能量，聚集有无华为工卡的人的智慧和能量，聚集土地能量，聚集天地宇宙场域活泼泼的能量，一杯咖啡接受宇宙能量，倾宇宙之力，造华为之妙有！

放下自己，得到了世界。不自是，不自夸，不自傲，不自矜，不自闭，成为天下谷，成为天下溪，成为天下式，所有高处的能量都向华为聚集而来。

天上不会掉馅饼，天生我材必有用。在华为摸着石头过河的发展中，任正非慢慢找到了自己的优势——

"我在人生的路上自我感觉是什么呢？就是充分发挥自己的优势。我最主要的优势是对逻辑及方向的理解，远远深刻于对语言的修炼。我就放弃一些东西，集中精力充分发挥我的优点。我确实更注重重要东西的思维，可能忽略了小的东西。小的东西不等于不需要被重视，但我确实没有注意。"

任正非发挥了他的优势，那是在混沌灰度中对战略方向的强大直觉，而且还会很快形成一个价值罗盘和路径。他牢牢掌握着华为的思想权和文化权，他修炼着自己的直觉，擅长于在灰度中抓住未来的机会窗。华为几经跌宕起伏，终于不再一味跟随，而是大踏步走进了无人区，他勇于担当要为后人摸索出一条路来！

"每个人都发挥自己的优势，也多看看别人的优点，从而减少自己的心理压力，要正确地估计自己。

"自己是否已经发挥了自己的优势？若已经发挥了，就不要去攀比，若没有发挥好，就发挥出来。

"你选择了华为，你就选择了艰苦奋斗。人要有进取心，要努力，要做出贡献，但是也要有满足感，自己的力量发挥到最大，就应对人生无愧无悔。

"不要做一个完人，做完人很痛苦的。要充分发挥自己的优点，使自己充满信心去做一个有益于社会的人。一个完人，抹去了身上许多的棱角，自己的优势往往被压抑了，成了一个被驯服的工具。"

任正非这个讲话的核心是，一个人生命的最大价值，就是回到你的天赋天性的真源，拿出你与众不同的绝活。回到真源，磨好豆腐。任正非在说磨豆腐，任正非在说认识自己，任正非在说"自知者明，自胜者强"，任正非在说超越自我的"五个次第"——自知者明，自胜者强，强行者有志，不失其所者久，死而不亡者寿。

知人者智，自知者明

从熟稔他人的心理，到认识自己真正的优势，这是一个巨大的跨越。起初人们都会注意他人评价，都会想方设法成为他人看重的人。世间人生百态，许多意见会误导你的人生，经历一次次的吃亏是福，终于到一个节点上你会意识到，水往低处流，能量向居下的人聚集。甘居后者反而领先，甘居下者反而为上，谦卑、敬畏、居下、素直、精进、开放、包容，是成就点事最重要的品质。

世界当然需要你独一无二的价值！这时，你就走上了回归的道路，回归你真正的天赋天性，回归你为人类创造价值的初心。任正非找到了自己的的方位：在混沌灰度中把握方向拿捏平衡！

胜人者有力，自胜者强

战胜别人是有力量，而且是环境综合的一个结果，并不表示这个人真正有多强大。而那些可以战胜自己的人，可以战胜自是、自负、自矜、自傲、自闭的人，才是真正的强者。

战胜自己才知道敬畏、谦卑，战胜自己才知道居下、俭啬、开放，战胜自己才知道功成身退，才知道创造价值第一，才知道世人追逐的名利是虚幻。

战胜自己才知道天地有多大，战胜自己才会成为一个空空的管道，让天地万物的善流经你空空的管道，才知道内涵丰盈才可以与天地连接，才知道，比"人在做，天在看"更为究竟的是——"天在做，人在看"！

知足者富，强行者有志

当一个人把重心放在了种因，他对外界的企图心是有限的，他本来就是一啬到底，每时每刻都是富足的。而他对内在潜能的企图心是无止境的，那里是他生命的无穷性，那里是他自性爆发的源泉，那里是他可以为人类的贡献，那里是他人生"十几秒光照"的辉煌，那里是他的自尊和价值，那里是他灵魂的喜悦。

当然，从来就没有坦途！他知道，向世间的苦处行，人生才有意义，向自己的苦处行，内涵才会丰盈，一刹那接一刹那，告别自己的惯性，一刻接一刻，勇猛精进创造新价值。这是他的意志力！

反对内疚！这是对自己行为的怯懦表现！在意外污辱和恼怒的冲击下不可自暴自弃！

说穿了，内疚又有什么用呢?！一如尼采所说，在强毅而能负载的精神里面，存在着尊严；在傲立着的尊严之中，存在着意志力；在意志力中，存在着对最重重负的内在渴求；在渴求之中，存在着欲望的爆发力。

不失其所者久

不丧失根基者长久。这是一条生命力大根。

开端要与天赋自性连根。我是谁？我来世界干什么？回到自己的天赋真源，自性爆发拿出与众不同的绝活。

要与父母家族连根。经由父母的管道来到世界，承传了父母与家族的基因和精神，承传了父母的显意识和潜意识，内在那个如如不动的自己，来自父母家族的滋润与培育。如果你对父母家族充满了感恩，如果你有一种承传的使命和担当，这条根会让你茁壮活泼泼。反之，也可能会让你萎缩。企业也相当于你的家族，该干什么干什么，做啥你都做得很好，企业就会兴旺。

要与家乡土地连根。要与你成长和发展的土地连根，一方水土一方人，你千方百计为这片土地好，这片土地就会滋养你；你若只懂得掠夺污染土地，土地就会惩罚你。

要与国家连根。国家是你施展才华的平台，国家是你学习成长的环境，你的强大与国家强大息息相关，这是生养你的大根，报效祖国，反哺滋养你生命的大根，你的事业就可以生机勃勃。

要与天地宇宙连根。任正非懂得连根，他的话很简单：做企业就是要磨好豆腐。当把全球化背景下所有的最终用户，都当成你的爹娘和孩子，你就与天地宇宙人类连接起来了。万物一体之真善美，不在你的言辞和逻辑中，而在你当下的行动和工作中。

老子提出生命要连接上一条生命力大根：

> 修之以身，以身观身，其德乃真；
> 修之以家，以家观家，其德乃余；
> 修之以乡，以乡观乡，其德乃长；

修之以国，以国观国，其德乃丰；

修之以天下，以天下观天下，其德乃普。

一个人、一个组织、一个国家，只要连接上这样一条生命力大根，就注定会走上根深蒂固长生久视之道。任正非连接上了这条生命大根，华为也连接上了这条生命大根。

死而不亡者寿

人是过客，绝活不朽。绝活，是凝结了你不同凡响的精神，而又可以巧夺天工的物。绝活是一种大美，接近美，接近神，见自性，见神明。经由美这座桥梁，人可以抵达心中最柔软的地方。那些创造美的大师，就是我们回归心灵的引导师。

耶稣、梵高、贝多芬、雨果、罗曼·罗兰、莎士比亚、老子、佛陀、吴承恩、曹雪芹、李白……这些不朽的精灵，分分钟可以带给后人意识上的突变，思维层级上的跨越与灵性的成长。

人是过客，绝活不朽。如今创造了财富，成为国家支柱的企业家们，他们不仅仅创造了财富，他们立足中国的文化土壤，还创立了一种活泼泼的新组织文化，组成新时代精神意识灵性上的绝活，他们缔造了中国人的精神山脉，是世世代代人们不竭的精神源泉。

超越自我是一个宏大的课题。任何简单化的提炼和概括，都会形成障碍，让人进不去超越自我的真切感受。或者，问一个简单问题：植入一条生命力大根看上去不错。但是如何植入？如何植入个人？如何植入组织？

地头力生发于人的根性。可惜每一个当下，总有不同的情绪和力量在撕扯着人们。植入一条生命大根，需要内化一种执两用中的中道智慧。

执两用中的中庸之道

1996 年,有一次在保加利亚雪山脚下散步,任正非忽然问刚回到华为不久的梁国世:"你知道华为公司为什么能成功吗?"

梁国世心中一喜,赶紧回应:"我刚来华为,怎能悟出这般深奥的道理。您说,为什么呢?"

任正非答道:"中庸之道。"

那天,在保加利亚雪山脚下,空旷的山地上,任正非说出了华为崛起的秘密:中庸之道。

常人只看到任正非火暴的性格,偏执狂似的颠覆,刻骨铭心的超越,却不知道,偏离只是表象。真正活在他内心的,是一刻接一刻的回归,一刻接一刻的平衡。做人,办企业,绝对不会是沿着一条既定的坦途走大道就行的。那是一种不断偏离、不断回归的过程。我则喜欢用走钢丝来表明任正非的心迹。

走钢丝是一种切身体验,因为它太微妙了,太细致了。你能够把走钢丝变成一个理论吗?不能。无论你把走钢丝分解得何等细致,哪怕分解成了每十万分之一微秒一个动作,你掌握了,你得了 100 分,但你还是不会走钢丝。

如果硬说走钢丝有理论,那就是两个字:平衡。但是知道了这两个字对走钢丝有什么帮助呢?没有。你还是要去自己一步步接近,还是要去经历动摇你的万千之力,还是要去克服那分分秒秒的颤抖和不平衡。稍有滞呆,你就会摔下来。你只能从不平衡、震荡中感受那平衡和节奏的可贵。除此没有别的办法。

一如走钢丝的平衡,任正非的"中庸之道"就是一个诀窍。它不是按照既定的模式或套路,而是在混沌、颤抖中把握节律和平衡的实际体验,是很多尝试和失败的精华。你或许会感觉到某些东西在那里,但它是难以捉摸的,更无法指出它,无法想出它。

后来,任正非借用"灰度"诠释他的"中庸之道",把这个容易引发异议的中国古老智慧,用科学语言包装起来。任正非对企业经营的哲学出发点和总体论是灰度。灰度是混沌,是无常。他在华为内部反复讲解《灰度领导力:每个管理者的必备素质》:

> 一个领导人重要的素质是方向、节奏。他的水平就是合适的灰度。坚定不移的正确方向来自灰度、妥协与宽容。一个清晰方向,是在混沌中产生的,是从灰色中脱颖而出,方向是随时间与空间而变的,它常常又会变得不清晰。并不是非白即黑、非此即彼。合理地掌握合适的灰度,是使各种影响发展的要素,在一段时间和谐,这种和谐的过程叫妥协,这种和谐的结果叫灰度。

无穷性的灰度,给华为文化植入了一种开放、妥协和包容的灵魂。做任何事,都没有现成的东西可以套用,必须把你的魂、你的意志、你的专注、你的汗水、你的血液等倾注当下,方可出绝活。有形承载无形,无形贯通有形。以无形驭有形,无为而无所不为。

确实,商业世界就是无常,从来就不是一是一、二是二的世界,常常是瞬息万变,是非善恶分分钟在转化,每一个变量因子投下去,就会有无穷多的因素被激活,就会全然呈现出不同的发展向度,你还停在原地是非善恶的对错中,你就是刻舟求剑,你就死定了。正确的做法是执两用中,扣其两端而执其中。这个中,一定是时中,是秒秒钟变化着的中。任正非是把握时中平衡的高手。

孔子说:"中庸之为德也,其至矣乎!民鲜久矣"(《论语》)。中庸之道,在孔夫子那里可是"至德",是至高无上的德。为什么呢?因为"万物负阴而抱阳,冲气以为和"(老子)。中庸也就是和合,乃透露出万事万物发展的本真，是一切活体生命的运行方式，"万物之所由"。中庸之道是本体论，也是认识论和方法论。本体论与认识论高度一致，这是中国儒释道三家观察事物分析事物的基本方法，老子在《道德经》中，到处说他所以知道这个世界的规律，就是道法自然，"以此"或"如其所是"来认识世界的。

我借用走钢丝，任正非则借用"灰度"这个词，来诠释执两用中的中庸之道，来诠释中庸这个"至得"。我们的思维还需要更进一步，深入那些分分钟撕扯人性的几个二律背反上来。

人性二律背反一：人不喜欢被操纵，不喜欢责任；但人又渴望心安，渴望归属

人有一个极端，便是不喜欢被人操纵，不喜欢负责任。而同时在无常的世界中，人们又渴望一份心安，渴望服从，渴望归属感。归属感与不被人操纵，这样两个趋向，在不停地撕扯着我们。许多事情都落在这两个极端的中部。这就是平衡点。这个平衡点在分分钟漂移。没有任何一个人能够说清楚这个平衡点在哪里合适，只有自己知道。

这样两种相反的倾向，都是天性内在的诉求。它们撕扯的均势，成了每一刹那的平衡点。这个平衡点取决于那一刹那致良知的成果。致良知不是空泛的标准，而是一刹那接一刹那的变化、一刹那接一刹那的致知。只要当局者不受框框约束，就会感知到那个真。那个真在不同时空点有不同的显现。只要你有了真，你就捏住了平衡点。

人性二律背反二：人常常看轻内在的天赋，同时又容易自以为是

人生而有天赋，可是人很少知道该怎样对待自己的天赋。一方面见

到什么学什么，总是看着外面的东西好，可就是没法聚焦。天赋自然而来，我们不会觉得可贵，太容易得到的东西似乎没有什么价值。人们觉得经过千辛万苦模仿学习和锻炼出来的技巧才可贵。

另一方面，人又一味地孤芳自赏，一叶障目，不见泰山。我们会因为拥有某种才华而自负，令自己闭塞，一味孤立自己。固守着自己的天赋，蔑视任何学问，那就是夜郎自大，一步也走不出去。

这样两种极端的意识，又分分钟在撕扯着我们。人不能处在任何一个极端上，而是在这两个极端点之间的某个时中的平衡点上。没有人可以告诉你这个平衡点在哪里。

你必须聚焦你的天赋，否则一切都是浪费生命，而同时要用万事万物的真来看世界，有万物一体之仁，又要向世间的苦处行，才可以找到那个时中点。当你有了聚焦又有了万物一体之仁，你就有了超越自我源源不断的动力，就会深爱自己的天性，深爱他人的天性，深爱一草一木的天性。当你有了大爱，你就会分分钟照镜子，分分钟观自己，分分钟觉醒心性，分分钟转化心智。这是个无止境的往返过程，包括一刹那接一刹那的变化、一刹那接一刹那的平衡、一刹那接一刹那的致知。聚焦造物的天赋，素直开放，拥有超越自我的源源动力。

人性二律背反三：不确定性下的两极——敬畏谨慎和自信爆棚

人为什么会恐惧？不确定性让我们不能当机立断，一旦犹豫不决的时候便会畏缩。当我们信心动摇时，就会产生自卑感。在这个时刻，有两种全然极端的心态可能会占据上风。

一是抱着积极主动的心态，去接受挑战，用信心鼓舞自己。纵使失败，精神上仍是胜利的，经历这个难题注定会提升和拓展自己；二是骄傲也会出来麻痹自己，当人想象自己是一个领袖、觉得自己有超能力时，就看不起别人了，就不会带着敬畏去仔细琢磨这个事了，最初的胆怯和恐惧就让位给了自负。

骄傲是脆弱的、敏感的。骄傲是隔开成就的深渊。为了夸耀自己，人会不惜牺牲自己的尊严——无视事实而盲目自恋。是对自己有信心，还是骄傲自满，这里又是两个极端。这里面很微妙，一般不会被人轻易觉察，但是自己是能觉察到的。遇到不确定的事时，你是带着敬畏、谨慎的恭敬心，还是带着一颗傲慢心，纵然你可以通过语言骗过别人，但是骗不过自己的行动。

人性二律背反四：一门心思追求面子，堆积物压垮了品性，面子也没了

面子是中国人心理最基本的组成部分。这也是一种深切的诉求：被认可和被尊重。潜意识里，中国人视他们的生活目的为抬高自己从而获得别人的认可。有些社会投机分子，渴望能够受益于社会所提供的好处，却毫不关心回报。服务于一家公司或者社会，光有技术和知识是不够的，还需要有勇气、担当、正直和诚实的品性。

几千年来，我们作为特别注重内在品性修为的民族，特别注重真抓实干、工匠精神的原产地国，如今却一味去追求外在的面子。面子究竟是什么？它是不是可以脱离内在的品性而独立存在？

在奥运会的竞技场上，冠军会获得举世瞩目的荣耀。可是，那又怎样？如果躺在冠军之名上享乐荣耀，那么他的运动生命就要结束了。那些荣耀对他作为运动员的生命力没有任何帮助。体育竞技场上的旋律往往被我们忽视。我们往往把堆积物（权力、财富、地位、人脉、关系、理论、知识）当成了生命力本身。以为这些堆积物多了、关系打通了，就可以不凭借真正的生命力来获得所需。其实，完全错误！关系大行方

便的时候，如果伤害了社会与他人，转回头来就伤害了自己。几乎所有被挖出来的贪官，都是在这一个点上迷失了！

一门心思追求虚幻的面子，堆积物压垮了品性，就会丢失生命；在事上磨出毅勇、担当和敬畏，大道品质自然溢出才是真面子。

人性二律背反五：有勇气追补经济落差，反而制造了更大的品性落差

邓小平领导的改革开放打开了国门，一下子惊醒梦中人！巨大的落差让人们争相去学习弥补差距，而对真正自己血液里流淌着的素直、担当和敬畏反而不看重了、弱化了，也看不到西方真正强大的是这些做人做事的品质。睡狮被眼前的幻境迷惑，30多年来更多偏重于外求，而内在品质的提升却没有提上紧迫的日程。

当下人们少有勇气追求他们内心认为正确的事情。大部分人只盯住了财富规模，却没有锁定为客户创造价值。外在的诱惑和内心的良知，是影响人们筛选正确事物的能力。在这两个极端力量的较劲中，很遗憾，外在诱惑占了上风。

生存还是死亡？这是中国企业家正在面临的转变意识的难题！这里，需要有一点儿回到真源的勇气。那种为了赚钱和规模不顾一切的习性，再发展下去会死无葬身之地。转变意识，才是真正的生路！干掉自己的习性！外其身而身存，后其身而身先。照镜子，观自己，觉心性，转心智，出绝活，往返求！这是我们今天要做的功课，这是地头力开发必须做的功课。现实逼迫着人们，回到自己的内里致良知，真正走上生命的觉醒之旅，走上精神和灵性的成长之路。

"言有宗，事有君。"在不确定性的两极，究竟怎样拿捏？究竟什么才是真主？我认为这里的真主就是美。一种难以言状的壮美！一如老子

所说，这个世界的本源就是："有无相生，难易相成，长短相形，高下相倾，音声相和，前后相随，恒也。"

这是一种混沌，一种灰度，一种真正的壮美。当我们能够感受和体会到这样的壮美时，我们就登上了人生的第三层楼，就看到了一幅幅波澜壮阔的画面，我们就不能不感叹大自然造化万千！那时，一切矜持，一切傲慢，一切自以为是，都会烟消云散。那些我执连尘埃都不是，压根儿就是子虚乌有的幻觉。在这样一幅壮美的画卷前，唯有敬畏。敬畏事物昙花一现的本质，敬畏生命生生不息的真相。

地头力：醒觉生命，发现天赋，生成绝活，实现超越

>醒觉自己生命的意义，醒觉自己灵魂的旨意；发现自己的天赋，发现自己的潜能；在头拱地行动中创造绝活，实现超越自我。

"通过创造不同凡响的产品，来传递思想和价值，使世界变得更美好"。这是19岁的乔布斯1974年在印度乡村的一个晚上得到的顿悟。这个顿悟改变了他，也改变了这个世界。从此他就踏上了"独人"的道路。

他看不起到处捐款的比尔·盖茨，盖茨没有原创思想只有商业利益，Word、PPT、Excel表都是他的原创，而盖茨只顾埋头把他格式化卖钱。

乔布斯领导的苹果独步天下的秘籍是：软件硬件齐备让最好的创意快速落地。"在我们做的每件事上，我总会想要拥有和控制最基础的技术"。在设计产品时下足了独门功夫，一种让所有的人都盼望着打开的感觉！顶级的客户体验，可以引领建立起顶级生态系统。

互联网思维往往被解读为短平快，而乔布斯却有着足够的耐心，"一个很小的东西都有可能花费数年。做任何一件重大的事都至少要花费五

年，更可能要七到八年"。(1995)

独人，独语，独步天下。把客户体验做到极致，乔布斯的虚荣心是，倾宇宙之力，造苹果之妙有！

乔布斯创新独步天下，正体现了曹洞宗的无上心法："默默忘言，昭昭现前；观之廓尔，体处灵然。"乔布斯创新密码——真空妙有！真空妙有心法，承传自禅宗六祖慧能。六祖慧能展示了一个觉者的心路：小悟、中悟、大悟、证悟。

24岁砍柴夫，偶闻"应无所住而生其心"，顿时无限喜悦上心头。迷者口说，智者心行。慧能立刻安顿好母亲，一路去寻找五祖，"惟求作佛，不求余物"。

闻道即发愿，是谓"小悟"，诚可谓："上士闻道，勤而行之。"

只管做杂役，悟得清静心："菩提本无树，明镜亦非台。本来无一物，何处惹尘埃。"

悟得本心清静，是谓"中悟"：无念为宗，无相为体，无住为本！虚空不毁万法实相。

五祖秘传金刚经，慧能言下大悟：一切万法不离自性！何期自性本自清净！何期自性本不生灭！何期自性本自具足！何期自性本无动摇！何期自性能生万法！

五祖知悟本性，谓慧能曰："不识本心，学法无益。若识自本心，见自本性，即名丈夫、天人师、佛。"

自性生万法，是谓大悟：此心清静如如不动，妙有妙动刻刻不停！

六祖东山得法，辛苦受尽，命似悬丝，躲避追杀十五年，证悟自性，善恶一念之间。顿教得法，蹉跎证法。

历经灭顶之灾，是谓"证悟"：自性光明，能生万法。自性真空妙有。此心不动，妙动不停。

六祖慧能觉者的路径，也就是地头力原力觉醒之道。这里关键的节点是"迷者口说，智者心行"，闻道当下就要发愿，就要立志；大志都是在微末小事中呈现，慧能只管干活，没有利得心，后天意识空了，心就清静了，无念，无相，无住。

心足够清静，就可以连接万有，自性的真空妙有就出来了，一刹那就是一个全新的自己。于是，就有了当下地头力的真实画面：

自性清净如如不动，妙有妙动刻刻不停。

心量事大，不走小道。一切大智慧皆从自性出。所以人生的第一件大事便是醒悟自己，发现自己，表达自己。要醒悟自己灵魂的旨意，要奉旨意而行。为此，必须了解自己，了解自己的才干，知道自己的能力，从而负起令自己勇猛精进的责任。

自我了解是最为困难的，我们很容易发觉，想发挥自己的潜能实在是满途荆棘。因为人的一大根性就是懒惰，就是习以为常，就是按照已经熟悉的套路做事。

怠惰随时神出鬼没，得意或灰心随时会出来偷盗生命。想要破除怠惰、增加自己的信心和尊严，只有多做实际行动。实际行动才可以表达自己的才干，同时你会从中懂得如何和谐地与人相处。

一个有立志担当的人，应该尽量发展他的事业。公司和家庭的责任便是不要使人懒惰。干好干坏一个样不行。你这里宽容了，他那里生命力降低了。一个人的深切期望不但可以创造自己的机会，甚至可以创造自己的天才！之前我们提到，稻盛和夫在大学毕业后的第一份工作，不是什么讨巧的事。那里闹罢工，工人不干活，发不出工资来。只有傻子才干活。稻盛开始也想离开，后来被他哥哥当头一棒教训道："在没有人干活的地方，你都做不出点儿事来，你不就是废人吗?！"这一棒让稻盛和夫清醒了。他埋下身去做研发，付出不亚于任何人的努力，正是从那里开始，抱有赤子精神，喜悦开怀，随顺自然，勇猛精进出绝活，他才活出了活泼泼的大生命。

人由于外界的影响而促成情绪的变化，比如喜、怒、哀、乐、憎恨、厌恶等，有些人被自己的情绪控制了，变得不清明了。你能观察你的情绪吗？不良的情绪不只会阻碍我们学习或发展事业，还是我们了解自己的一个步骤。一个国家、一个民族亦如此，假如他们遭受到一场浩劫而仍然生存下来的话，这是他们的幸运，但仍要以坚强不挠的精神才能活下去。欢迎那些降临的灾难和不理解吧，这是天赐的磨炼人生的最好机会。

通过地头力我们也许会了解自己更多，把自己看得更清楚。头拱地的人，开放、妥协、接纳，在事上磨炼自己、认识自己，找到自己的无知，找到自己的盲点，对真问题有办法。反过来说，"认识自己"是学习地头力的基础，不但有利于练功夫，也是做人的方式之一。"知己知彼，百战不殆。"

一位真正的老师或企业家，一个头拱地的人，从来就不应是一位真理的施舍者，他应该是一位撞醒者、一个指月的手指，而真理则必须由学生自己去发现。

地头力都是自修自得，自发自动，以自己为师。是人不要管，用管不是人。你不启动你自己，任何人也启动不了你。每个人都有一种直觉，可以发现自己天赋以内最有效与最有利的条件，去获得实际的平衡。任何事情要做成功，都在于你是否有必定要完成这个事的志或意愿。一旦你的志立下了，其他就都简单了。

万物有宗，万事有君。呈现形式只是地头力整体里的一部分而已。任何一种形式，都需要纠正、分析、否定、废弃，尤其需要下功夫进行自省。除去作茧自缚的约束，战斗方式是永远新鲜生动的，而且不断地在改进。当下即完美，当下即无穷。回归简单无形无式的灰度，发掘每个当下的无穷可能性，捕捉当下泉涌的妙有和妙用。这就是地头力的哲学。

你自己的形式，你自己的倾向，你自己的体格，你自己的方法，你自己的志向，你自己的心性，你自己的视野，你自己的共融，正是地头力的全部主体。"终极实在"，便是返璞归真，重返那种简单、直接、无拘无束的原始自由境界。一切固定形式都缺乏适应性和柔韧性，真理在一切既定形式之外！

人们都是被拘押着的。真实的观察，只有在放弃形式之后才可以获得，而真正的自由意见，也只可在跳出执见以外才能发生。只要我们还活着，我们就不得不去领悟自我、发现自我、表达自我。清空你的杯子，方可再行注满，空无以求全。在地头力里，我们只是去发掘我们不知道的东西，并不是把人家现成的东西拿过来。

地头力是追寻生命真谛的坦荡大道。只有在了解自己时方足以看透旁人，而地头力则是朝向了解自己迈进。地头力的悟，借由直观之心、坚强的意志与克制力而来。空无所空，因其一无所有而无所不有。空存在于一切形之中，亦包容一切。头拱地的人须能经常保持心灵单纯，心中只有一个目标。他必须去除阻碍其前进的障碍，无论是身体的、感情的，还是知识的障碍。一个放空的人与一个充满堆积物的人，现场现时所看到的绝对不可能一致。置身其中的人与旁观者，很少能够全然联通。

所谓"范式"，都是首创者成功的经典做法。人们把原本具有流动性的个人直觉创造，演变成了一种牢不可破的固定范式。所以"范式"绝对不可以被视作万古不移的定律或经典，因为人类乃是一种具有创造性的生物，"人"永远比"范式"重要得多。形式，毕竟是人创造的。而在这个根本点上，人们常常将其忘掉，而把范式置于至高无上的地位，而把人仅仅看作附属品。地头力，就是从人出发，看到人、重视人、尊重人、解放人，看重当下的创造。啥时妙有、妙用、妙动停顿了，不再有美妙的事情出现了，这就是怠惰掌控了大局，地头力就严重受限了。

许多理论死了。因为失去了原本产生时活泼泼灵动性的直觉。地头力,是活泼泼的流动性的直觉,是一种灵动的爆发力。

万事万物的发展都是活泼泼的,都显示着巨大的无穷性。这是事物的本来面目,这是万事万物的本真。本体论与认识论高度统一。地头力道法自然,顺势而为;"无依则生,有一则活";"自性空无所空如如不动,妙有妙用妙动刻刻不停"。

地头力永远是新鲜生动的。地头力是新鲜活泼流动着的河流,没有固定的形式,只是随着水势、河床、堤坝而呈现出不同的形式。形式仅仅是整体的一部分,而且是不断变动的一个部分。任何把特定形式固定化的举动,都是在扼杀地头力。

地头力是一种在当下地头发力解决问题的能力。要把地头力具体化不是一项容易的工作。与其费力去解释地头力是什么,还不如从反面来证明地头力不是什么,那就比较清楚了。地头力不是孔武有力,不是自负,不是理念,不是知识,不是范式,而是凭借直觉,在当下释放潜能的无极能量场之整体力。

地头力看重因果。见果求因,见因求果。因果循环,生生不息。万事万物无不在"无平不陂,无往不反,无正不负,无善不恶,无柔不刚"的相对状态变化中运行着,"一阴一阳谓之'道'"。阴阳两者相互不离,相互消长,相互转化,产生了世间万物,万物中皆包含此理。在地头力中,则具体表现为动静、刚柔、虚实、开合、深散、纵横、正奇、巧拙、因果等对立与统一的状态。地头力看重因果。见果求因,见因求果。因果循环,生生不息。

宋代禅宗大师青原行思提出参禅的三重境界:参禅之初,看山是山,看水是水;禅有悟时,看山不是山,看水不是水;禅中彻悟,看山仍然山,看水仍然是水。

我对新造物时代地头力的认识,也经过了这样的过程。

最初的认知，是从老娘说头拱地、问题一冒头就把它敲掉，到具有那种凭借直觉当下发力的责任与担当；后来，在地头力向当下要力量的背后，我发现了一个由潜意识和潜能组成的无极能量场；再后来，我进一步发现，把无极能量场量化出来的最好方式，就是一个开放的造物场域，倾公司内场域与外场域的整体力量，造物造人。本来是一片混沌灰度、电闪雷鸣的地头力，划破寂静的长空，使一切生机盎然。

在今天的公司运营中，在任何一个时空交汇点上出了问题，在任何一个人的一个瞬间出了问题，都可以迅速反应为整个组织场域出了问题。无论是个人在现场解决问题出绝活的能力，还是组织整体造物的能力，很大程度上都是公司场域整体造物能量的呈现。

生生不息的造物场域，开启生生不息的原力。自知者明，自胜者强。造人造物，大道丰盈。说到底，造物场域是一个相关联的群体之个人念头汇集的综合平衡呈现。建构一个生生不息的造物场域，每个关联的人要勇猛精进和勇于自我批判，打通各种各样的阻塞。一个生生不息的新人，就是一个生生不息的场域。造物场域中，造物亦造人，造人造物本末一体。最新、最繁花似锦的末端，必然蕴含着没有被发现的大道。华为建构造物场域的实践以及在未来建立全联接世界的战略构想，涉及一个更为深刻的理论。

地头力：能量场理论基本架构

> 天地所以能长且久者，以其不自生故能长生。是以圣人后其身而身先，外其身而身存。以其不自生，故可以长生。贵以身为天下，若可寄天下；爱以身为天下，若可托天下。
>
> ——老子

我们已经看到，任正非的灰度哲学，是华为造物场域的理论基础。而灰度哲学是与混沌连接在一起的。我们说过，混沌灰度是在两极之间无穷多的可能性组合，是一个微妙的平衡点。把握这个平衡点，要有目标这个"一"，还要有执两用中的中道平衡智慧。反者道动。这是《道德经》提出的认识论的总纲中的。2013年5月14日，任正非和我在北京贵宾楼饭店喝茶，当时有这样一段对话。

我说："我研究稻盛和夫多年，发现他找到了一种把他的京瓷文化传播到世界去的方法。他的这个方法我感觉到我们中国的企业家还没有掌握。稻盛和夫的方式是一种无形的文化场，他不是说理念口号，他是在说当一个人的心性品质积累到一定程度以后，现场有神灵，神灵就会突然降临现场，一刹那的心的启示，就爆发出很强的能量。"

任正非认可我的说法，但他看得更远。他说："中国要重新认识形而上学，重新认识玄学。如果没有这个东西，我们在工业革命时代就不可能取得先机。未来是虚拟社会时代，虚拟时代中国的玄学、哲学是有极大的价值的。西方大公司要把总部研发机构设立在中国，才能在未来占领制高点。因为西方的思维方式比较机械。未来的虚拟世界，中国的玄学或道学应该是有作用天地的。中国不一定是无为的，也是有为的。有为怎么走我们不知道，整个来说是会出现更多的叛逆，对优秀分子的怪异会有更多的宽容。优秀分子就是优点很突出，缺点也很突出。一旦大家都对他吐口水，优点也不太好发挥了。"

就这样，任正非一下子就把老子的玄学推到了那样的高度。西方大公司如果不来中国搞研发机构，就不会在虚拟社会占领制高点！我对此说法欣欣然。

《道德经》是入世很强的经典，它不仅仅阐发了宇宙万物的本体论，还给出了认知架构和本末一体的实操架构。老子善于在微末事物中捕捉并阐发生命的本质和意义。老子借天地万物这面镜子，清晰地给出了三个大道：万事万物之灰度的总体观、活泼泼大生命的生存之道、以天和天的宇宙和谐之道。这三个大道给地头力场域理论提供了深厚的理论支持，同时地头力又是大道的一个载体。

万事万物灰度总体观：反者道动，执两用中

反者道动，弱者道用。天地像个不断鼓动的大风箱，有无相生，难易相成，长短相形，高下相倾，强弱循环，音声相和，前后相随。在这样灰度里，一旦偏执一端就是死亡。真正的智者处无为之事，行不言之教。灰度里拿捏平衡点有六大智慧：曲则全，枉则直，洼则盈，敝则新，少则得，多则惑。扣其两端而执其中。

第 1 章 众妙之门：万物生于有，有生于无

> 道可道，非常道；名可名，非常名。无，名天地之始；有，名万物之母。故常无欲，以观其妙；常有欲，以观其徼。此两者，同出而异名，同谓之玄，玄之又玄，众妙之门。

可以用语言说的道，不是孕育着阴阳造化的永恒之道；可以用言辞说的名，也不是蕴含着天地玄妙莫测之机的永恒之名。无，是天地的开始；有，是万物的母亲。我们常用"无"贯通意识，含蓄默化体悟大道运行的奥妙；常用"有"通彻地做人做事，勇猛精进每个当下都绝活不停。这两者同一根源而名称不同，它们如同手指指向无穷性的太空，那是苍天中的苍天，神奇中的神奇，都叫玄妙。玄之又玄，众妙之门。

悟道心得：道与名，有与无，阴与阳一体两面活泼泼，有无相生，

无中生有。这里，老子给出了看人看事的一个极为重要的方法论，也是对人对事的一副总画像：无形，空空管道，空无所空，虚空如如不动；有形，不同凡响，妙有妙用，妙动刻刻不停。

第 2 章　世界循环转化的灰度实相

　　天下皆知美之为美，斯恶已；皆知善之为善，斯不善已。故有无相生，难易相成，长短相较，高下相倾，音声相和，前后相随。是以圣人处无为之事，行不言之教。万物作焉而不辞，生而不有，为而不恃，功成而弗居。夫唯弗居，是以不去。

万物负阴而抱阳，冲气以为和，圆融为一个整体。有无、美丑、善恶、黑白、雄雌、荣辱、功过、尊卑、高下、难易、音声、长短、前后、正反、巧拙、大小、多少等，皆分分钟相互转化。执两用中，就是混沌灰度。这是万事万物的总体观。头拱地的人有了总体观，就会在混沌灰度中，顺势而上下，势不可挡。

悟道心得：万事万物都是一个涡旋的上升运动。一心执着一端，就是自找死路。在扣其两端而执其中，把握分分钟变化着的时中，在两端之间保持恰好的平衡或中庸。此心不动，随机而动，顺势而为。上下、左右、前后、高低、善恶、美丑、黑白时时处在动态转化中，你就从心所欲而不逾矩了。

第22章　混沌中平衡的六重智慧

　　曲则全，枉则直，洼则盈，敝则新，少则得，多则惑。是以圣人抱一为天下式。不自见故明；不自是故彰；不自伐故有功；不自矜故长。夫唯不争，故天下莫能与之争。古之所谓曲则全者，岂虚言哉！诚全而归之。

委曲反能保全，枉屈反能伸直，低洼反能充盈，破旧反能更新，少欲反能多得，贪多反倒落空。所以圣人守住"一"，作为治理天下的准则。不自以为懂得，就会渐渐明白；不自以为正确，就会道性彰显；不自我夸耀，就会累积功德；不自以为大，就会长久。正因为不与人争，故天下没人能与他相争。古人所说的委曲能够保全，怎么会是空话呢！它实在能使人保全和获得最好回报。

悟道心得："曲则全，枉则直，洼则盈，敝则新，少则得，多则惑"。这是天地万事万物的本来面目。一旦我们按照事物本来的发展规律来认识事物并治理万事万物，我们掌握了治理天下的准则。而人们愚痴，一门心思去追求大、全、多，最后往往却不得善终。要害是被幻象拐带绑架了，而没有守住万事万物的本真。

第 40 章　亘古不变的灰度总纲：反者道动，弱者道用

反者道之动，弱者道之用。天下万物生于有，有生于无。

高以下为基，贵以贱为本，有以无为用，万事万物返朴归真。

物极必反是道的运行，柔弱不争是道的作用。天下万物生于有，而有生于无。

悟道心得：本末、有无、正反、强弱、高下、先后、雌雄、黑白、荣辱、去用、贵贱、大小、多少、洼盈、蔽新等，这是老子的相对论。生生不息，相反相成，返朴归真。

真源人人本自具足，可惜被后天意识折腾得被遮蔽了。返回自性，回归真源。感恩苦难、陷阱、挑战、压力！反者道动。

活泼泼大生命的生存之道：后其身而身先，外其身而身存

从某种意义上说，《道德经》就是围绕着大生命的生存之道展开的。人这一生为了啥？如何才可以活出一个活泼泼的有创造力的大生命？如何提升品质可以影响更多人？

第 7 章　混沌中生存之道：后其身而身先，外其身而身存

天长地久。天地所以能长且久者，以其不自生，故能长生。是以圣人后其身而身先，外其身而身存。非以其无私邪，故能成其私。

天长地久。天地之所以能长久，因为它不为自己而生存。圣人效法天地修身，把自己摆在后面，以静抱真，反而能够领先；把自己的生死置之度外，反而能够得以保全。正因为圣人无私，所以他才能成就广阔无边的私。这是一条非常重要的生存之道。

悟道心得：利他，成就他人，成就自己。助人助己。推己及人，以慈悲对人对事，就会把自己推得很远很远，就会到与天地万物连接，形成万物一体之真善美。

第 13 章　无我，是领袖的基本素养

宠辱若惊，贵大患若身。何谓宠辱若惊？宠为下，得之若惊，失之若惊，是谓宠辱若惊。何谓贵大患若身？吾所以有大患者，以吾有身，及吾无身，吾有何患？故贵以身为天下，若可寄天下；爱以身为天下，若可托天下。

受到宠爱就惊喜，受到羞辱就惊恐。把带来大患的宠辱看作跟身体一样重要。什么是宠辱若惊呢？得宠不是好事。得宠就惊喜，失宠就惊慌，就是宠辱若惊。什么叫把外在宠辱看得跟身体一样重要？我之所以有带来大患宠辱若惊的样子，是因为我有这个身体。假如我没有这个身体，我还能有这个毛病吗？所以，把天下看得跟自己身体一样珍贵，才能把天下寄付给他；把天下跟自己身体一样爱惜，才能把天下托付给他。

悟道心得：什么样的人可以托付天下呢？什么样的人可以托付终身呢？什么样的人可以托付企业帝国呢？那些看待客户、员工的生命跟自己的生命一样珍贵的，那些对一草一木、天地万物的生命跟自己的生命一样爱惜的人，就是可以托付的人！他们具有万物一体的悲悯，他们通晓随顺自然的真谛。

第 16 章　虚静归根，回到真源；观复知常，不妄作

致虚极，守静笃。万物并作，吾以观复。夫物芸芸，各复归其根。归根曰静，是曰复命。复命曰常，知常曰明。不知常，妄作凶。知常容，容乃公，公乃王，王乃天，天乃道，道乃久，没身不殆。

达到极度虚无，守住极度清静。万物都在生长，我以此观察它们的循环往复。万物纷纷纭纭，都要复归到它们的根源。回归根源叫作"静"，这就叫回归真源生生不息。生生不息就叫作常道，知道常道叫作"明"。不认识常道，妄加作为就要招来凶祸。知道这个常道才会包容，包容才会公正，公正才会周全，周全才会符合自然，符合自然才会符合大道，符合大道才会长久，才会终身没有危险。

悟道心得：彻底放下后天意识，先天真源就会苏醒。就会从一个更高的维度，看清万事万物的真常之道。知道真常就可以明事理，就会包

容、公正、全面、自然、合道、长久。如此才可以连接上生命的大根，汇融进历史长河，与天地共精神。

第 21 章　混沌灰度，大道在恍恍惚惚中开辟道路

> 孔德之容，惟道是从。道之为物，惟恍惟惚。惚兮恍兮，其中有象；恍兮惚兮，其中有物。窈兮冥兮，其中有精，其精甚真，其中有信。自古及今，其名不去，以阅众甫。吾何以知众甫之状哉？以此。

德行与大道相通的人，总是遵循大道。大道之休若用物象来形容，只能以"恍惚"二字了。恍惚啊，其中有形象。惚恍啊，其中有精纯的物质。精纯物质的内里有一团精气。其精是真实的，其中有大道的旨意。自古以来，大道没有改变过，依据对道的信约可以认识万物的本质。我凭什么知道万物演化的结果呢？就是依据对大道的信约。

悟道心得：虚心，放空你的后天意识，就会有无所不容的广大，才能体感大道旨意的微妙，才可以洞解"无中生有"的众妙之门。恍惚，在两个极端之间不断漂移，就是大道的存在形式。无中生有，最重要的是合上大道的信约。一切都是虚幻泡影，除非恪守大道的信约。这个世界是大道意志的世界。

第 28 章　返朴，知白守黑为天下式

> 知其雄，守其雌，为天下溪。为天下溪，常德不离，复归于婴儿。知其白，守其黑，为天下式。为天下式，常德不忒，复归于无极。知其荣，守其辱，为天下谷。为天下谷，常德乃足，复归于朴。

朴散则为器，圣人用之，则为官长。故大制不割。

深知雄强的宝贵，却安然地守住柔弱，就能成为天下人的山涧。作为天下人的山涧，道的德行就不会离去。德行不离，就能恢复到婴儿的柔顺状态。

知道清白的宝贵，却安然地承受误解，才能成为天下人的楷模。作为天下人的楷模，道的德行就没出差错，德行没有差错，就能回归无极的状态。

深知尊荣的宝贵，却安然地承受屈辱，就能成为天下人的洼地。成为天下人的洼地，道的德行就能充足。道的德行充足，就能回归到人的初始状态——朴。

朴散发出去就会成为器物，圣人运用这种器物，成为天下人的官长。所以，最高明的治理方式，不会对人造成伤害。

悟道心得：知白守黑，敬畏守拙，稀言自然。给每一个人和事留出更大的可能性空间。每一个当下都有巨大的无穷性，领导者惟有甘于雌伏默守处卑，抱素守朴，才可以虚空不毁万物之真实，才可以打造一个更为强大的能量场。真常之德充足，随顺自然，无为而无不为了。一如庄子所说："君子苟能无解其五脏，无耀其聪明，尸居而龙现，渊默而雷声，神动而天随，从容无为而万物炊累焉，吾又何暇治天下哉！"（庄子·《在宥》）

第 15 章　开启生命之门的七种品质与两种能力

古之善为士者，微妙玄通，深不可识。夫唯不可识，故强为之容：豫兮若冬涉川，犹兮若畏四邻，俨兮其若客，涣兮若冰之将释，敦兮其若朴，旷兮其若谷；混兮其若浊。孰能浊以止？静之徐清？

孰能安乃久，动之徐生？保此道者不欲盈。夫唯不盈，故能蔽不新成。

得道高人神通玄妙，不可识。正因为他们不可识，可以勉强说一下他们的显德：他们小心谨慎呀，如履薄冰慎终如始；他们深深敬畏呀，就像畏惧街坊邻居一样；他们恭敬庄重呀，就像赴宴做客一样；他们精进自在呀，就像冰雪消融一样；他们淳朴素直呀，就像纯天然的原木一样；他们广大开阔呀，就像空阔山谷一样；他们包容博达呀，就像如初的混沌灰度一样。

如何使浑浊的流水长久地澄净下来，不知不觉地净化它？如何使安静的物质持续地运动起来，不知不觉地推动它？坚持这种原则的人不渴望圆满。正因为不圆满，所以能够不知不觉地达成目标，却看不出有新的成果。

悟道心得：得道高人最终显德，包含常人不屑于做的七种大道品质与两种能力：谨慎，敬畏，恭敬，精进，素直，广大，包容；化浊为清的沉静力，破惰通变的创生力。

第33章　内省内求，进入高境界的六步法[①]

知人者智，自知者明。胜人者有力，自胜者强。
知足者富。强行者有志。不失其所者久，死而不亡者寿。

能体察他人德行才能的人睿智，能体察自己德行才能的人明道。能战胜他人者强壮有力，能主宰自己的才是真正的强者。知荣守辱，知足

---

① 本章参考了《道德经——直击管理核心》一书，张泰玮著，上海三联书店2016年5月出版。

者富。勤而行之，勇猛精进，有志于道。常德充足，抱元守一的，事业长久。与道合一，精神不死者，才是真正的长寿。

悟道心得：老子的这里提出了一个领导力炼成的六步法，也是一系列生命方式的选择确认键：认识自己，改变自己，知足者富，勇猛精进，常德不离，传承价值。

第一步，"知人者智，自知者明"。你是选择当一个知道别人的智者，可以分分钟甩出判断语惊四座，还是要当一个生命的觉者，懂得如何去觉知自己、认识自己，去觉知自性。

第二步，"胜人者有力，自胜者强"。你是选择战胜别人显示力量，还是选择战胜自己做一个真正的强者。你能战胜自己吗？你可以战胜你的惯性思维，战胜概念教条吗？你怎么去复归自性？你怎么去归位？你怎么回到道德真源？

第三步，"知足者富"，超脱。当体道悟道达到一定程度时，人们就能超脱世俗名利，内心淡泊宁静，清心寡欲，感到满足。

第四步，"强行者有志"。勇猛精进。当淡泊宁静了，可以分分钟证悟道了，就会乐于行道，勤于行道，志于行道。向世间的苦处行，而且勇猛精进，人生才有意义。

第五步，"不失其所者久"，回到真源，拿出绝活。通过持续的证悟，可以体悟道的根本，归道抱一了。

第六步，"死而不亡者寿"，与道同体。回到真源，拿出传世的绝活。精神长存，引导天下人体道悟道。

人是过客，绝活不朽！

第 34 章　我心光明，无为而无不为

大道氾兮，其可左右。万物恃之以生而不辞，功成而不有。衣

养万物而不为主，常无欲，可名于小。万物归焉而不为主，可名为大。以其终不自为大，故能成其大。

大道广博无边啊，或左或右，或柔或刚，其大无外，其小无内。宇宙万物都秉其元气而生，大道总是慷慨地尽其所有；即使成功也从不居功而望万物回报；爱心育养万物，却从不主宰它们的命运；大道无欲无求，在万物眼里微不足道。万物归附大道，它也不去主宰，可以说是伟大的。圣人始终不自以为伟大，这才成就了伟大。

悟道心得：大道虚空，大道至微，无物不有，无处不到。每个细胞都是道德支撑的。放下后天意识，心空，意无，良知、元神就会升起，节节相通，窍窍光明，入精微掉一根针也听得见，入广阔未来大事也可直觉。我心光明，无为而无所不为。

开放的造物场域：以天和天的宇宙和谐之道

《道德经》第81章，紧扣如何打开源头活水，缔造内外能量场的主线。体感大道的运行，放下后天意识，开启良知。良知即天理。前文从宇宙总体观、大生命的生存之道，阐发了《道德经》的精要，接下来，我们会从开放式的造物场域，进一步揭示地头力的理论基础。

第49章 开放式造物场域的出发点：以百姓心为心

圣人无常心，以百姓心为心。善者吾善之，不善者吾亦善之，德善。信者吾信之，不信者吾亦信之，德信。圣人在天下，歙歙焉，为天下浑其心。百姓皆注其耳目，圣人皆孩之。

圣人没有恒常不变的心智，而以百姓的心智作为自己的心智。

对于善良的百姓，善待他们；对于刁蛮的百姓，也善待他们。这是发自玄德的善良。对于诚信的百姓，信任他们；对于奸诈的百姓，信任他们。这是发自玄德的信任。

圣人在无声无息中治理天下。使百姓心智浑然不觉融为一体。百姓一心专注于自己的耳目，自由自在，圣人像父母对待孩子一样，任其自由自在。

悟道心得：以百姓心为主，以万事万物的真来看待万事万物。没有预设判断，没有教条捆绑。没有世欲之心，识神退位[①]，消除一切思维定式，虚其心，元神生。圣人皆孩子，纯粹、无我、开放、接纳、包容、与时俱进，真常应物，真常得性。

第 54 章　连根、育根、生根，生养活泼泼的生命的大根

善建者不拔，善抱者不脱，子孙以其祭祀不辍。修之于身，其德乃真。修之于家，其德乃余；修之于乡，其德乃长；修之于国，其德乃丰；修之于天下，其德乃普。故以身观身，以家观家，以乡观乡，以国观国，以天下观天下，吾何以知天下然哉？以此。

善于建树的不会动摇，善于抱守的不会脱滑，子孙万代都会供奉祭祀玄德，这种祭祀永不停歇。

将玄德修于身，德行就纯真。将玄德修于家，德行就会充盈。将玄德修于乡，德行就会深厚。将玄德修于国，德行就会丰盛。将德行修于

[①] 识神退位：修道的一种境界，即常说的"识神退位，元神是现"。——编者注

天下，德行就会遍天下。

所以，以身的本真观身，以家的本真观家，以乡的本真观乡，以国的本真观国，以天下的本真观天下。我所以不出户就可以推知天下人的本性，就是用这种方法。

悟道心得：建设长青基业，重点是要给这个基业植入一条生命大根，要给品牌植入一条生命大根，要给团队植入一条生命大根，要给每个员工植入一条生命大根，这条生命大根有个次第，自性爆发、家族传承、反哺土地、报效国家、以天和天下万物一体。这条生命大根的灵魂在上方，在先天真源中的良知，在于与天地共精神，在于时时刻刻顺其自然。你体感到那个维度，你就得到了那个维度的世界。

第 51 章 道德养育万物的生命链条：道、德、形、器、势

道生之，德畜之，物形之，势成之。是以万物莫不尊道而贵德。道之尊，德之贵，夫莫之命而常自然。故道生之，德畜之，长之育之，亭之毒之，养之覆之。生而不有，为而不恃，长而不宰。是谓玄德。

大道创生万物，玄德养育万物，具象显形万物，物器成就万物，大势广大万物。所以，万物莫不尊崇大道和敬重玄德。对大道的尊崇，对玄德的敬重，从来不是对万物的强制命令，而是万物长久以来生长的自然需求。所以，大道创生万物，玄德养育万物，使万物形体长大，使万物机理发育，使万物个性独立，使万物本性成熟，养活万物，保护万物。创生万物而不占有，养育万物而不居功，引导万物而不主宰，这就是玄德。[1]

---

[1] 本章翻译参考了《道德经——直击管理核心》一书，张泰玮著，上海三联书店 2016 年 5 月出版。

通行版本是"道生之，德畜之，物形之，势成之"。帛书《老子》是"道生之，德畜之，物形之，器成之"。我汇融两个版本连接成："道生之，德畜之，物形之，器成之，势广之"。这是一个生命体的五个层次，也是造物场域的五个生命链条，具体说：

> 自我超越道生之：赞天地化育创生万物；
> 厚德载物德畜之：灰度，敬畏事物的无穷性；
> 利出一孔物形之：一个开放的共融共享的资源整合方式；
> 力出一孔器成之：成就极致产品，成就全人；
> 本末一体势广之：造物造人净化灵魂，开启生命之无穷性。

悟道心得：道、德、形、器、势，生命体一个都不能少。缺少任何一个，都是残缺的人生。

第 73 章 开放式造物场域：天网恢恢，疏而不失

> 勇于敢则杀，勇于不敢则活。此两者或利或害。天之所恶，孰知其故？是以圣人犹难之。天之道，不争而善胜，不言而善应，不召而自来，繟然而善谋。天网恢恢，疏而不失。

勇于逞强的人就会死，不逞强的人就可以活。勇于敢是人道，勇于不敢是天道。人道好像对人有利，实际有害；天道好像对人不利，但实际有利。谁知道其中的缘故呢？就是圣人也难以回答呀。天道真奇妙：不争斗却善于取胜，不说话却善于应验，不召唤却自动来，不是靠善于谋划。上天好像一张大网，这个网广大无边，虽然稀疏却丝毫没遗漏。

悟道心得："人定胜天"，出现危机了！"战天斗地"，我们受罚了！人在做，天在看。天道不爽，因果报应。老子用"网"来言状"天道"，

法拉第用"场"来言状"电磁现象"。老子的网,就是场。这个奇大无比的天网,能量无穷、作用无边。这也就是今天大大小小的造物场域。

第59章　守道抱一,深根固柢长生久视之道

治人事天,莫若啬。夫唯啬,是谓早服。早服谓之重积德。重积德则无不克,无不克则莫知其极。莫知其极,可以有国。有国之母,可以长久。是谓深根固柢,长生久视之道。

治理人民和侍奉上天,最好的办法是恪守啬道。在一切事物中一啬到底,纯一不杂,念念归真,妄念断绝,唯精唯诚,不耗真一,就会积累玄德。一啬到底、简约、爱惜、稀言、与大道相合、德行深厚就会拥有不可估量的能量,就会无往而不胜。一啬到底,空之至矣,向上连接生命大根的魂魄,向下头拱地出绝活,就可以积累德行治理国家了。抱素守朴,得道抱一,有了立国之本,可以长久。这就叫作深根固柢、长生久视之道了。

悟道心得:

一个人、一个组织、一个品牌、一个国家,如何活出一个活泼泼的大生命?答案就是八个字:"回到真源,拿出绝活。"

回到真源,就是连接上五位一体的生命大根——自性、家族、乡里、国家、宇宙。从回归自性开始,一路向上,连接到生命的厚德土壤和元神魂魄。

生命的大根在上面,在精神,在灵魂,在信仰;生命的厚土在德行,德行需要在开发天赋、家族传承、造福乡里、报效国家、贡献人类中体现和累积。

生命大根就是道德真源,老子给出了连接道德真源的基本路径:一

啬到底，放空后天意识，与大道相合，向世间的苦处行，以德行积累玄德土壤；一啬到底，头拱地拿出与众不同的绝活，活出活泼泼有创造力的大生命。

深根固柢长生久视，在于全生命层次的绽放，即：道、德、形、器、势。

诚可谓：

> 治人事天莫若啬，一啬到底心清静。
> 空空洞洞大光明，天人合一长生路。

地头力是一生的功课：

> 天地洪荒，无极太极
> 灰度混沌，反者道动
> 回到真源，拿出绝活
> 原力醒觉，自性爆发
> 力出一孔，利出一孔
> 顺势而为，无愧吾生
> 自知者明，自胜者强
> 勇猛精进，一啬到底
> 生命大根，能量无穷
> 造物造人，大道丰盈

后　记

不用自己的眼睛看世界

"如果有一天，我们连一口干净的空气，一滴干净的水都没有，即使我们再有钱，也是死路一条！"

电影《美人鱼》一再重复这句让人感同身受的话。看着满是喜感的喜剧，我和12岁的女儿都泪流满面。一部喜剧，让人开心得只想哭，还可以开启人们对生命和环境的思考，星爷牛！

走出影院，我问女儿的感受。

女儿说："人怎么可以疯狂到那种程度？对人鱼大肆杀戮却一点不知道惭愧！连一点恻隐之心都没有！太血腥了！太恐怖了！太疯狂了！"

我问："还有呢？"

女儿说："星爷牛！他已经不用自己的眼睛看世界了，他在用章鱼、水、土地、花盆、男人、女人、小孩、老人、棍子的眼睛看世界，用它们的感官来感受世界，悲中有乐，乐中有悲，充满高纬意识的魅力。"

我说："你说了个很大的问题。啥叫'高维意识'？"

女儿说："星爷不用自己的眼睛看世界，他用所有生命的眼睛和感受来看世界，他以弱势群体的眼睛来看世界，他用万事万物的真来看世界。"

女儿还不会说大人们的语言——"万物一体之仁""生命共同体"。会说大词的成人其实很自私，只爱与自己有关的人或物。但是孩子有一种天然的悲悯心，不忍伤害任何一种生命，她还在为虚构的"人鱼类"的命运悲伤。

"人定胜天""战天斗地"，走捷径的躁狂症使人类走上了一条毁灭的不归路！星爷用血和泪的喜感，呼唤人们的良知！女儿领悟到了星爷的信息。

不用自己的眼睛看世界，用万事万物的真来看世界！女儿的这个说法，也正是《地头力》自始至终贯彻的一条主线。中国经济实力的锻造，已经和必将成为新世纪的传奇。这本反映中国实力锻造真实过程的管理学与经营哲学，正是跳出通常的视角，从万事万物的真来看待这个惊心动魄的过程，并得出一些切实体认和理性升华。

地头力，记录了几代中国人心怀理想脚踏实地的创造过程。

感恩我的老爹老娘。这本书的写作过程很长、很痛苦。2007年3月老爹老娘去世，这本书就开始酝酿了。我老爹老娘用他们的生命书写了一部无字天书——地头力。我首先必须进入中国传统农民的内心深处，用他们的眼睛和感受来看待这个世界，来触摸和诠释地头力。感恩我的老爹老娘，感恩去世的二姐育芳、二哥育鹏，感恩活着的大哥育琦、大姐如清和三姐育玲。一幕幕真实的场景，让我体会到了地头力涌动着的力量。

感恩华为人的创造。感恩与任正非这几年的几次见面深聊。尤其是感恩2013年任总约我在贵宾楼饭店喝下午茶，2015年任总带我参加华为一个内部战略规划会议并在他办公室喝茶，感恩2016年2月任总邀请我去巴塞罗那参加"全球移动大会"并参加小型恳谈会，现实的创造和真诚的交流，让我在浮躁的时世中，找到了地头力的一根坚实的桩。

感恩中国文明有文字的和没有文字的传承。先贤们在几千年前，心静天地归，把人类内能量场域与外能量场域已经整体呈现出来。当我每日"快走＋冥想"，有那么几个瞬间，借着一片树叶，借着一粒尘埃，借着一个纠结，去诵读《道德经》等经典，去感受大道能量的时候，一个清晰的地头力脉络就呈现出来。

大道不在故纸堆里，大道不在圣人的嘴巴里，大道就在生命涌动爆发的激情、欲望、狂放、恐惧、抗争里，大道就在最新的创造与发展中，大道是时尚的，大道是年轻的，大道是活泼泼的。感恩东西方智慧日新月异的发展，正是在科技进步与人工智能之妙有妙用的泉涌中，才生长着活泼泼的大道。

本书是写给正在或将来还要奋斗的人看的。当下难，意识牵，究竟苦，心力散。现在人们的心性乱了，原力被锁住了。我必须用他们的眼睛和感受看世界，去感受他们的纠结和痛点。如何提升和转化心性，开启每个人身上的原力，成了我关注的焦点。几年来，几万名企业家和高管进入我的课堂，他们都会用他们的眼睛和感受，给我莫大的启迪。

感恩我众多的老师和朋友，他们积极、热情、坚韧地打开我僵硬的壳，让我看到不一样的风景。他们是：邓质方、稻盛和夫、任正非、张瑞敏、柳传志、李东生、刘永行、陈育新、张雷、叶简明、陈秋图、李强、吴光胜、聂圣哲、周新平、薄连明、胡启毅、王德根、谢永健、赵妙果、任志强、李子荣、辛意云、河田信、田涛、武建东、吴稼祥、余胜海、李利、唐玲、冯亚平、张德林、徐中、李洪亮、陈明亮、张旭东、吴春波、焦然、方泉、王巍、于鉴容、金辉、薛为昶、赵长铭、高勇、梁启春、钟智、苗富春、周宝林、罗进、茱莉娅、姜丰、杨益东、张家乐、王万翎、荆涛、文宏斌、杨俊杰、侯俊峰、吴安鸣、邱浩群、相品兰、王溱、李梅新、戴昱、魏继友、雷殿生、张瑛、张环、裴梓延、李国盛、黄海平、张燎源、陈捷、潘强龙等等。

感恩在成书过程中给了我具体帮助的朋友。我几次找朋友试读这部书稿，一再拖后出版期。姜丰几次反复阅读我的书稿，帮我不断拓展主题，他给我写下的文字，累积有八九万之多。虽然我选用不多，但他无私的爱，一次次撕裂我已有认知。还有我 20 多年的老朋友杨益东、周勇刚等，新朋友王万翎等，一次次帮我字斟句酌。大学同学薛为昶几年来一直帮我提升理性逻辑。我的大哥王育琦、大嫂毕桃李，不仅仅分享了他们的经历，还提出了中肯的意见。还有张家乐、荆涛、文宏斌、杨俊杰、侯俊峰、邓斌等人都给了我很好的意见。

感恩给我的老师谢永健、赵妙果、李子荣、任志强、武建东。他们或是修行者，或是企业家，或是两者兼具，都是我的恩师。耳提面命，提升我的心性，唤醒我的原力，而且极大地丰富了地头力的阐释。谢永健老师是我的忘年交，来自他的那种灵性的关怀，直入心底。赵妙果老师 2012 年就带着我一年 4 次在泰国开设《生命的力量》课程，书中的许多思维和洞见，都是我跟赵老师学习的心得和体悟。李子荣是我的知心好友和老师，他一次次为我打开全新的视野。武建东是和我一起走过 40 多年的朋友，他一直逼问我：你想在书中传递的不二东西究竟是什么？感恩 30 年的朋友罗进，倾尽心血，匠心独运绘制插图。还有没见过面的匡安之老师，他获悉我在为封面设计烧脑后，就连续熬了几个通宵，设计出近百种封面让我选择。

感恩著名书法家曾来德先生慈悲，嘉许中国本土原创管理学，为本书题写书名。"地头力"三字组合构成颇有味道："地字"用涨墨有团块厚重感，外轮廓也显示字形姿态的精彩；头字虽轻，左右顾盼生情，笔味十足；"力"字遒劲，身韵俱佳。三字连接成幅，与主题象征含义，十分贴切。大地宽厚质朴期待工匠、农夫加智者的耕耘。这是一种朴拙生命力的艺术彰显，金刀银错，金石大美。反应中国实力锻造过程的中国原创管理学与经营哲学，必将造福人类。

感恩我的女儿。女儿是上天派下来改造我的人。书中多个地方显示，身为"00后"的女儿在不断地重塑我的思维。感恩我的夫人王亚红和岳母王岳梅，她们倾注心血让女儿成长。

感恩中信出版社出版人慧眼识珠。中信出版社副总编辑蒋蕾在第一时间就慧眼识珠。感谢编辑们投入了巨大的心血。

感恩知名的、非知名的所有朋友！尤其感恩现在读书的您。我最想知道，是什么让您耐着性子读到这个地方？您借着这本书，读懂了您自己吗？毕竟，自知者明，自胜者强。

感恩2017年的春天！感恩在我的老爹老娘过世10周年出版本书。

2017年3月10日